Sex, Liebe oder was?

Jutta Vey

Sex, Liebe oder was?

Jungen und Mädchen erzählen von ihrem ersten Mal

Schwarzkopf & Schwarzkopf

Inhalt

Normal ist, was gefällt
Vorwort von Jutta Vey
Seite 9

Für immer und ewig im zweiten Anlauf
Kerstin, 19, Zahnarzthelferin
Seite 15

Es sollte nicht irgendeine sein
Adriano, 20, Einzelhandelskaufmann
Seite 29

Sex, Liebe oder was?
Dennis, 17, Berufsschüler
Seite 41

»Essen ist fertig. Ihr könnt kommen!«
Miriam, 18, Lackiererin
Seite 55

Switch und Suckerqueen
Katinka, 21, angehende Schneiderin
Seite 67

Bin ich jetzt wirklich drin?
Konstantin, 19, Schlagzeuger
Seite 81

Höhenflüge am Heiligabend
Serkan, 18, Gymnasiast
Seite 93

Nachts in einer Gartenlaube ...
Katharina, 15, Realschülerin
Seite 99

Harry Potter und American Pie
Marco, 17, Gymnasiast
Seite 111

Ich habe mich wie eine Hure gefühlt
Kathrin, 22, angehende Tischlerin
Seite 119

Wir sollten keine Geheimnisse haben
Lulu, 18, angehende biologisch-technische Assistentin
Seite 131

Ich fand's total schrecklich
Julia, 17, Fachabiturientin
Seite 143

Reiterstellung? Auf keinen Fall!
Lisa, 17, Abiturientin
Seite 153

Prinz Harry, jetzt komm ich!
Marcel, 18, Azubi Versicherungskaufmann
Seite 163

Wie wär's mit einer Massage?
Nadine, 17, Fachabiturientin
Seite 173

Völlig von der Rolle
Stephanie, 22, Ergotherapeutin
Seite 181

Er war ein kleiner Macho
Isabelle, 18, angehende Erzieherin
Seite 191

Wenn's passt, dann passt's
Andreas, 15, Hauptschüler
Seite 199

Du, Michi, wir hätten gern unser erstes Mal ...
Natalie, 18, Zahnarzthelferin
Seite 205

Wie ein Schuss ins Herz
Denny, 16, Hauptschüler
Seite 219

Hauptsache, ich habe es hinter mir
Yvonne, 19, angehende Hauswirtschafterin
Seite 231

Rauf, runter, fertig und tschüss
Franziska, 21, Verkäuferin
Seite 243

Ich muss nach Hause ...
Sascha, 19, angehender Rollladentechniker
Seite 253

Ich hab Männer konsumiert wie Drogen
Patricia, 20, arbeitslos
Seite 265

Normal ist, was gefällt

Vorwort von Jutta Vey

Als »Generation Porno« werden die Jugendlichen von manchen Soziologen bezeichnet, weil sie einer extremen sexuellen Reizüberflutung ausgesetzt sind. »Immer früher, immer härter« und »Porno statt Lego« titeln entsprechend die Medien. Kein Grund zur Panik, beruhigt hingegen die Bundeszentrale für gesundheitliche Aufklärung (BZgA): Nach ihren Zahlen hat sich weder der Zeitpunkt des ersten Mals in den letzten zwanzig Jahren alarmierend nach vorn verschoben, noch sind die Teenager so hemmungslos, wie sie dargestellt werden. Nur 12 Prozent der Mädchen und 10 Prozent der Jungen haben demnach mit 14 schon sexuelle Erfahrungen, jeder dritte 18-Jährige ist sogar noch Jungfrau. Auch die Dr.-Sommer-Studie 2009 der *Bravo* bestätigt das Klischee vom frühen Sex nicht: Die Mehrheit der Jugendlichen erlebt das erste Mal zwischen 16 und 17.

Schlagzeilen hin, Statistik her – weder das eine noch das andere sagt viel darüber aus, wie Teenager heute wirklich ticken. Welchen Stellenwert hat Sex für sie? Und welche Rolle spielt beim Sex die Liebe? Ich habe 24 Jugendliche zwischen 15 und 22 aus ganz Deutschland interviewt, um das herauszufinden. Sie kommen aus Großstädten und Dörfern, aus unterschiedlichen Bildungsschichten, aus behüteten Elternhäusern und schwierigen sozialen Verhältnissen.

Die erste Überraschung erlebte ich gleich zu Beginn meiner Recherche: Ich ging davon aus, dass es kein Problem wäre, Jugendliche zu finden, die bereit wären, mit mir über ihr erstes Mal zu sprechen. Was Sexualität angeht, wachsen sie ja so offen und entspannt auf wie keine Generation vor ihnen, dachte ich. Doch es stellte sich heraus, dass es schwieriger war als erwartet, vor allem Jungen für Interviews zu gewinnen. Dass ich neun von ihnen zwischen 15 und 20 interviewen konnte, verdanke ich vor allem den Mädchen: Adriano (20) machte nur mit, weil ihn seine Freundin Kerstin (19) zuvor wochenlang bearbeitet hatte. Andreas (15) wurde von seiner Schwester Natalie (18) überredet. Beide Jungen wollten dann auch nur am Telefon mit mir sprechen.

Was die Jugendlichen mir erzählt haben, hat mich berührt, amüsiert, schockiert und manchmal auch sprachlos gemacht. Ich habe festgestellt: Es gibt heute nichts, was es nicht gibt. Weil Sexualität nicht mehr mit Verboten belegt ist und die Teenies über die Medien schon früh an nahezu alle Informationen zum Thema kommen, haben sie mehr Freiheiten und Möglichkeiten als jede andere Generation vor ihnen. Sie können selbst bestimmen, wie sie leben wollen und tun es auch.

»Am allergeilsten finde ich Bondage-Pornos«, war das Erste, was mich die zierliche Katinka (21) stolz wissen ließ. Wir trafen uns in dem Düsseldorfer Jugendzentrum, in dem sie ehrenamtlich arbeitet. »Nächsten Monat habe ich ein Fetisch-Shooting in Latex«, erzählte sie, »die Bilder kommen hinterher auf eine Bezahlseite.« Sascha (19) aus Neumünster interviewte ich am Telefon. Er wäre mit 16 beinahe Vater geworden, weil er und seine Freundin ein einziges Mal nicht verhütet hatten. »Einfach mal so mit einem Mädchen schlafen, das ist nichts für mich. Ich möchte verliebt sein«, sagte er mir. Ware Liebe und wahre Liebe – zwischen diesen beiden Polen, so das Ergebnis meiner Recherche, spielt sich das Sexleben der heutigen Jugendlichen ab.

Die Geschichten zeigen eindrucksvoll, wie sehr Elternhaus und Erziehung den Umgang mit Sexualität prägen. Oft gehen extreme sexuelle Erfahrungen mit einer extremen Lebensgeschichte einher. Kathrin (22) etwa hat sich ihr »ganzes Leben lang total ungeliebt gefühlt«, wurde von ihrer Mutter geschlagen und konnte mit Liebe und Sex wenig anfangen. Über ihr erstes Mal sagt sie: »Er gab mir, was ich damals dringend brauchte: Aufmerksamkeit.« Und: »Ich habe mich wie eine Hure gefühlt.« Jugendliche mit normaleren Lebensläufen, behütet aufgewachsen, erlernen und erleben Sexualität dagegen öfter als etwas völlig Natürliches und gehen entsprechend entspannt damit um – wie die 22-jährige Stephanie, die sagt: »Meine Mutter hat mir immer das Gefühl gegeben, dass mir nichts peinlich sein muss«, und die ihr erstes Mal als amüsantes und schönes Erlebnis in Erinnerung hat.

Dass die gängigen Geschlechterrollen oft nicht mehr greifen, war keine Überraschung. Wie selbstbewusst manche Mädchen auf Jungen zugehen, dagegen schon. Natalie (18) und ihre Freundin verabredeten sich mit einem Jungen zum ersten Sex, weil sie fanden, dass sie mit 14 alt genug dafür wären. »Wir riefen also Michi an. ›Du, Michi, wir hätten mit dir gerne unser erstes Mal …‹« Katinka (21) fing ihren Kandidaten an einem Spielplatz ab: »›Ich will mit dir schlafen. Ich habe ein Kondom und Vicky gibt uns ihr Schlafzimmer.‹« Auch hier gilt jedoch: Es gibt nichts, was es nicht gibt. Viele Mädchen erwarten nach wie vor, dass die Jungen den ersten Schritt machen. Yvonne (19) sagt: »Von mir aus bin ich auf keinen zugegangen.« Beim ersten Mal war sie dann alles andere als selbstbewusst: »Ich war total schüchtern und passiv.«

Trotzdem: Von »offensiven Mädchen und hilflosen Jungen« ist in einer Untersuchung der BZgA bereits 2002 die Rede, und das trifft heute mehr zu denn je. Die Jungs stehen unter Druck. Sie wollen cool sein, erfahren wirken, um den Ansprüchen der Mädchen zu genügen. »Hattest du schon mal Sex?«, ist für die meisten eine NoGo-Frage. Mann hält den Mund – oder redet sich raus. Lisa (17) über Marcel (18): »Er fing an rumzudrucksen: ›Äh, ja, weiß ich gar nicht mehr so ganz genau. Auf einer Party war das wohl. Da war ich betrunken ...‹ So ne typische Jungs-Geschichte. Da war mir klar: Der ist noch Jungfrau, will es aber nicht sagen.«

Es war entsprechend schwierig, die Jungen bei den Interviews aus der Reserve zu locken: Fragen wie »Wovor hattest du beim ersten Mal Angst?« und »War dir irgendwas peinlich?« waren den meisten unangenehm. Bei einigen musste ich ein paar Mal nachhaken. Andreas (15): »Mir war's ein bisschen peinlich, dass sie mir das mit dem Kondom erklären musste, aber nur ein ganz kleines bisschen.« Als er das Interview gegenlas, wollte er diesen Satz zunächst wieder gestrichen haben.

Ja, sie sind frühreifer als die Generationen vor ihnen – 1968 bekamen Mädchen im Schnitt mit 13 Jahren ihre Tage, heute sind sie neun Monate früher dran –, und ja, sie tun es auch öfter. Unter dem Strich zeigen die Interviews aber: Die Jugendlichen von heute sind weder pornographisiert noch sexbesessen, die Mehrheit hat ein gesundes Verhältnis zu ihrer Sexualität. Und obwohl sie fast alle Freiheiten haben sich auszuprobieren, machen die meisten wenig daraus. Kamasutra, Rollenspiele, Pornos und Sexspielzeug spielen eine Rolle, aber keine große. Die Mehrheit belässt es bei Stellungs- und Ortswechseln, Hardcore-Spielarten sind die Ausnahme.

Und: Die Jugendlichen sind, allen Porno-Unkenrufen zum Trotz, konservativer als gedacht. Für die Mehrheit gehören Sex und Liebe immer noch untrennbar zusammen. Das bestätigen auch die aktuellsten Umfragen: Danach führt der Weg ins Bett für 94 Prozent der Mädchen und 88 Prozent der Jungen nach wie vor übers Herz. Und: Wer einen Partner hat, für den ist Treue oberstes Gebot. Normal ist heute zwar, was gefällt, aber das ist unter dem Strich weniger aufsehenerregend als man denkt. Adriano (20), der immer noch mit seiner ersten Freundin zusammen ist: »Ich bin nicht der Typ, der eine Strichliste führt, mit wie vielen Mädels er schon geschlafen hat. Mir reicht eine. Eine ist anstrengend genug.«

Ich freue mich über jedes Feedback zum Buch.
Per Mail an: ErstesMal@gmx.net.

Für immer und ewig im zweiten Anlauf

Kerstin, 19, Zahnarzthelferin
(Erstes Mal mit 16)
Freundin von Adriano

Er ist immer noch mein Traummann. In jeder Hinsicht. Ich stehe total auf die Dunkelhaarigen. Er hat schwarze Haare, rehbraune Augen und ein wunderschönes Gesicht. Am Anfang war er ziemlich schüchtern. Vielleicht hat er mich deshalb so fasziniert. Während die meisten eh nur an sich denken und wen sie alles flachlegen können, war er ganz anders. Er hat sich wahrscheinlich gesagt: »Hauptsache, ich kriege irgendwann mal eine.«

Wenn's um Jungs geht, dann war es schon immer so: Die suchen nicht mich aus, ich such mir die aus. Ihn wollte ich von Anfang an. Ich war immer diejenige, die den ersten Schritt gemacht hat. Immer. Auch bei unserem ersten Mal. Von selbst hat er sich gar nicht rangetraut. Ich hab ihm immer wieder gesagt: »Leg deine Hand mal da hin« oder »Mach doch mal das«.

Ich bin ziemlich behütet aufgewachsen. Sieben Jahre lang, von der dritten bis zur neunten Klasse, war ich auf einem katholischen Mädcheninternat in Passau, das von Nonnen geführt wurde. Auf meiner alten Grundschule in München bin ich ständig gemobbt worden. Außerdem war ich hyperaktiv. Meine Lehrerin meinte deshalb, eine ganztägige Betreuung wäre das Beste für mich und schlug meinen Eltern dieses Internat vor. Weil sie sich für mich einsetzte, war das Jugendamt bereit, die Hälfte der Kosten zu zahlen. Mir hat es dort supergut gefallen. Ich war ja Einzelkind, immer allein. Jetzt hatte ich plötzlich viele Kinder um mich herum. Das war für mich das Paradies.

Die Nonnen haben immer strikt darauf geachtet, dass es keine Beziehungen gab und die Mädchen nicht so rumliefen, dass sie den Jungs gefallen könnten. Kein Ausschnitt, kein Spaghetti-Top, kein bauchfreies Oberteil. Erst recht keine Tattoos und Piercings. Und *Yam* und *Bravo* waren auch tabu. Was natürlich bescheuert war, denn wenn etwas verboten ist, wird es ja noch viel spannender, und man macht es erst recht.

Ich und die anderen Mädchen aus München, die jeden Sonntagabend wieder zurück ins Internat fuhren, haben sie immer im Zug gelesen und in Passau sofort weggeschmissen. Und wehe, eine hat sie mal mitgenommen, im Internat versteckt, und eine Nonne hat sie gefunden. Dann gab's Strafarbeiten! Die wollten nicht, dass wir mit Sexuellem in Kontakt kommen. Das war etwas Schmutziges. Wenn ihr Händchen haltet, werdet ihr schwanger, sagten sie. Wenn ein Mädchen mal einen kurzen Rock anhatte, kam der gleiche Spruch. Und in der vierten Klasse glaubt man das ja noch.

Zwar wurde irgendwann ein Internetcafé im Internat eröffnet, aber da passten die Nonnen immer wie die Luchse auf, was wir machten. Wir durften jeden Tag nur eine Viertelstunde rein. Chatten war absolut verboten. Nur ein paar Mädchen, von denen man wusste, die sind nicht so versaut, die durften das. Ich auch. Allerdings stand dann immer eine Nonne hinter mir und hat geschaut, ob ich vielleicht was Perverses schreibe.

Bis ich mit 13 meine Tage bekam, war ich noch ziemlich unaufgeklärt. Mich hat das aber auch einfach nicht interessiert. Ich hab in der *Bravo* nur die Star-Geschichten gelesen, nicht wie die anderen den *Dr. Sommer*-Teil mit den nackten Jungs und Mädchen. Ich weiß noch, dass ich sofort panisch meine Mutter anrief: »Oh mein Gott, Mama, ich blute, was soll ich jetzt machen?« »Jetzt beruhige dich doch mal, hol dir einen Tampon, und dann passt die Sache«, sagte sie. Ich: »Wie bitte?«

Im gleichen Jahr bekam ich meinen ersten Kuss. Das weiß ich noch, weil es an einem Freitag, dem 13. war. Im Italien-Urlaub. Er kam auch aus München, war zwei Jahre älter, blond, mit blauen Augen, ein richtiger Surferboy. Eigentlich nicht mein Typ, aber ein hübscher Kerl. Wir waren im Wasser, als er mich plötzlich an sich ranzog und küsste. Ich habe ihn ganz normal auf die Lippen geküsst, er hat mir aber gleich die Zunge in den Hals gesteckt. Das war erst mal komisch.

Richtig interessiert habe ich mich damals noch nicht für Jungs, er hatte mich überrumpelt. Ich fand ihn nett, aber das war's auch. Sex war für mich noch eine ganze Weile lang völlig uninteressant. Wenn ich mal einen Freund hatte, gab's nur Händchenhalten und Küssen. Alles andere war mir zu viel. Sobald mir einer an die Wäsche wollte, bin ich sofort sauer geworden. Ich hatte immer das Gefühl, dass den meisten eh nur das wichtig war.

Das Thema Sex kam schließlich doch in die Schule. Wir hatten eine Lehrerin, die war ziemlich hartnäckig, wenn's um so was ging. Obwohl die Nonnen es nicht gerne sahen, hat sie uns Sexualkundeunterricht gegeben und das auch durchgezogen. In erster Linie ging es um die Geschlechtsorgane, Krankheiten und Verhütung. Aber man lernt natürlich nicht, wo was reingehört und wie's funktioniert.

In der achten Klasse gab es vereinzelt welche, die schon Sex gehabt hatten. Das waren die, die erst später ins Internat gekommen waren. Die waren schon verhunzt von da, wo sie herkamen. Von denen hat man so einiges mitbekommen.

Ein Jahr später redeten wir untereinander schon mehr über das Thema. Einige waren auch schon richtig jungsgeil und sind denen hinterhergelaufen. Das habe ich nie gemacht.

Meine beste Freundin, ein totales Mauerblümchen, erzählte herum: »Ich hatte schon mein erstes Mal, und es war total toll.« Alle meinten: »Ach, die lügt doch, so wie sie drauf ist.« Sie war total schüchtern und voll ängstlich. Ich habe sie in Schutz genommen. Später kam raus, dass es tatsächlich gelogen war.

Bis ich Adriano kennenlernte, war ich ein sehr burschikoser Typ. Ich lief wie ein Junge herum, trug im Sommer Fußballklamotten und manchmal sogar Baggys. Mädchen, die stundenlang vorm Spiegel gestanden und sich geschminkt haben, fand ich schrecklich. Das waren blöde Tussen für mich.

Wir haben uns in der zehnten Klasse kennengelernt, er war in meiner Parallelklasse. Inzwischen ging ich schon wieder in München zur Schule. Auf dem Internat konnte man nur seine Hauptschul-Quali machen, ich wollte aber den Realschulabschluss.

Für mich hatte Adriano das gewisse Etwas. Ich hatte in seinen Augen einfach nur große Möpse. Das hat er später mal zugegeben. Es war das Einzige, was ihn zunächst an mir interessiert hat. Ich war gar nicht sein Typ. Er steht auf schlanke, zierliche Blondinen. Ich war das glatte Gegenteil mit meinen Trikots, nicht geschminkt, die Haare irgendwie nach hinten geklatscht, mit Turnschuhen. Hohe Schuhe waren für mich damals ein absolutes No Go.

Wir saßen uns in Religion gegenüber. Ich fand ihn von Anfang an süß. Zuerst haben wir uns nur gegrüßt und ein bisschen Smalltalk gemacht. Obwohl ich kein schüchterner Mensch bin, habe ich bei ihm plötzlich das Stottern angefangen und bin rot geworden. Das war lange so.

Sport hatten wir auch zusammen. Er war der totale Fußball-Freak. Mit seiner ersten Freundin hat er deswegen sogar Schluss gemacht. Einmal hab ich ihm beim Spielen aus Versehen in die Eier geschossen. Er stürzte auf den Boden und krümmte sich. Da bin ich vor Peinlichkeit fast gestorben. Von da an haben wir uns aber öfter unterhalten, meistens über Fußball.

Ich habe niemandem gesagt, dass ich auf ihn stehe. Trotzdem hat es meine Banknachbarin, mit der ich mich relativ gut verstanden habe, mitgekriegt. Sie hat ihn dann auf der Schulabschlussfahrt nach Prag während einer Schifffahrt darauf angesprochen. Ich war aus familiären Gründen nicht dabei. Auf wen er denn so stünde, hat sie ihn gefragt. Das hat er mir später erzählt. Er meinte zu ihr, er fände mich ganz süß. Kaum waren sie von der Fahrt zurück, schrieb sie mir eine SMS. »Willst du was von Adriano? Ja oder nein? Wenn ja, schreib mir 'ne SMS. Er findet dich total süß!« Sie hat's ein bisschen aufgebauscht, aber natürlich war ich trotzdem aus dem Häuschen. Sie hat mir dann seine Telefonnummer gegeben, ich wollte aber, dass er mich anruft. Also hat sie ihm dann gesagt, dass er mich anrufen soll. Das muss man sich mal geben. Ich habe mich bei ihm gefühlt wie ein kleines Mädchen. Ich war schüchtern, hatte Angst, wollte nicht den ersten Schritt machen.

Ich hätte nicht gedacht, dass ich eine Chance bei ihm habe. Nie. Dann hat er mich angerufen. Ich fragte: »Was willst du denn machen?« Er nur: »Mir ist es egal. Was willst du denn machen?« Ich wollte schwimmen gehen. Es war am 16. Juli 2006. Das weiß ich noch genau, weil wir an dem Tag zusammengekommen sind. Später hat sich herausgestellt, dass er gerne mit mir zur Fußball-WM gegangen wäre. Er wusste ja, dass ich auch fußballbegeistert war. Er hat sich aber nicht getraut, mich zu fragen. Er dachte, ich gebe ihm einen Korb. Keiner von uns hat gedacht, dass der eine was vom anderen will.

Als wir am See waren, war er ziemlich ruhig und hat kaum geredet. Also habe ich ihn ein bisschen ausgequetscht. Ich habe mich nach einem Buch gerichtet, das mir mal eine Freundin geschenkt hatte: *1000 Dinge, um romantisch zu sein.* Da gab's ein Kapitel, das hieß: *100 Sachen, die man über seinen Partner wissen muss.* Ich hab ihn viel daraus gefragt. Er hat auch auf alles geantwortet. Wenn es allerdings um private Dinge ging, wie viele Freundinnen er schon hatte zum Beispiel, da war er ziemlich verschlossen.

Wir haben Wasserball gespielt und Gaudi gemacht. Irgendwann kam er von hinten an und umarmte mich. Tja, und dann habe ich mich umgedreht, ihm einen Kuss gegeben und ihm dabei gleich die Zunge in den Hals gesteckt. Er hat das auch mitgemacht. Es war sein allererster richtiger Kuss, und er war gar nicht so schlecht. Es gibt ja welche, die schlabbern einen ab und fressen einen fast auf. Furchtbar. Er hat es aber gleich sehr vorsichtig und gefühlvoll gemacht.

Manchmal reden wir noch darüber, wie romantisch das damals alles war. Vor einem halben Jahr habe ich ihn mal gefragt, ob er noch weiß, was ich anhatte. »Du hattest deine schwarze Hose, ein weißes Top und Turnschuhe an«, kam prompt. Das hat mich amüsiert. Man sieht ja im Film immer, dass sich Männer so was nie merken können. Bei uns war ich diejenige, die es nicht mehr wusste.

Von da an waren wir jeden Tag schwimmen, von früh bis spät. Es waren ja Sommerferien. Allerdings bin ich in den ersten Wochen fast verzweifelt. Es kam nicht viel von ihm. Er ist überhaupt nicht aus sich herausgekommen. Irgendwann dachte ich gefrustet: »Ich pack's nicht mehr, der Typ ist so langweilig. Da ist ja jeder Totengräber freundlicher.« Ich hatte echt schon überlegt, es zu lassen. Andererseits war ich aber total verknallt. Deshalb bin ich doch drangeblieben. Hat sich ja auch gelohnt.

Wenn's um Petting und richtig Rummachen ging, war ich immer diejenige, die angefangen hat. Wenn er mich umarmt hat, habe ich seine Hand auf meinen Hintern gelegt. Von selbst hätte er sich nicht getraut, mich anzufassen. Erst recht nicht, wenn es darum ging, mal die Hand in meine Hose zu schieben. Es ging alles ganz, ganz langsam bei uns. Erst am letzten Sonntag des Oktoberfestes lief mehr …

Einen Tag vorher hatte mich meine Freundin noch gefragt: »Und, habt ihr schon?« Es war das Mauerblümchen. Sie hatte ihr erstes Mal inzwischen schon hinter sich. Aus ihr ist heute ein richtiger Vamp geworden. Sie hat auch schon ein Kind. Ich erzählte ihr, dass er mich schon gefingert und ich ihm mal einen runtergeholt hätte. Abends meinte ich: »Ich glaube, morgen werden wir miteinander schlafen.« Sie: »Red du nur.«

Ich war wieder mal bei ihm. Wir haben uns immer bei ihm getroffen, weil seine Mutter oft nicht da war. Ich hatte nichts Besonderes an, keine sexy Unterwäsche jedenfalls. Wir lagen auf seinem Bett, auch wie immer, und fingen an rumzumachen. Irgendwann war es für uns beide klar, worauf es hinauslaufen würde. Ich war zwar mit einigen Jungs vorher länger als mit Adriano zusammen, aber er war der Einzige, mit dem ich es wirklich wollte. Bei ihm wusste ich von Anfang an: Der wird es.

Dass Adriano auch noch keinen Sex hatte, hatte er mir gesagt. Das heißt, ich hab gefragt, ein paar Tage nach dem 16. Juli. »Und, bist du noch Jungfrau?« Er drucksste erst ein bisschen herum, das war ihm natürlich unangenehm, dann sagte er aber: »Ja« und fragte: »Und du?« Ich war auch ehrlich. Ich fand's toll, dass er noch nicht hatte. Deshalb fühlte ich mich noch wohler bei ihm. Bei einem anderen Typen wäre ich vielleicht nur eine von vielen gewesen. Bei ihm war ich mir sicher: Er würde mich nie mehr vergessen.

Die Pille hatte ich mir schon mit 15 geholt. Da hatte ich zwar noch nicht vor, so bald Sex zu haben, aber ich bin immer gerne vorbereitet. Der Körper muss sich ja auch erst mal darauf einstellen. Als ich bei meinen Eltern mit der Pille ankam, meinte mein Vater: »Wenn du bis zu deinem 16. Geburtstag wartest, schenke ich dir ein Nasenpiercing.« Mit 16 ging ich zu ihm, verlangte das Piercing und bekam es auch. Er weiß bis heute nicht, dass ich mein erstes Mal längst hinter mir habe.

Adriano fragte mich erst mal: »Willst du mit oder ohne Gummi?« »Na, probieren wir es halt mal mit«, meinte ich. Nachher erzählte er mir, dass er geübt hätte, damit er es hinbekommt. Allerdings war er jetzt total aufgeregt, seine Hände zitterten richtig. Deswegen ging's auch erst mal schief und er hat schlappgemacht, der arme Junge. Er war zwar schon ziemlich geil, aber halt auch tierisch nervös. Irgendwann dachte ich, bevor es jetzt komplett in die Hose geht, machen wir's lieber ohne, und ich sagte: »Lass das Kondom weg und mach einfach.« Ich wollte es endlich hinter mich bringen. Er fragte dann ständig: »Und, tut's weh, ist alles in Ordnung, geht's dir gut?« »Ja, passt schon, alles okay, mach weiter«, beruhigte ich ihn. Er ist schon nach zwei Minuten gekommen. Aber er hatte ja auch keine Erfahrung. »Das üben wir noch«, meinte ich am Ende. Ihn hat das ganz schön gestresst. Ich glaube, deshalb hatten wir auch erst mal keinen Sex mehr.

Als ich aus seinem Zimmer ging, war ich total erleichtert, fühlte mich irgendwie befreit. Jetzt hast du's hinter dir!, dachte ich. Ich glaube, so ging's ihm auch. Seinem besten Freund, dem einzigen, mit dem er über private Dinge redet, sagte er am gleichen Tag ganz lässig: »Du, ich hab gerade mit der Kerstin geschlafen.« »Und, wie war's?«, fragte der. Adriano nur: »Na ja.« Das erzählte er mir später. Er hat auch mal zugegeben, dass er Schiss hatte: dass er zu früh kommt, irgendeine Scheiße baut, sich lächerlich macht.

Am Montag auf dem Weg zur Berufsschule, es war mein erster Tag dort überhaupt, dachte ich bei mir: Du gehst nicht als Jungfrau in die Berufsschule. Yes! Als Adriano und ich in der Mittagspause telefonierten, klang er ganz komisch. Ich fragte ihn, was los sei. Darauf sagte er: »Ich hab Angst, dass du schwanger bist.« Da fing ich an zu lachen. »Du weißt schon, dass ich die Pille nehme, oder? Das ist zu 99 Prozent sicher.« Das hat ihn aber nicht beruhigt. Er war völlig aus dem Häuschen. Deshalb bin ich ihm zuliebe am Nachmittag gleich zum Frauenarzt gegangen. Es war natürlich alles in Ordnung. Ich hätte ihm vorher sagen sollen, dass ich die Pille nehme. Dann hätte er nicht so eine Panik geschoben.

Das zweite Mal hatten wir vier Wochen später, danach wollte er erst mal nicht mehr. In den sieben Monaten, in denen wir zusammen waren, haben wir nur ein paar Mal miteinander geschlafen. Ich musste den Sex aber auch nicht unbedingt haben. Ich hatte nicht so das super Feeling dabei. Es war jedenfalls nicht so, dass ich dachte: Boah, das ist ja geil. Immer Missionarsstellung – als Anfänger hat man ja gewisse Techniken noch nicht drauf – und dann kam er immer auf seine Kosten, meist ziemlich schnell, und ich hatte das Nachsehen. Heute kann er sich eher zurückhalten.

Es ging dann ganz allmählich den Bach runter mit uns. Er wurde immer abweisender und kälter. Ich konnte mir nicht erklären, warum. Ich habe mich aber auch nicht getraut zu fragen, denn ich hatte Angst davor, dass er sagen könnte: »Ich lieb dich nicht mehr.« In dem letzten Monat, in dem wir zusammen waren, habe ich fast jeden Abend geweint. Ich habe ihn abgöttisch geliebt und hätte alles für ihn getan. Schließlich ging es einfach nicht mehr, und ich sagte eines Tages zu ihm: »Komm bitte morgen vorbei, ich will mit dir reden.« Ich setzte ihm die Pistole auf die Brust: »Sag jetzt: Liebst du mich noch, ja oder nein?« Das war mein Eigentor. »Dann eher nein«, sagte er. Das war am 12. Februar 2007.

Kaum war er an der Bushaltestelle, rief er seinen besten Freund an: »Ich hab Angst, dass sie sich was antut.« Er wusste genau, wie sehr ich ihn liebe. Kurz darauf rief sein Freund mich an, wir hatten guten Kontakt: »Bitte tu dir nichts an, du wirst es schaffen. Der ist ein Arsch und hat dich nicht verdient.« Kaum aufgelegt, klingelte es an der Tür. Adriano. »Bitte mach nichts Unüberlegtes, nicht wegen mir, bitte!« Darauf ich: »Glaubst du ernsthaft, dass ich mir deinetwegen was antun würde? So blöd bin ich auch wieder nicht.« Da ist er gegangen. Die zweieinhalb

Monate, die wir getrennt waren, waren schlimm für mich. Wenn ein Typ was von mir wollte, hab ich immer irgendwann angefangen, von Adriano zu labern.

Ein paar Wochen später habe ich ihn wiedergesehen. Meine Freundin, die mit einem seiner Freunde zusammen war, fragte, ob ich nicht mit ihnen weggehen wollte. Adriano käme auch. Natürlich habe ich mich an dem Abend total aufgebrezelt. Es war der Horror für mich, beim Essen neben ihm zu sitzen. Deshalb bin ich irgendwann gegangen. Hinterher erzählte er mir, er hätte mich nach Hause bringen wollen, hätte sich aber nicht getraut zu fragen. Er hatte Angst, ich könnte sauer werden und ihn schlagen oder so. Ich kann zwar, wenn ich will, ziemlich aggressiv werden, aber ich würde ihm nie absichtlich was tun.

Nach ein paar Wochen träumte ich nachts, dass ich mit ihm Sex habe. Das war ganz komisch, eine Art Zeichen. Am anderen Tag rief ich ihn dann spontan an: »Hast du vielleicht Lust, dich mit mir zu treffen und im Park spazieren zu gehen?« »Ja, können wir schon machen«, meinte er. Ich hatte mich in der Zeit, in der wir getrennt waren, ein bisschen verändert. Ich habe aufgehört, an den Fingernägeln zu kauen. Das hatte er gehasst. Vor allem aber hatte ich angefangen, mich modisch weiterzuentwickeln, hatte auf einmal einen Schuh- und Ohrring-Tick gekriegt und wirkte insgesamt viel weiblicher.

Als wir spazieren gingen, war es wieder supernett mit ihm. Wir haben uns unterhalten, gescherzt, und er war total lieb. Dann ging mein Handy. Es war ein Typ, der mich schon lange toll fand und sich mit mir treffen wollte. Das hat Adriano mitbekommen. Deshalb sagte ich ganz cool in den Hörer: »Ja, komm, lass uns nachher treffen.«

Am nächsten Tag, einem Montag, kam die Freundin seines besten Freundes in der Berufsschule auf mich zu. Adriano hatte sie angerufen. Er wollte mich zurück! Er hätte in der Zeit unserer

Trennung gemerkt, dass er mich doch sehr gern hat. Er hätte voll Scheiße gebaut. Als Ende April die Grillparty seines besten Freundes anstand, simste er mir: »Kommst du auch? Ich würde mich freuen.«

Natürlich kam ich, und wir sind irgendwann ein bisschen spazieren gegangen. Tja, und da hat er was ganz Süßes gemacht: Er gab mir einen vier Seiten langen Brief … »Ich bin ein riesengroßes Arschloch, ich hab einen Fehler gemacht. Ich will dich zurück, ich bin ohne dich nur ein halber Mensch«, stand da. Er ist hundert Meter vorausgegangen, während ich las. Als ich fertig war, rief ich total gerührt: »Komm doch bitte her zu mir.« Er lächelte ein bisschen schief und meinte: »Es tut mir so leid, Kerstin. Nimm mich zurück. Ich liebe dich!«

So leicht wollte ich es ihm aber nicht machen. Also sagte ich: »Erstens: Wenn du mich noch mal so verarschst, trete ich dir so in die Eier, dass du keine Kinder mehr kriegen kannst. Und das Zweite: Wir machen eine Beziehung auf Probe. Das heißt, wenn du den kleinsten Scheiß baust, bin ich weg.« Er nickte nur und sagte: »Du kannst dich auf mich verlassen!«, dann nahm er mich in den Arm.

Am nächsten Tag rief wieder der Typ an, mit dem ich mich getroffen hatte: »Gibst du mir denn eine Chance?« Ich: »Nein, ich will nicht.« Adriano merkte sofort, was los war, nahm sich mein Handy und rief in den Hörer: »Hey du Arschloch, lass meine Freundin in Ruhe!«, und legte auf. Er hat voll übertrieben, aber ich fand es total süß. »Du gehörst zu mir«, sagte er. Nachdem wir wieder zusammen waren, gab er Gas. Er sagte ganz oft, dass er mich liebt, machte mir Komplimente, nahm mich in den Arm und kuschelte mit mir. Das hatte er früher nicht gemacht.

Wir beschlossen, dass es keine Tabus mehr zwischen uns geben sollte. Dass wir auch offen über Sex reden würden. Das hatten wir vorher nicht gemacht.

Als wir das erste Mal wieder miteinander schliefen, war es wieder nicht so doll. »Wie war's für dich?«, fragte er. »Na ja, mei«, sagte ich nur und fragte ihn dann einfach: »Was hättest du denn gern? Möchtest du mal was ausprobieren? Soll ich dir einen blasen?« Da meinte er: »Ja, scho'.« Es hat sich ganz langsam entwickelt, dass wir immer mehr darüber geredet und immer mehr ausprobiert haben. Inzwischen haben wir überhaupt kein Problem mehr damit, uns zu sagen, was wir wollen.

Wir hatten schon Sex im Olympia-Park, auf einem Spielplatz, in der Umkleidekabine im Schwimmbad und im Wasser und haben inzwischen auch schon einiges an Stellungen ausprobiert. Am Valentinstag 2008 habe ich ihm ein Kamasutra-Buch geschenkt, und das haben wir mal durchprobiert. Dabei haben wir uns den Arsch kaputt gelacht. Manche Stellungen kann man nicht machen, unmöglich.

Heute ist der Sex wunderbar bei uns. Er weiß genau, worauf ich anspringe. Er merkt das sofort, da brauche ich gar nichts zu sagen. Ihm ist immer wichtig, dass ich auf meine Kosten komme. Als ich mit ihm meinen ersten Orgasmus hatte, war das natürlich toll. Es hat gekribbelt, ich bekam Gänsehaut, wow! Er hat es danach oft richtig provoziert, und dann habe ich auch drei-, viermal hintereinander einen bekommen.

Wir wollen zusammenbleiben, da sind wir uns ganz sicher. Zu unserem Eineinhalbjährigen sind wir in den Olympia-Park gegangen, wo er mir unter einem traumhaften Sternenhimmel einen Ring mit einem Swarovski-Stein geschenkt hat. Vor ein paar Wochen hat er mich gefragt, ob ich ihn heiraten möchte. Da bekam ich einen Ring mit einem Brillanten.

Als ich noch keinen Freund hatte, habe ich immer gesagt: Ich will nicht heiraten. Ich konnte mir nicht vorstellen, den Rest meines Lebens neben demselben Typen aufzuwachen. Kinder wollte ich auch nicht. Wenn, dann adoptieren, und zwar Kinder, die sonst in Armut leben müssten. Als ich dann allerdings zum ersten Mal neben Adriano aufgewacht bin, habe ich gemerkt, wie schön das ist, neben jemandem zu liegen, den man liebt.

Er will nur ein Kind, ich will zwei. Ich bin Einzelkind und weiß, wie scheiße das ist. Wenn's ein Junge wird, suche ich den Namen aus. Wenn's ein Mädchen wird, sucht er ihn aus. Wann wir heiraten, haben wir auch schon geplant. Auf jeden Fall an einem 16. Juli. Wenn ich 23 oder 24 bin. Wir planen beide gerne weit im Voraus.

Vor einem dreiviertel Jahr habe ich mal gedacht, dass ich schwanger bin. Er ist mit mir zum Frauenarzt gegangen und beruhigte mich. Ich war ein Häufchen Elend. Wir sind beide noch in der Ausbildung und haben kein Geld. Wie hätte das gehen sollen? Ich sagte ihm, dass ich abtreiben würde, dass ich mir nichts anderes vorstellen könnte. Er meinte: »Ich stehe zu allem, was du willst.« Als sich herausstellte, dass ich es nicht war, fiel mir ein Stein vom Herzen. Er nahm mich in den Arm und sagte: »Ganz ehrlich: Ich hätte dir verboten, dass du abtreibst.« Ich: »Wieso?« Er: »Es hätte doch passieren können, dass du danach kein Kind mehr hättest bekommen können, und das hätte ich nicht gewollt. Und außerdem: Ich bleib eh immer bei dir, also ist es wurscht, ob wir jetzt früher oder später ein Kind kriegen.«

Ich glaube nicht, dass ich irgendwann das Gefühl habe, sexuell was verpasst zu haben. Es gibt bestimmt Männer, die besser sind. Aber ich will nur Adriano. Ich habe ihn mal gefragt: »Glaubst du nicht, dass du es später mal bereuen wirst, nur ein Mädchen gehabt zu haben?« Darauf sagte er: »Ich werde für keine solche Gefühle haben wie für dich.«

Es sollte nicht irgendeine sein

Adriano, 20, Einzelhandelskaufmann
(Erstes Mal mit 17)
Freund von Kerstin

Mein Ziel war es, mein erstes Mal unter 18 zu erleben. Mein bester Kumpel und ich hatten während eines Italien-Urlaubs mal darüber geredet. Mit 18 beginnt ja ein neuer Lebensabschnitt. Dann ist man offiziell erwachsen. Wir wollten es noch vorher schaffen, im jugendlichen Alter. Bei mir hat's geklappt, bei ihm nicht. Vielleicht wäre es bei mir aber auch nicht passiert, wenn ich Kerstin nicht kennengelernt hätte. Für mich war immer klar: Es sollte nicht irgendeine sein, sondern schon jemand ganz Besonderes. Ich wollte verliebt in sie sein. Bei Kerstin war es so.

Gegensätze ziehen sich an, das trifft bei uns hundert Prozent zu. Ich bin ein sehr ruhiger Typ, trinke nicht, rauche nicht und gehe abends auch selten weg. Kerstin ist ganz anders. Sie macht gern Party, ist ziemlich lebhaft, redet gern und viel. Das war zwischendurch auch mal ein Problem, aber inzwischen haben wir uns aufeinander eingestellt und verstehen uns gut.

In der fünften Klasse, mit zwölf, habe ich angefangen, mich für Mädels zu interessieren. Ich war immer einer der Beliebtesten in der Klasse. Warum, weiß ich auch nicht. Ein paarmal wurde ich sogar zum Klassensprecher gewählt, aber wollte die Wahl nie annehmen. Die Mädels meinten, ich hätte einen netten Charme und wäre nicht so wie die anderen, die ständig angeben und sich schlagen. Ich war der Ruhige und bin in den Pausen immer bei den Mädels gewesen.

Meine erste Freundin war die Schul-Queen. Sie schrieb mir einen Zettel, ob ich mit ihr gehen wollte. Da ich sie süß fand, meinte ich: »Ja, warum nicht«, und dann waren wir zusammen. Sie war schlank und hatte braune Haare. Eigentlich stehe ich ja auf Blonde, hatte aber bisher noch nie eine blonde Freundin. In der Schule haben wir uns jeden Tag gesehen, nach der Schule einmal die Woche. Wir haben Händchen gehalten, mehr nicht. Nach acht Monaten war es wieder vorbei. Ich hatte keine Zeit mehr für sie. Ich hatte dann viermal die Woche Fußballtraining und bin immer gleich nach der Schule zum Sportplatz gefahren. Richtig verliebt war ich damals aber auch noch nicht. Kann man vielleicht auch noch gar nicht in dem Alter.

Das meiste zum Thema Sex habe ich von Freunden mitbekommen oder aus dem Internet. Die *Bravo* habe ich nie gelesen, Sexualkunde hatten wir in der Schule auch nicht. In dem Jahr, als es eigentlich anstand, haben wir es vom Stoff her nicht mehr geschafft, und so fiel's hinten runter. Mit meinen Eltern habe ich über das Thema nie geredet. Es kam auch selten eine Bemerkung und wenn, dann habe ich abgeblockt. Ich habe eher mal mit meinem sechs Jahre älteren Bruder geredet. Einmal hat er mir alles preisgegeben von seinem ersten Mal. Er hatte es mit 17, wie ich. Er erzählte es aber nur oberflächlich und nicht prollartig, sondern ganz sachlich. Er sagte, wann, mit wem und dass er es gut fand.

So mit 15 fing es an, dass die ersten Jungs sich Porno-Clips im Internet angeschaut haben, und dann redete man untereinander darüber: Hast du den schon gesehen und den und den … Dann surfte man halt auch mal und guckte sich die an, damit man auf dem Niveau mitreden konnte. Das war spannend fürs Auge, aber mehr auch nicht.

Es gibt bestimmt welche, die haben sich vorgestellt, das erste Mal so zu haben, wie sie es im Fernsehen oder im Internet gesehen haben. Ich habe mich davon aber nicht beeinflussen lassen. Wer das macht, hat falsche Vorstellungen vom echten Leben und lebt in irgendsoeiner Scheinwelt. So macht man sich sein Leben kaputt, weil man das nicht kriegt, was man sich vorstellt. Ich hab das alles auf mich zukommen lassen.

Irgendwann prahlten die Ersten, dass sie die und die und die schon flachgelegt hätten. Gerede. Die am lautesten geprahlt haben, haben wahrscheinlich am wenigsten abbekommen. Die wollten einen auf supercool machen. Einige erzählten, dass sie ihr erstes Mal auf einer Party hatten, im Suff. Nur bei zwei Kumpels weiß ich es sicher. Wir sind eng befreundet, deshalb glaube ich ihnen.

Kerstin und ich waren auf der gleichen Schule, aber in verschiedenen Klassen. Sie ist mir – von ihrer großen Oberweite mal abgesehen – erst nicht weiter aufgefallen. Sie war kein Mädel, nach dem ich mich zweimal umgedreht hätte. Sie war überhaupt nicht mein Typ: immer wie ein Junge gekleidet, sehr sportiv, rotgefärbte Haare. Ich stand auf blonde, sehr weibliche Mädchen. Bewusster wahrgenommen habe ich sie erst, als sie mir beim Fußball mal in meine Weichteile geschossen hat.

Danach haben wir uns hin und wieder unterhalten. Ganz locker und eher oberflächlich, wie man halt mit Schulkameraden redet. Wenn ich mal wieder einen Bänderriss hatte und auf Krücken in die Schule hinkte – und das kam wegen des Fußballs oft vor –, hat sie mich gefragt, ob sie mir was abnehmen kann. Als die WM im Juni anfing, wollte ich sie eigentlich fragen, ob sie mich und ein paar Kumpels zum Public Viewing begleiten würde – weil sie ja auch auf Fußball stand –, hab's dann aber doch gelassen. Zu dem Zeitpunkt hatte ich aber nur Freundschaft im Sinn. Ich hatte überhaupt noch nicht weitergedacht.

Auf der Abschlussfahrt in Prag Anfang Juli – da war sie nicht dabei – haben ihre Freundinnen mich dann gefragt, wen ich gut fände. Eine meinte, Kerstin stünde auf mich und wie das bei mir wäre. »Ja, ja, ich auch auf sie«, hab ich gesagt. Warum, weiß ich auch nicht. Ich wollte einfach meine Ruhe haben, sonst hätten sie weiter genervt. Ich hasse es, über so was in der Schule und vor allen Leuten zu reden.

Kaum waren wir wieder zurück in München, das war ein Freitag, gab mir die Freundin Kerstins Nummer. Von selbst hätte ich nicht gefragt, so toll fand ich Kerstin ja noch nicht. Aber wo ich die Nummer schon mal hatte, rief ich am anderen Tag an. Ich wollte halt auch mal wieder eine Freundin haben. Ich hatte ja die letzte mit 14 gehabt. Es war wieder an der Zeit, fand ich.

Ich weiß noch, dass ich sie beim Abspülen störte, als ich anrief. Wir verabredeten uns für den nächsten Tag am See zum Schwimmen, wollten uns an einer U-Bahn-Station treffen und zusammen hinlaufen. Sie ließ mich zwanzig Minuten warten, dann kam sie, in schwarzen Shorts und mit Rucksack. Sie war immer ziemlich unpünktlich. Inzwischen hat sich das gebessert. Kaum waren wir da, sind wir auch schon ins Wasser gegangen. Es war zwar noch nicht Mittag, aber schon sehr warm. 2006 war ja der sehr heiße Sommer.

Sie hat mich erst mal ziemlich ausgefragt, Hobbys, Lieblingsmusik und solche Sachen. Ich hab auch auf alles geantwortet. Ich bin's ja gewöhnt von den Mädels, dass sie immer alles rausquetschen wollen. Bei ihr habe ich aber größtenteils die Wahrheit gesagt. Sonst hab ich auch schon mal irgendwas gesagt, weil ich die Mädels so schnell wie möglich abwimmeln wollte. Die ganze Fragerei hat mich bei denen gelangweilt. Die waren mir aber auch wurscht. Ein paar Tage später fragte sie mich, ob ich schon mal Sex gehabt hätte. Bei einer anderen wäre mir das unangenehm gewesen. Bei ihr aber komischerweise nicht. Deshalb hab ich ihr gesagt, dass ich noch nie mit einem Mädchen geschlafen habe. Dass sie auch noch Jungfrau war, fand ich cool.

Ein Mädchen mit Erfahrung wäre auch kein Problem gewesen. Aber so war's schöner.

Am See haben wir erst mit ein paar anderen Wasserball gespielt. Als die Jungs weg waren, umarmte ich sie dann von hinten. Einfach so, ganz spontan. Plötzlich fand ich sie toll. Ich weiß auch nicht, warum. Und dann küssten wir uns. Sie weihte mich ein, denn ich hatte vorher noch nie richtig geküsst. Dafür meisterte ich es aber ganz gut, darüber habe ich mich im Nachhinein gewundert. Vielleicht geht das ja auch ganz automatisch und liegt schon irgendwie in den Genen.

Nach dem Schwimmen sind wir noch zu einem Fußballturnier gegangen, ihr Vater ist Trainer. Wir sind bestimmt eine Stunde hingelaufen, die ganze Strecke händchenhaltend. Von mir aus war es da schon klar, dass wir zusammen sind. Das hat mir mein Herz gesagt.

Nach drei Tagen hat sie mich gefragt, ob wir jetzt zusammen wären. Ich sagte: »Ich hoffe es.« Von ihrer Seite wusste ich es ja noch nicht. Dann war es aber klar und besiegelt.

Wir haben uns von da an jeden Tag gesehen, sind meist schwimmen gewesen, und es hat sich zwischen uns intensiviert. In der ersten Zeit war ich noch sehr zurückhaltend. Weil ich halt schüchtern war. Wenn sie mich gefragt hat, habe ich nicht ausschweifend erzählt, sondern meine Antworten waren eher kurz und knackig. In der Hinsicht habe ich mich inzwischen gebessert.

Zunächst lief zwischen uns nicht viel. Das war sekundär. Es ging erst mal darum, die anderen Sachen zu erkunden. Küssen, Händchenhalten, ein bisschen Fummeln. An alles andere haben wir anfangs noch nicht gedacht, keiner von uns. Erst zwei Monate später fing es an. Sie hat den ersten Schritt gemacht. Wir waren bei mir im Bett. Erst haben wir eine Weile geknutscht, dann hat sie mir langsam mein Shirt und die Hose ausgezogen. Dann hab ich's langsam bei ihr gemacht, das heißt, sie hat sich mehr selbst ausgezogen. Ich wollte es zwar, aber in dem Moment war ich irgendwie noch nicht vorbereitet. Es hat dann auch eine halbe Stunde gedauert, bis ich meinen letzten Socken ausgezogen hatte. Die Socken durfte ich mir dann selbst ausziehen.

Ich hatte überhaupt keine Erwartungen, wie es sein könnte. Ich hatte mir zwar wie meine Kumpels auch mal ein Pornofilmchen im Internet angeguckt. Man denkt dann schon, dass man's so auch mal machen will. Ich habe mir aber nie vorgestellt, dass es gleich beim ersten Mal so sein würde. Wie's bei mir wäre, war mir eigentlich eh wurscht. Meine größte Sorge war, dass ich sie enttäuschen könnte. Kerstin hatte die ganze Zeit den aktiveren Part. Ich hab sie machen lassen, ich war sozusagen ihre Puppe. Sie ist halt eher der Draufgänger. Ich war aber auch aufgeregt. Volle Kanne. Ich wusste ja nicht, wie's geht und hatte Angst, irgendwas falsch zu machen. Ich hätte ihr wehtun oder zu schnell kommen können. Es hätte auch gar nicht funktionieren können.

Erst hab ich kein Kondom gefunden, dann ging's nicht drüber, dann hat sie's runtergerissen, und wir haben es ohne gemacht. Ich hab darüber nicht nachgedacht. In dem Moment hatte ich das Blut nicht im Kopf, sondern woanders. Es dauerte vielleicht fünf Minuten, dann war's vorbei.

Ich war befreit und stolz, dass ich's hinter mir hatte. Ich hätte nach London fliegen können mit meinen Flügeln. Und ich hatte es auch noch unter 18 geschafft! Der zweite Gedanke war gleich: Scheiße, was hab ich gemacht? Dass sie die Pille nimmt, wusste ich nicht. Über Verhütung hatten wir beide vorher nie geredet. Über Sex auch nicht. Das war uns beiden damals noch peinlich.

Kerstin ging gleich wieder, weil sie zum Essen musste. Ich traf mich mit meinem besten Kumpel – der aus dem Italien-Urlaub – und prahlte natürlich, dass ich's hinter mir hätte. »Glaub ich dir nicht«, sagte er erst, dann gratulierte er mir. Ich war der Erste von meinen Freunden damals.

Das gute Gefühl hielt nicht lange. Ich musste dran denken, dass vielleicht was passiert sein könnte, weil wir's ohne Kondom gemacht hatten. Die Angst saß so in meinem Kopf, dass ich zwei Tage lang nichts essen konnte. Kerstin sagte zwar, sie nehme die Pille, die sei sicher, da könne nichts passieren. Ich hatte mich aber schon so reingesteigert, dass ich ihr nicht glaubte und sie schließlich bat, doch zum Frauenarzt zu gehen und nachschauen zu lassen, ob alles in Ordnung wäre. Das hat sie auch am darauffolgenden Tag gemacht. Als sie mich auf der Arbeit anrief und mir die frohe Botschaft mitteilte, fiel mir ein Stein vom Herzen. Inzwischen war mir auch klar, dass die Pille als Schutz ausreichte. Ich hatte mich via Internet und über Freunde schlaugemacht. Kumpels, die schon Sex gehabt hatten, meinten, dass ein Kondom zusätzlich 200-prozentige Sicherheit sei.

Wir waren zuerst sieben Monate zusammen. In dieser Zeit haben wir nur noch ein paar Mal miteinander geschlafen. Die Geschichte nach dem ersten Mal war ein Schock für mich. Da ist mir die Lust vergangen. Wenn sie wollte, haben wir es halt gemacht. Sie hat natürlich immer die ersten Schritte gemacht. Aber wenn sie nicht zu mir gekommen ist, war's auch wurscht. Dann habe ich mich genauso gut gefühlt.

Weil meine Freunde ständig meinten, sie sei nicht die Richtige, das würde nicht passen, kam ich irgendwann ins Grübeln. Sie sagten, wir seien vom Temperament her zu unterschiedlich und hätten auch ganz andere Hobbys. Kerstin hat früher nur Fußball gespielt, ich hab noch ganz viele andere Sportarten gemacht. Die Jungs waren wahrscheinlich einfach neidisch, weil sie selbst noch keine Freundin hatten. Ein Grund war wohl auch, dass ich ziemlich viel Zeit mit Kerstin verbrachte und die Jungs ein bisschen vernachlässigte.

Ich fühlte mich in den nächsten Monaten immer verunsicherter und wusste am Ende nicht mehr, was ich eigentlich wollte.

Schließlich bin ich zu ihr gegangen und habe ihr drei Möglichkeiten genannt. Dass wir Schluss machen. Dass sie sich mehr an mich anpasst und einen Gang zurückschaltet. Sie wollte immer Party, Party, Party. Ich hab stattdessen lieber noch eine Extraschicht gemacht. Ich arbeite als Verkäufer in der Herrenabteilung eines Bekleidungshauses, möchte aber noch den Handelsfachwirt machen, um Abteilungsleiter zu werden. Weggehen gibt mir nichts. Allein die Vögel, die abends so unterwegs sind. Die brauche ich nicht in meinem Leben. Ich gehe lieber in die Berge, pack mich irgendwohin und schau in die Ferne.

Die dritte Möglichkeit war, dass wir beide an uns arbeiten, dass jeder Kompromisse eingeht. Ich habe ja mein ganzes Geld damals für Kleidung ausgegeben, habe sehr auf mich geachtet. Ich war ihr wahrscheinlich zu feminin, zu eitel. Sie hat jedenfalls immer mal Anspielungen in die Richtung gemacht. Dass ich schlimmer sei als sie. Wenn ein Dreckbatzer auf dem Schuh sei, würde ich den gleich wegwischen. Das hat sich inzwischen aber auch gebessert. Da sie den zweiten und dritten Vorschlag nicht annehmen wollte, sind wir zu dem Schluss gekommen, dass wir uns trennen.

Die erste Woche war's mir egal, aber mit der Zeit habe ich gemerkt, dass sie mir eigentlich doch wichtig ist. In einer Bar in Schwabing haben wir uns dann wiedergesehen. Wir waren mit einem Pärchen, das wir beide kannten, unterwegs. Ich wollte sie eigentlich nach Hause bringen, hab's aber doch nicht gemacht. Ich war mir nicht sicher, ob sie das gewollt hätte.

Ein paar Wochen später rief sie an. Ob wir mal im Olympia-Park spazieren gehen. Das fand ich super, ich wollte sie inzwischen ja auch wiedersehen, und habe gleich bejaht.

Als ich sie sah, war ich positiv überrascht. Sie hatte ihr Outfit geändert. Vom Jungenhaften zum Girliehaften. Sie war geschminkt, der Kleidungsstil war anders. Früher hatte sie ausgeleierte Jeans an. Jetzt hatte sie Leggings an mit Ballerinas und einem Long-sleeve-Shirt. Das sah richtig geil aus. Zwei, drei Stunden sind wir spazieren gegangen und uns immer näher gekommen. Ich wollte sie eigentlich küssen, habe mich aber nicht getraut.

Dann kam die Grillparty meines besten Kumpels am 31. April. Ich schrieb Kerstin eine SMS, ob sie nicht kommen wolle. Sie simste zurück, dass sie es noch nicht wüsste. Ich hatte gehofft, dass sie kommt, und ihr einen schönen Brief geschrieben, sechs Seiten lang. Ich wollte sie zurückgewinnen, das war mir inzwischen klar geworden.

Sie kam auch, und ich gab ihr den Brief. Wir gingen spazieren, während sie ihn las. Sie war überrascht und ich glaube, sie hatte Tränen in den Augen. Dann habe ich sie geküsst, und da hat sie auch gleich mitgemacht. Damit war besiegelt, dass wir einen Neuanfang wagen. Wir haben dann so was wie einen mündlichen Ehevertrag geschlossen. Dass ich keinen Mist mehr baue und so. Da habe ich mich auch größtenteils dran gehalten. Man kann sich in ein paar Monaten ja nicht komplett ändern. Ein paar Macken sind immer noch da.

Am anderen Tag trafen wir uns wieder. Da rief dann so ein Vogel bei ihr an, der was von ihr wollte. Ich nahm ihr den Hörer ab und sagte ihm klipp und klar, dass er sich nicht mehr bei ihr melden soll. Die Nummer hab ich auch gleich gelöscht.

Wir haben uns im zweiten Anlauf sexuell immer besser aufeinander eingestellt, mehr ausprobiert. Sie kaufte mal ein Kamasutra-Büchlein, und da haben wir dann Akrobatik gemacht, mit Krämpfen und allem drum und dran. Da haben wir gelernt, dass man besser erst mal ein paar Dehnübungen machen sollte.

Inzwischen läuft es wie geschmiert zwischen uns. Mir ist es wichtig, dass sie auf ihre Kosten kommt, da achte ich schon drauf. Manchmal ist es aber auch nicht so. Wenn ich abends gestresst von der Arbeit nach Hause komme, müde bin und sie mich dazu überredet, dann bin ich froh, wenn's so schnell, wie's geht, aufhört. Ich krieg dann natürlich auch immer 'ne Rüge, aber die akzeptiere ich. Es kann nicht immer der Supersex sein.

Ich glaube, ihr ist es schon wichtiger als mir. Sie hätte es gerne öfter. Wenn ich es mal zwei Wochen nicht mache, ist es mir auch wurscht. Vieles bei uns in der Beziehung läuft umgekehrt. Dass ich die Frau bin und sie der Mann.

Vor Kurzem habe ich sie gefragt, ob sie mich heiraten will. Wir hatten mal wieder Streit, und sie wollte mich eigentlich drei Wochen nicht sehen. Sie ist eine Drama-Queen, ein bisschen Paris-Hilton-like vom Benehmen her. Ich hab mir dann gesagt, jetzt kaufe ich ihr mal einen Ring. Ob ich das jetzt oder in zwei Jahren mache, ist egal. Ich weiß ja, dass sie die Richtige ist. Gleich am nächsten Tag habe ich ihn ihr gegeben. An dem See, wo wir im Juli 2006 unser erstes Date hatten. Ich hatte sie vorher angerufen und gesagt, dass ich mit ihr spazieren gehen will, dass wir nachher was essen gehen und dass es griechischen Wein geben würde. Sie ist süchtig danach. Und da war es schon gebongt. Natürlich hat sie schon was geahnt. Aber da sie mich nicht sehen wollte, musste ich sie ja irgendwie überreden.

Als ich ihr den Ring am Feldmochinger Strand an den Finger gesteckt habe, hatte sie Tränen in den Augen. Ich auch. Dann sind wir essen gegangen.

Über ein paar Sachen sind wir uns noch nicht ganz einig. Sie will zwei Kinder haben. Mit 23, 24 anfangen. Ich habe ihr aber gesagt, frühestens mit 26, 27. Erst mal zusammenziehen, die Ausbildung beenden, Karriere machen. Und natürlich erst heiraten. Wie wir das mit den Namen machen, wissen wir auch noch nicht. Von meiner Seite ist zwar ganz klar: Sie nimmt meinen an. Sie will aber den Brauch umstürzen, wie es ihr passt. Ich soll ihren annehmen. Na ja, ist ja noch ein bisschen Zeit. Vielleicht ist sie dann reifer, und sie überlegt mal klar und deutlich.

Sie hat mich mal gefragt, ob ich's nicht vielleicht irgendwann bereue, nur eine Freundin gehabt zu haben. Das glaube ich nicht. Ich bin nicht der Typ, der eine Strichliste führt, mit wie vielen Mädels er schon geschlafen hat. Da bin ich ganz anders als die meisten. Mir reicht eine. Eine ist anstrengend genug.

Sex, Liebe oder was?

Dennis, 17, Berufsschüler
(Erstes Mal mit 14)

Weil ich nie so richtig erfahren habe, was es heißt, von jemandem geliebt zu werden, war es immer schwierig für mich, rauszufinden, was Liebe ist. Bei meiner jetzigen Freundin habe ich das Gefühl, dass es so ist. Sie ist die Einzige, bei der ich mich fallen lassen kann. Für sie würde ich alles tun.

Bei den meisten anderen Mädchen war es so, dass ich mich nicht für sie selbst interessiert habe, sondern nur für ihr Aussehen. Jetzt ist es so, dass ich mich mehr für den Menschen interessiere. Ich frage viel nach, deshalb weiß ich auch viel mehr über meine jetzige Freundin. Bestimmt noch nicht alles, aber Grunddinge wie ihre Lieblingsfarbe, was sie am liebsten macht, was sie am liebsten isst, welche Musik sie gerne hört. Ich weiß auch, wann sie geboren ist, wo sie geboren ist, was sie danach alles gemacht hat. Vielleicht ist es mit ihr auch deshalb anders, weil ich bisher niemanden so nah an mich ranlassen wollte, aus Angst verletzt zu werden.

Ich hatte eine sehr harte Kindheit. Die meiste Zeit meines Lebens habe ich in einem kleinen Ort in Bayern verbracht, ganz unten an den Alpen, in der Nähe von Murnau. Meine zwei Jahre ältere Schwester und ich haben bei meinem Opa und seiner Lebensgefährtin gewohnt. Weil bei meiner Mutter wohl einiges schiefgelaufen war, wollte mein Opa es bei mir anders machen und hat ziemlich harte Erziehungsmethoden angewandt. Ich wurde oft geschlagen, durfte keine Freunde mit nach Hause bringen und musste viel arbeiten. Im Sommer musste ich zum Beispiel die

Gemüsebeete umgraben, neue Beete mit Steinen umranden und so'n Zeug.

Meine Mutter, sie ist jetzt 38, war früher stark drogenabhängig. Meinen Vater kenne ich nicht, er lebt in seiner Heimat Tschechien. Bis ich zwei, drei Jahre alt war, habe ich bei meiner Mutter gewohnt. Ich weiß noch genau, wie sie damals aussah. Ich weiß auch noch, wie mein Zimmer, die Küche, die Straße in Augsburg, in der wir gewohnt haben, aussahen. Aus der Zeit habe ich noch viele schöne Bilder im Kopf. Als sie einen Entzug machen wollte, bat sie ihren Vater, uns übergangsweise aufzunehmen. Er ist aber sofort zum Jugendamt gegangen und hat ihr das Sorgerecht entziehen lassen. Er hat sie richtig schlechtgemacht. Sie würde uns nichts zu essen geben, sie könne nicht für uns sorgen. Er behauptete sogar, sie hätte meine Schwester am Bahnhof in einem Kinderwagen abgestellt und wäre einfach wieder gefahren. Er hat alles aufgebauscht, um sagen zu können, dass er uns gerettet hat.

An Neujahr 2004 bin ich abgehauen, weil ich es nicht mehr aushielt. Mein Opa und seine Lebensgefährtin haben mich psychisch und körperlich total belastet. Bevor ich wegging, haben sie mich in eine Therapie gesteckt. Die Begründung war, dass ich nicht normal sei. Dabei waren sie nicht normal. Wenn ich abends gegen zehn Hunger bekam und mir ein Brot machte, haben sie mich angemacht. Das war bei denen gleich Klauen. Ich hab ihnen alles geklaut, und ich hab ihnen alles kaputt gemacht, so redeten sie immer. Deshalb kam ich in die Therapie. Die Psychologin stellte dann aber fest, dass die beiden durch ihre falsche Erziehung einen solchen Stress in mir aufgebaut hatten, dass ich damit fast nicht mehr zurechtgekommen wäre.

Ich weiß nicht, warum, aber ich wusste schon mit acht, neun Jahren richtig gut Bescheid, was Sex angeht. Ich hab gern Zeitschriften gelesen, vor allem Mädchenzeitschriften. Ich fand die immer total spannend, vor allem die Aufklärungsseiten. In Jungszeitschriften hatte so was ja nichts zu suchen. Ich fand es ganz toll, einen Ratgeber zu haben, wo man alles nachgucken konnte. An die Hefte bin ich über meine Schwester gekommen. Sie hat sie gekauft, sie durfte ja fast alles. Von ihr habe ich auch öfters mal was mitgekriegt, das war aber eher so ein Prahlen: »Ich habe jetzt einen neuen Freund, und ich war bei dem zu Hause ...« Manchmal kam andeutungsweise, dass sie schon mal hatte. Bei ihr merkt man aber sofort, wenn sie lügt. Deshalb wusste ich, dass das nie so gestimmt hat. Sie hatte ihr erstes Mal dann sogar erst nach mir.

Wenn ich in der Schulbücherei nach Büchern für Referate gesucht habe, bin ich auch manchmal auf Aufklärungsliteratur gestoßen. Es gab ganze Regale davon, angefangen von Kinderbuch- bis zu Erwachsenenbuch-Aufklärung. Einmal habe ich mit einem Klassenkameraden ein Kamasutra-Buch durchgeblättert. Da waren wir fast nur am Ablästern und am Lachen. Wenn man heute mit Freunden darüber redet, ist das ja eigentlich ganz normal. Ich bin unter anderem durch solche Bücher, aber auch durch Internet und Fernsehen aufgeklärt worden. Manchmal bin ich nachts in den Hobbyraum meines Opas geschlichen, wo PC, Fernseher und Playstation standen und hab die *Sexy Clips* auf DSF und solche Sachen geguckt.

Ich war früher ständig Außenseiter. Zwar war ich immer drin in einer Gruppe, aber es war nie so, dass ich mal der Mittelpunkt war. Ich war immer das fünfte Rad am Wagen. Ich sah früher aber auch komplett anders aus als heute. Ich hatte einen Bauch, Hamsterbacken und Kulleraugen. Deshalb war ich bei den ganzen Mädels nicht so angesehen wie andere, und das hat mich natürlich sehr frustriert. Ich hab auch mehrere Körbe einstecken müssen.

Mit elf war ich zum ersten Mal verknallt. Sie war eine richtig Niedliche. Klein, zierlich, mit leicht rötlichen Haaren und ganz vielen Sommersprossen. Ihr habe ich meinen ersten Liebesbrief geschrieben. Ich hatte ihn mindestens zwei Wochen in der Tasche, bevor ich mich getraut habe, ihr den zu geben. Als wir zusammen von der Schule zur Bushaltestelle liefen und ihr Bus plötzlich kam, hab ich ihr den Zettel schnell auf einen Ordner gelegt, den sie in der einen Hand trug. Ich hatte ihr ein kleines Gedicht geschrieben: »Wie ein Nike ohne Air, wie ein Teddy ohne Bär, wie ein Dusch ohne Das, wie ein Kontra ohne Bass, wie die Sonne ohne Stich: So wär das Leben ohne dich.«

Ihre Reaktion war nicht so, wie ich gehofft hatte: Ich sei ein guter Freund, total nett, könne total gut zuhören und total gut helfen – aber mehr halt auch nicht. Zwei Monate später fand ich sie auch gar nicht mehr so toll. Und mit zwölf kam dann eine andere, die ich gut fand. Der habe ich auch einen ewig langen Brief geschrieben, ihr mindestens fünfzig Sachen reingeschrieben, die ich toll an ihr finde. Sie war eine Blondine, auch total niedlich und schon ein bisschen reifer. Sie hat immer so herzhaft gelacht, das hat mir gefallen. Sie schrieb mir zwar zurück, aber leider war ich für sie auch nur ein guter Freund. Das fand ich natürlich kacke. Das war ja schon meine zweite Absage. Das dritte Mädchen, das mich interessierte, kam erst, als ich schon nicht mehr bei meinem Opa wohnte.

Mit 13 bin ich abgehauen. Der Auslöser war, dass mein Opa und seine Lebensgefährtin mich wieder verprügelt hatten, dieses Mal richtig schlimm. Meine Schwester und ich sollten draußen im Dorf die Silvesterknaller wegräumen. Dann gab's Streit, weil wir nicht richtig saubergemacht hatten, was auch immer. Plötzlich ist mir mein Großvater mit dem Fuß in den Rücken gesprungen. Ich knallte frontal mit dem Kopf gegen die Garage und sackte am Boden zusammen. Als ich mich bei seiner Freundin beschwerte, »Sag dem mal, dass der nicht immer so durchdrehen soll!«, hat sie mir ihre Hand mit lauter fetten Ringen über die Schläfe gezogen. In dem Moment hab ich mir gesagt: Jetzt reicht's. Jetzt hab ich keinen Bock mehr auf euch.

Ich lief zu den Nachbarn rüber, mit denen ich mich richtig gut verstanden habe – sie war Anfang, er Ende zwanzig – und die schalteten sofort Polizei und Jugendamt ein. Die Polizei ist gleich mit einem Arzt gekommen, der mich untersucht hat. Man hat noch richtig die Ringabdrücke gesehen. Die Lebensgefährtin meines Opa behauptete aber, das käme, weil ich gegen einen Türstock gelaufen wäre. Und mein Opa sagte, er hätte mir nie in den Rücken getreten. Ich wäre gestolpert. Die haben es komplett anders dargestellt, so dass ich als der kleine Lügner dastand, der alles falsch erzählt. Polizei und Jugendamt haben zwar versucht, zu schlichten, dass ich wieder reinkomme zu meinen Großeltern, aber das wollte ich auf keinen Fall.

Meine Schwester lebt immer noch bei ihnen. Sie ist anders als ich, viel ruhiger und hat immer das gemacht, was die beiden wollten. Bevor ich abgehauen bin, hatte ich einen ziemlich guten Kontakt zu ihr. Ich denke, dass mein Opa und seine Lebensgefährtin ihr den verboten haben. Ich habe auf die beiden immer noch einen ziemlichen Hass. Die Psychologen, die ich in dieser Therapie hatte, waren komplett geschockt, was ich bei denen mit meinen paar Jahren schon aushalten musste. Ich war noch eine ganze Weile ziemlich verstört deswegen und hatte Angstzustände.

Ich kam dann in ein SOS-Kinderdorf, in dem ich drei Jahre gelebt habe. Dort gab's viel Kriminalität unter den Jugendlichen: Klauen, Einbrüche, Autodiebstähle. Erst dachte ich, ich pass da gar nicht rein, aber dann bin ich dahintergekommen, warum die das machen. Das Heim war zwar ganz gut ausgestattet, und es hatte auch geheißen, du kriegst Taschengeld, du kriegst dein Essen, alles ganz schön und toll, die Wirklichkeit sah aber anders aus: Man bekam keine regelmäßigen Mahlzeiten, die Schulsachen wurden nicht bezahlt, die Betreuer kümmerten sich um nichts. Die Kinder dort sind voll auf die schiefe Bahn geraten wegen der Erzieher. Die sind nicht auf die Kinder eingegangen, wenn die Probleme hatten, gar nichts. Nur wenn es Inspektionen durch das Jugendamt gab, haben sie einen auf perfektes SOS gemacht.

Nach einer Zeit habe ich geblickt, was ich machen muss, damit die Erzieher mir zuhören und wie ich gut durchkomme. Wenn man Probleme hatte, war es am besten, immer gleich zum Chef zu gehen. Der wies einem einen Erzieher zu. Ist man noch mal zum Chef gegangen und hat gesagt, der war nicht für einen da, der ist einfach abgehauen, dann hat's für den Erzieher erst mal 'nen fetten Tritt in den Arsch gegeben. Deshalb haben mich manche Mitarbeiter natürlich nicht gemocht. Wenn in der Schule Probleme aufgetaucht sind, waren oft nie Erzieher da. Ich hab mich dann an den Chef gehalten, und dann hat das alles ganz gut geklappt und ich kam gut durch in der Hauptschule.

Ich hab aber auch ein paar Einträge gekriegt. Weil ich mir falsche Freunde gesucht hatte. Solche, die nur rumhingen, Einbrüche gemacht und Drogen verkauft haben. Wenn ich mit denen abhing, habe ich auch mitgemacht, das war so eine Art Gruppenzwang. Ich hab öfters Zigaretten geklaut, gleich rucksackweise Stangen. Ich war da aber echt nicht der Mensch für. Hinterher, wenn die ganze Aufregung weg war, hatte ich immer das schlechte Gewissen. Deswegen habe ich irgendwann gesagt, nee, darauf hab ich keinen Bock mehr. Ich suche mir neue Freunde, die das verstehen.

Im Sommer 2004 verliebte ich mich wieder. Eva war in meiner Parallelklasse. Sie war ein modelmäßiger Typ, sah richtig gut aus, war richtig schlank und ging gern auf Partys. Hinter der waren viele Jungs her. Zu der Zeit entwickelte ich mich langsam in eine andere Richtung. Ich hab angefangen zu trainieren, damit ich abnehme, hab mir bessere Klamotten gekauft und auch angefangen, mich richtig zu pflegen. Cremes sind für mich ein Muss, damit ich schöne, weiche Haut habe. Weil ich mich nicht getraut habe, sie anzusprechen – zu der Zeit war ich noch etwas schüchtern –, habe ich ihr einen ganz langen Liebesbrief geschrieben.

»Hi Eva, wir haben uns ja schon öfter in der Pause unterhalten. Ich würde dich gern besser kennenlernen ...«, so fing er an. Dann kamen noch ein paar Sachen, die ich gut an ihr fand, zum Beispiel, dass sie total hübsch war, dass sie immer lächelte, dass sie immer gut drauf war, dass man mit ihr immer gut reden konnte und so'n Zeug. Das war der erste Liebesbrief, auf den ich eine positive Antwort bekam. Das heißt, erst kam gar nichts, weil sie auch schüchtern war. Ich hatte den Brief durch einen Kumpel überbringen lassen. Als sie mir dann in der Pause zugezwinkert hat, wusste ich, sie hat ihn gekriegt. Nach der Schule bin ich zu ihr hingegangen – ich hab mich dazu aber voll überwinden müssen – und meinte: »Komm, wir gehen ein paar Meter spazieren.« Sie sagte mir an dem Tag, sie würde mich gerne besser kennenlernen.

Eine Woche später kam von ihr schon: »Ich liebe dich.« Ich bin innerhalb von zwei Wochen mindestens zwanzig, dreißig Mal mit ihr von allen anderen weggegangen, damit wir alleine waren. Ich habe mich aber nie getraut, mich ihr körperlich zu nähern. Ich glaube aber, sie hat das schon so'n bisschen von mir erwartet.

Als ich Anfang 2005 für drei Wochen nach Garmisch-Partenkirchen zog, lernte ich dann das Mädchen kennen, mit dem ich mein erstes Mal hatte. Ich habe dort ein Praktikum als Parkettboden- und Teppichleger gemacht und in der Zeit mit mehreren Kindern in einer betreuten WG gewohnt. Mittlerweile war ich schon ein bisschen selbstbewusster, bin ganz anders auf Leute zugegangen, hab ganz anders mit denen gesprochen. Da war ich schon mehr so, wie ich jetzt bin. In den drei Wochen, in denen ich dort war, habe ich rund zehn neue Leute kennengelernt. Die waren alle total traurig, als ich zurückmusste. Eine besonders.

Die WG lag direkt neben der Schule, auf die sie ging. Nachmittags kamen alle raus und unterhielten sich noch eine Weile, bevor sie nach Hause gingen. Sie sprach mich wegen einer Zigarette an, dann ging das Gespräch gleich weiter. »Bist du neu hier? Ich habe dich noch nie hier gesehen ...« Ein paar Tage später nahm sie mich mit zu einem Jugendzentrum, wo die Jugendlichen Hip-Hop und Breakdance getanzt haben. Da sind wir dann ganz oft zusammen hingegangen.

Nach drei, vier Wochen waren wir richtig zusammen. Inzwischen war ich schon wieder im Kinderheim. Als sie mich mal besucht hatte, begleitete ich sie noch zum Bahnhof. Auf dem Weg meinte ich: »Ich müsste dir eigentlich noch was sagen, aber ich weiß nicht, wie du drauf reagierst.« Und sie: »Sag es doch einfach.« Dann hab ich ihr einfach stumpf gesagt: »Ich hab mich in dich verliebt.« Sie hat erst mal voll gegrinst, dann hat sie sich umgedreht und voll zu heulen angefangen. Ich guckte nur groß. »Guck nicht so, Mensch!«, machte sie mich an. Dann hat sie mich aber auch nur stumpf angeschaut und gegrinst. Von mir kam dann der Spruch: »Darf man dich denn jetzt auch küssen?« »Ja«, sagte sie. Wir haben uns richtig mit Zunge geküsst. Das war das Geilste überhaupt. Zwei Wochen später hatten wir unser erstes Mal.

Sie war die Erste, die sich richtig um mich bemüht hat. Das war nicht so eine, der ich ständig hinterherlaufen musste. Man merkte, dass sie wirklich mit mir zusammen sein wollte. Sie sorgte sich um mich und war da, wenn's mir schlecht ging. Sie hat mich sehr oft besucht, und ich bin viel zu ihr gefahren. Weil sie im Heim nicht übernachten durfte, war sie nur tagsüber bei mir. Geschlafen haben wir immer bei ihr. Das war kein Problem, weil ihre Eltern mich ganz nett fanden. Mit denen hatte ich mich erst mal hingesetzt und stundenlang diskutiert. Ich rede gerne, führe viele Gespräche, am liebsten Diskussionen.

Sie war so eine kleine Partymaus. Total hübsch, aber auch eine total Wilde, nicht sehr romantisch. Mit meiner jetzigen Freundin kann ich auch mal stundenlang vorm Fernseher liegen und kuscheln oder Arm in Arm mit ihr einschlafen. Das brauch ich ab und zu. Da war die andere überhaupt nicht so. Sie war nicht der Kuscheltyp, sie brauchte Action und wollte lieber auf Partys gehen. Anfangs fand ich es auch noch toll, mitzugehen. Das war ja neu für mich. Richtige Partys waren das aber eigentlich gar nicht, eher Sauforgien. Wir sind irgendwo hingegangen, haben uns besoffen, sind dann noch ein paar Runden gegangen. Dann ging's irgendwann darum, dass irgendwelche Jungs mit irgendwelchen Mädchen irgendwo gelandet sind und da rumgeknutscht haben und was weiß ich alles.

Irgendwann saßen wir bei ihr auf der Couch, waren aber ganz angezogen. Ich habe versucht, mich vorzutasten, wie weit es eben geht. Das war dieses Aneinanderreiben, dieses Lustmachen, Heißmachen, so eine Art Petting. Ab einem bestimmten Zeitpunkt habe ich aber gemerkt, das will sie jetzt nicht mehr, und dann war's das eben auch.

Ich hatte mit ihr schon oft über das Thema Sex gesprochen und wusste, dass sie ihr erstes Mal auch noch nicht gehabt hatte. Das fand ich gut. Wenn ein Mädchen mehr Erfahrung hat als ich – das war so bei einem zwei Jahre älteren Model, mit dem ich mal zusammen war –, ist das für mich immer ein komisches Gefühl. Die sagt mir dann vielleicht, wie's läuft und dies und das. Da steh ich nicht so drauf. Bei ihr wusste ich auch: Wenn irgendwas schiefläuft, dann ist es nicht so schlimm. Das fällt dann nicht so auf, weil es ja auch ihr erstes Mal ist.

Sie hatte es schon ein bisschen geplant. Ihre Mutter musste an dem Tag jedenfalls arbeiten, und ihr Vater war auch nicht da. Wir haben vorher noch gemütlich bei ihr auf dem Bett einen Film geguckt. Einen uralten, witzigen Film. Er ging zum Ende romantisch aus, und dann fingen wir auch an, uns abzuknutschen. Es lief dann so, wie's eben läuft: Man küsst rum, dann verlagert sich das Ganze ins Bett, und dort geht's weiter. Obwohl ich sonst so ein Perfektionist bin, habe ich in dem Moment gar nicht daran gedacht, dass ich was falsch machen könnte. Kondome hatte ich dabei. Die habe ich immer dabei. Die hatte ich auch schon, als ich noch gar nicht wusste, ob ich eine abschleppe. In dem Alter ist es ganz modern, ein Kondom in der Tasche zu haben, um ein bisschen reifer rüberzukommen.

Beim ersten Mal haben wir es nur in der Missionarsstellung gemacht. Ich habe richtig lange gebraucht, bis ich kam, bestimmt 'ne Dreiviertelstunde. Danach kamen Zeiten, da ging es immer weiter runter. Irgendwann waren wir bei zehn und fünf Minuten. Weil ich es immer perfekt haben wollte – bei mir muss die Frau immer was davon haben –, habe ich eigene Dinge ausprobiert, wenn ich mal zu früh gekommen bin. Dann habe ich die Frau ein bisschen weiter verwöhnt, habe ein bisschen gewartet und dann versucht, dass ich selbst noch mal ein bisschen hochkomme. Das hat auch immer geklappt.

Nach dem ersten Mal haben wir erst mal nur dagelegen und noch ein bisschen gekuschelt. Da merkte ich schon, dass sie komplett glücklich war. Irgendwann habe ich die typische Frage gestellt: »Wie fandest du es denn überhaupt?« Sie sagte: »Es war wunderschön!« Sie ist dabei auch gekommen, aber nicht vaginal, sondern weil ich sie stimuliert habe.

Für mich war dieses erste Mal schrecklich, richtig schrecklich. Es war schön von den Umständen her, weil es ein nettes Mädchen war, aber es war erst mal immer dieses Zögern, weil man nicht wusste, ob man's richtig macht.

In der Zeit, in der ich mit ihr zusammen war, wurde ich immer selbstbewusster. Ich entdeckte, dass ich, wenn ich's richtig anstelle, mich richtig präsentiere, eigentlich viele Mädchen haben kann. Ich war inzwischen durchtrainiert und fühlte mich in meinem Körper viel wohler. Das hat mich dann voll eingebildet und arrogant gemacht. Und das war auch der Grund, warum sie nach fünf Monaten mit mir Schluss gemacht hat. Sie sagte immer zu mir: »Du siehst schon total gut aus, aber es ist echt nicht schön, wenn du die ganze Zeit rumrennst nach dem Motto ›Ich bin der Obermacker und der geile Stecher‹.« Genau das habe ich gemacht, und als mit ihr Schluss war, hatte ich eine Freundin nach der anderen.

Im Oktober 2007 kam ich aus dem Heim raus. Weil sie mich nicht freiwillig gehen lassen wollten, habe ich ein bisschen Scheiße gebaut. Sie sagten: Du bleibst hier drin, fertig. Entweder bekommt deine Mutter das Sorgerecht wieder – das hat sie aber irgendwie nie gekriegt – oder du bleibst. Dann habe ich eben darauf hingearbeitet, dass sie mich rausschmeißen. Ich fing an, den Chef anzuschreien, hab ihn beleidigt, Sachen demoliert und lauter so'n Zeug. Man hat schon einiges machen müssen, um da rauszukommen. Am 3. Oktober kam ich nach Bremen, wo meine Mutter lebte, die ich unbedingt kennenlernen wollte. Ich wusste, wenn ich erst mal bei ihr bin, steckt sie mich ganz sicher nicht wieder ins Heim. Ich habe ein paar Monate bei ihr gewohnt, bin dann aber in eine eigene Wohnung gezogen. Es hat nicht geklappt mit uns. Sie kannte mich ja auch gar nicht.

In den ersten drei Monaten in Bremen hatte ich richtig viele Mädchen. Sex war für mich in dieser Zeit was Tolles, was Schönes, das hab ich gern gemacht. Wenn ich jetzt so zurückblicke, kann man sagen, dass es wie ein Hobby war. Mir war vor allem das Aussehen wichtig. Wenn ich fand, dass eine gut aussah, habe ich was mit der angefangen und auch gleich mit der geschlafen. Ich hatte sogar mal eine, die bei der Wahl zur Miss Bremen Zweite geworden war. Insgesamt müssen es bis Silvester 2007 neun hintereinander gewesen sein.

Dann habe ich aber gemerkt, dass das so nicht geht. Ich war ja nicht glücklich in den Beziehungen. Ich war mit denen zusammen, weil ich die toll fand, weil ich die hübsch fand, weil ich die erotisch, sexy, was auch immer fand. Wäre ich noch mit 'ner anderen fest zusammengewesen, würde man die Geschichten als Affären bezeichnen. Mir ist dann auch klargeworden: Wie ich mit den ganzen Frauen umgesprungen bin, das war nicht besonders nett. Ich hab ihnen was vorgespielt. Ich hab gesagt: »Ich liebe dich doch«, damit sie mit mir ins Bett gehen. Danach habe ich Schluss gemacht. Es kam einfach immer der Punkt, dass ich dachte: Jetzt brauch ich 'ne Neue. Das war aber auch das einzige Arschlochverhalten.

Heute bin ich überhaupt nicht mehr so. Heute weiß ich, dass es nicht so gut ist, wenn der Sex gleich im Mittelpunkt steht. Man sollte sich erst mal ein bisschen kennenlernen, damit eine Basis da ist. Geht man gleich in eine Beziehung rein, gibt das von Anfang an nur Stress. Das hatte ich bei dem Model. Ich bin nach drei Tagen schon bei der eingezogen. Das hat nichts gebracht, nur Streit und Knatsch.

Mit meiner jetzigen Freundin bin ich schon ein halbes Jahr zusammen, meine längste Beziehung bisher. Sie ist für mich im Moment das Wichtigste überhaupt und so behandele ich sie auch, wie eine kleine Prinzessin. Manchmal lasse ich ihr ein Bad mit Rosenblättern ein, sonntags bringe ich ihr das Frühstück ans Bett. Da steht sie total drauf. Sie ist zwar auch ein bisschen anspruchsvoll, also sie braucht viel Zeit, aber das ist sie mir wert. Sie ist jünger als ich, 16, total niedlich, und sie hat auch was im Kopf, also sie weiß, wovon sie redet. Sie hat ihren Realschulabschluss gemacht und guckt jetzt, dass sie eine Ausbildung bekommt.

Von unserem Sexleben ist sie überwältigt. Sie sagt, so'n geiles Sexleben hatte sie bis jetzt noch nie. Mir ist wichtig, dass sie ihren Spaß hat. Wenn die Frau beim Sex nicht zum Orgasmus kommt, dann ist das für mich kein Sex. Das gehört für mich dazu. Es muss auch schon ein bisschen länger gehen. Es reicht nicht, wenn der Mann ihn zehn Minuten reinsteckt und fertig. Um den Sex mit meiner Freundin gut zu finden, muss ich auch nicht unbedingt immer einen Orgasmus haben. In der Hinsicht bin ich in Sachen Sex mehr wie 'ne Frau. Wenn ich sehe, dass es ihr gefallen hat, es ein toller Abend war, dann ist das für mich genauso schön. Solange es meiner Freundin gut geht, geht's mir auch gut.

Es hört sich vielleicht doof an, aber ich beobachte meine Freundin auch, während wir Sex haben. Ich gucke ihr ab und zu in die Augen. Frauen sind ganz anders als Männer. Die sagen nicht: »Das hat wehgetan«, sondern die zucken mit den Augen, das war's. Die stecken das einfach weg, weil sie dem Mann den Spaß nicht verderben wollen. Die sind da viel härter im Nehmen. Ich merke auch die kleinste Kleinigkeit, die sie dabei stört, wenn sie nur falsch liegt, was auch immer. Ich sehe an ihrem Gesichtsausdruck, wenn sie zufrieden ist und wenn sie irgendwas stört. Da achte ich drauf, und das scheint ganz gut zu laufen.

»Essen ist fertig. Ihr könnt kommen!«

Miriam, 18, Lackiererin
(Erstes Mal mit 15)

Die Jungs in unserem Dorf, ich komme aus der Nähe von Hof in Bayern, hatten ein zweistöckiges Baumhaus, wo sie ständig rumhingen. Weil mein älterer Bruder zu der Clique gehörte, war ich mit meiner besten Freundin auch oft da. Wenn mein Bruder nicht dabei war – er hat sich immer als Beschützer aufgespielt –, fragten die Jungs, was wir denn schon wüssten und schon mal gemacht hätten. Die waren 15, wir zwölf. Einmal ging's ums »Rumbeißen«. Das sei total toll, das müssten wir unbedingt auch mal machen. Häh, was meinen die bloß?, dachte ich, sagte aber ganz cool: »Ja, freilich kenn ich das.« Ein paar Tage später erklärte uns Nicole, die zwei Jahre älter war als wir, was das ist: ein Zungenkuss. Sie sagte, dass man dabei mit seiner Zunge die Zunge des anderen massieren würde. Das klang komisch. »Na, probiert's halt einfach mal aus«, meinte sie. Das haben meine Freundin und ich auch gemacht. Nach zwei Sekunden bekamen wir aber so einen Lachkrampf, dass wir aufhörten. Wenn's so weit ist, sagte ich mir, lass ich den Jungen einfach machen.

Es passierte schneller, als ich dachte. Ich fand ihn schon länger ganz putzig. Da ich aber damals noch viel zu schüchtern für irgendwelche Annäherungsversuche war, hat meine Freundin für mich gefragt. »Wie findst denn die Mini?«, fragte sie, als wir gerade zu dritt im Baumhaus saßen. »Scho' ganz süß«, sagte er. Er wüsste aber nicht so recht wegen der drei Jahre Altersunterschied … Zu der Zeit muss das ja der Weltuntergang gewesen sein. Aber wer weiß, vielleicht hatte er ja auch ein bisschen Schiss vor meinem Bruder. Als meine Freundin meinte, sie würde uns erst wieder runterlassen, wenn wir zusammen wären, sagten wir uns: Okay, probier'n wir's. Ein paar Tage später war ich bei ihm. Wir saßen auf dem Balkon, als er immer mehr zu mir rüberrutschte und mich schließlich küsste. Ich wusste nicht wirklich, was ich mit meiner Zunge anstellen sollte. Er meinte zwar, er hätte das schon öfter gemacht, da bin ich mir aber nicht so sicher. Für mich war's unangenehm, ein bisschen zu viel Zunge. Kurz darauf hat es sich auch schon wieder zerschlagen mit uns, weil er was mit Nicole angefangen hat. Gestört hat mich das aber nicht, weil ich in den noch gar nicht richtig verliebt war.

Die Jungs haben ständig mit ihren Geschichten geprahlt: »Die war so und so ...« und »Das war richtig cool«. Die haben so getan, als ob sie schon schwer die Erfahrung hätten und uns das Gefühl gegeben, wer noch keinen Sex gehabt hat, ist der totale Loser. Manchmal kamen solche Sachen, wie »Komm, wir geh'n kurz hinters Feuerwehrhaus!« oder »Wir verschwinden schnell auf den Spielplatz ...« Eine hat das auch mal mitgemacht. Sie war 13, als sie sich von einem Typen während eines Feuerwehrfestes auf dem Spielplatz fingern ließ. Uns erzählte sie, es wär toll gewesen. Mehr wollte ich auch gar nicht wissen, sonst hätte ich den Jungen wahrscheinlich gar nicht mehr anschau'n können. Er war nämlich der beste Kumpel meines Bruders.

Manchmal haben die Jungs saublöd dahergeredet. Sie haben immer versucht, uns mit dem Spruch »Bierschaum macht Titten« abzufüllen. Wenn wir ungläubig geschaut haben, sagten sie: »Ihr müsst ja nur mal nach München schau'n, wenn Oktoberfest ist. Die Frauen in den Dirndln mit den dicken Dekolletés, die trinken viel Bier.« Sobald wir zu Hause waren, hat mein Bruder dann immer zu mir gesagt: »Glaub das Zeug bloß net.« Ein Mädchen aus unserer Clique hat's leider getan und war deshalb immer kräftig dabei mit dem Trinken. Sie hat später sogar Hefetabletten gefuttert, weil sie gehört hatte, die hätten den gleichen Effekt. Sie bekam auch größere Brüste, alles andere ist allerdings auch aufgegangen.

Ein Jahr später haben wir Mädels die Jungs dann ganz kräftig geschockt. Das war ein Heidenspaß. Nicoles Tante hatte einen ganzen Wandschrank voller Pornos. Deshalb hatte sie den schönen Spitznamen »Porno-Paula«. Als sie mal nicht da war, haben wir bei ihr gestöbert und auch Dildos und Vibratoren gefunden. Wir griffen uns irgendeinen Porno aus dem Regal und schauten den. Es war ein fieser Hardcore-Streifen, ein Fetischisten-Zeug mit Tüte überm Kopf und Stecknadeln durch die Nippel. Wir waren total geschockt und beschlossen, dass wir den unbedingt meinem Bruder und seinen Kumpels zeigen müssten.

Die waren auch erst ganz heiß drauf. Kaum ging's aber los, sagten unsere Jungs, die sonst alles wussten und die ganze Zeit so obercool darüber redeten, kein Wort mehr. Wie erstarrt saßen sie ein paar Minuten vor dem Fernseher, dann riefen sie: »Das ist ja ekelhaft. Schaltet das weg!« »Wie jetzt?! Ihr seid doch soooo toll«, feixten wir und grinsten breit.

Nicole und ich haben uns auch normale, mit Handlung, angeschaut. Die fand ich aber auch ziemlich übertrieben. »Ist das wirklich so?«, fragte ich sie. »Nee, so ist das nicht«, beruhigte sie mich. Sie hatte ihr erstes Mal schon eine Weile hinter sich.

Als bei mir mit 15 zum ersten Mal der Gedanke an Sex aufkam, habe ich mich im Internet intensiv über alles informiert, was damit zusammenhing, auch über Aids. In der Schule wird zwar gesagt, dass man daran sterben kann, aber über die ganzen Symptome, was man alles bekommt, dass man zum Beispiel total abnimmt, darüber erfährt man nichts. Als ich las, was alles passieren kann und die Zahlen der Aids-Kranken sah, dachte ich, oh mein Gott, nee, lieber doch nicht. In der Zeit habe ich mich oft mit meiner Freundin Sarah darüber unterhalten. Wir haben uns total verrückt gemacht. Das war aber nur eine Phase, man vergisst die Gefahren ja schnell wieder. Später habe ich es sogar mal ohne Kondom gemacht. Allerdings erst, als ich schon eine ganze Weile mit meinem ersten Freund zusammen war.

Ich habe ihn an Fasching kennengelernt. Unsere Clique war im Nachbardorf auf einer Feier des Sportvereins. Meine Freundin Carina hatte Rafi durch ein Praktikum kennengelernt und ihn gefragt, ob er mit seinen Kumpels nicht auch dahin kommen wollte. Für uns Dorfmädels war das ein Phänomen, denn die Jungs kamen direkt aus Hof, aus der Stadt. Das war mal was komplett Neues. In unserem Freundeskreis gab's ja damals nur Dorfjungs.

Als sie in die Sporthalle reinkamen, saßen meine Freundin und ich erst mal mit offenem Mund da. Die sahen total anders aus als die Jungen, die wir kannten. Irgendwie lässiger und cooler. Sie trugen diese weiten HipHopper-Klamotten und Baseballcaps. Es war auch noch ein Schwarzer dabei, das gab's bei uns auf dem Land auch nicht.

Tanja, die an unserem Tisch saß, war ziemlich neugierig und wollte sich die Typen näher anschauen. Damit sie sich zu denen setzen konnte, musste ich ihren Freund ablenken. Ich überlegte die ganze Zeit: Geh ich hin? Geh ich nicht hin? Als ich merkte, dass mein Bruder mit dem Stänkern gegen die anfing, hab ich's lieber gelassen. »Was sind'n das für welche? Was wollen die denn hier?«, motzte er rum.

Kaum war ich abends zu Hause, rief Carina an. Jeder von den Hofer Jungs hätte eine abgekriegt außer einem, Rafi. Ich wusste erst gar nicht, wen sie meinte, denn der war mir gar nicht aufgefallen. »Mini«, sagte sie, »ähm, ich glaub, ich hab einen Fehler gemacht.« »Warum?« »Tja, eh, ich hab gemeint, dass du den total süß fandest.« Oh Mann. »Und ich hab gesagt, dass wir uns alle am Donnerstag mit denen in der Stadt treffen.« Ganz toll.

Sie hat mich dann noch ein bisschen bearbeitet, um mich dazu zu kriegen, mitzukommen. Ich könnte ihn ja im Internet erst mal anschauen, er wäre in einem bestimmten Chat mit Bild angemeldet, meinte sie. Gut, dachte ich mir, warum nicht, ich war ja jetzt auch neugierig. Ich meldete mich also an, allerdings ohne Bild, so sehr hat mich das mit dem Chatten nicht interessiert, und schaute sein Foto an. Vom Hocker gerissen hat er mich nicht. Och ja, geht scho', dachte ich. Er hatte kurze braune Haare, grün-braune Augen und eine recht durchtrainierte Figur. Wir chatteten ein bisschen hin und her. Als ich mailte, dass ich noch nicht wüsste, ob ich mitkäme, schrieb er: »Ach bitte, komm doch mit.« Ich wäre ihm an dem Abend aufgefallen. Als wir zusammen waren, sagte er zu mir: »Wenn ein Mädchen schwarze Haare hat, kann ich für nichts garantieren.« Da stand er total drauf.

An dem Donnerstag waren wir zu dritt. Ich, Carina und Tanja. Bei ihr und ihrem Freund war's eh schon lange am Kriseln, an dem Tag hatten sie sich auch mal wieder gestritten. Sie wollte mit, weil sie den Schwarzen ganz süß fand. Weil wir nicht sicher waren, wie unsere Eltern es finden würden, dass wir in der Stadt mit Jungs verabredet waren, sagten wir einfach, dass wir nach der Schule noch in der Altstadt zusammen shoppen gehen würden.

Auf der Fahrt haben sich die anderen beiden Gedanken gemacht, was wäre, wenn da einer mit 'ner Rose stünde. Schließlich wär ja gerade erst Valentinstag gewesen. »Quatsch, lasst mal die Kirche im Dorf, Mädels. Bestimmt nicht!«, sagte ich im Brustton der Überzeugung. Dann kam einer aber tatsächlich mit einer Rose – und ausgerechnet der Rafi. Erst mal hab ich ihn aber überhaupt nicht erkannt. »Welcher ist es denn jetzt?«, fragte ich die Mädels. »Na, der ganz rechts.« »Bitte?!« Er sah ganz anders aus als auf dem Foto, gar nicht mehr durchtrainiert.

Als er – mit den Händen hinterm Rücken wegen der Rose – auf mich zukam, schoss mir durch den Kopf: »Erstens läuft er komisch, zweitens ist er dick, also was will ich hier eigentlich noch …?« Dann kam er näher. Das Gesicht war ja schon ganz putzig. Und dass er so füllig aussah, lag an den Klamotten in Übergröße. Er gab mir ein Küsschen links und rechts, sagte: »Ich hab noch 'ne Kleinigkeit für dich« und hielt mir die Rose unter die Nase. Die anderen zwei haben prompt einen Schreikrampf gekriegt. Ich lief knallrot an und war erst mal sprachlos. Das hat sich aber schnell gelegt. Da ich früher so oft mit der Jungs-clique abgehangen hatte, war ich es gewöhnt, mich mit Jungs zu unterhalten. Wenn's sein musste auch über Autos, das war mir wurscht. Die anderen beiden haben, wie's Mädchen halt so ma-chen, die meiste Zeit nur rumgegiggelt. Wir sind alle zusammen was trinken gewesen, und es war auch wirklich nett mit denen.

Kaum saß ich im Zug, fiel mir ein: »Scheiße, ich hab seine Nummer nicht.« Auf einmal kam eine SMS: »Ich fand den Abend voll toll. Wär schön, wenn wir uns mal wiedersehen. Gruß, Rafi.« Er hatte Carina gefragt, ob er meine Nummer haben könnte. Sie meinte zu ihm aber: Nur wenn er ihr 'ne Multimedia-SMS schicken würde. Es sollte noch ein bisschen Geld für ihn kosten. Wir schrieben uns den ganzen Abend noch hin und her und ver-abredeten uns gleich wieder für den nächsten Tag.

Geküsst haben wir uns erst mal nicht. Weil er schon so alt war, zwanzig, fünf Jahre älter als ich, wollte ich es langsam an-gehen lassen und erst mal schauen, wie's so läuft mit uns. Nach zwei, drei Wochen erzählte ich es meiner Mama: »Na, probier's aus«, sagte sie. Mein Vater reagierte nicht ganz so entspannt. »Du, ich hab einen kennengelernt«, fing ich an. »Wer, woher, wie alt?«, kam prompt. Ich: »Er ist zwanzig und kommt aus Hof.« Mein Vater: »Da gehst du nie wieder hin!« Ich hab erst mal den Kollaps gekriegt und mich mit ihm gezofft, aber er blieb dabei. Ich rief also die Tanja an: »Du, mein Vater geht ab wie ein Zäpfle, ich darf nicht mehr nach Hof. Das können wir ver-gessen.« Am nächsten Tag rief Tanja mich an: »Ich darf auch nicht mehr nach Hof!«

Wir haben beide dann noch mal mit unseren Eltern geredet. Ihre blieben stur, meine lenkten ein. Auch, weil der Rafi sich dann bei ihnen vorgestellt hat und sie ihn ganz nett fanden. Allerdings durfte ich nur nachmittags in die Stadt. Abends ist es in bestimmten Vierteln in Hof nicht ungefährlich. Ein Jugendlicher ist mal aus einem fahrenden Auto heraus in die Wade geschossen worden.

So ganz hab ich mich an die Vorgabe meiner Eltern allerdings nicht gehalten. Ein paar Mal war ich länger in der Stadt. Dann habe ich erzählt, dass ich bei der Tanja oder der Sarah schlafe. Die wohnten in Nachbardörfern. An einem dieser Abende hat Rafi mich zum ersten Mal geküsst. Vor Tanjas Haus gab er mir zum Abschied ein kurzes Bussi auf den Mund. Er war vorsichtig, weil er nicht sicher war, ob er schon durfte. Sein Freund, der Schwarze, war draufgängerischer: Er hat Tanja gleich die Zunge in den Hals gesteckt.

Als ich das erste Mal bei ihm übernachtet habe, gab's die ersten Annäherungsversuche. Er ging mir unters T-Shirt, was auch okay für mich war, mehr wollte ich aber nicht und habe alles andere eine ganze Weile abgeblockt. In der Zwischenzeit hatte ich schon ein paar schlimme Geschichten gehört und tierisch Angst davor, dass ich blute, es wehtun oder sonstwas passieren könnte. Eine aus unserer Clique – die, die sich fingern ließ – erzählte, dass es bei ihr so wehgetan hätte, dass sie dachte, sie platzt. Sie hatte ihr erstes Mal mit 14 in einem kleinen Auto mit einem Typen, der doppelt so alt war wie sie. Ein anderes Mädchen, sie war mit meinem Bruder in einer Klasse, hatte erzählt, dass die Vorhaut ihres Freundes gerissen sei. Das muss eine Sauerei hoch zehn gewesen sein. Ich denke mal, diese Horrorstorys waren auch ein Grund, warum ich mir lieber Zeit lassen wollte.

Drei Monate habe ich ihn warten lassen. Dass er das mitmacht, hätte ich nicht gedacht. Nachher meinte er, seine Kumpels hätten ihn gefragt, warum er so lange warten würde. Er könnte sich doch eine andere nehmen, die er schneller flachlegen könnte. »Nee, will ich nicht. Das Mädchen bedeutet mir was«, hat er gesagt.

Als Rafi zum Bund ging und wir uns nur noch am Wochenende sahen, ging's erst mal los mit kleineren Streitigkeiten. Er wollte mehr mit seinen Freunden unternehmen als mit mir, was mich ziemlich nervte. Das legte sich erst, als ich meinte, er dürfe jetzt auch mal ein bisschen mehr machen, Petting und so. Da waren die Kumpels plötzlich total uninteressant. Wir sind immer ein bisschen weitergegangen, haben uns gegenseitig schließlich auch mit der Hand befriedigt. Erst war das komisch für mich. »Ich hab keine Ahnung, wie das geht. Wie mach ich das?«, fragte ich ihn. Er zeigte es mir, indem er meine Hand nahm.

»Wie wär's, wenn du die Pille nimmst?«, fragte er mich nach zwei Monaten. Das war ja vielleicht direkt. »Moment mal, das heißt aber nicht, dass ich gleich mit dir in die Kiste springe!« »Nee, das hab ich doch gar nicht gesagt«, redete er sich raus. Da ich zu dem Zeitpunkt aber sowieso mit der Pille anfangen wollte, bin ich zu meiner Mama gegangen. »Brauchst du die denn?«, fragte sie erst mal. Ich sagte nur: »Ja.« Sie hätte eh nichts sagen können. Mit 15 bekommt man sie auch so. Da ich ein gutes Verhältnis zu ihr habe, wollte ich aber ganz ehrlich sein. Sie war dann auch mit beim Frauenarzt, der sie beruhigte, dass es ganz normal sei, dass junge Mädchen die Pille mit 15 schon nehmen.

Dem Rafi hab ich's nicht gleich gesagt, damit ich's noch ein bisschen rauszögern konnte. Als ich's erzählt habe, hatte er so ein ganz spezielles Strahlen in den Augen. »Ist ja toll«, meinte er. Ich: »Ja, scho'.« Weiter ist er nicht darauf eingegangen, weil ich wohl ein bisschen komisch geschaut habe.

Er hat dann von Samstag auf Sonntag bei mir übernachtet. Sonntagmittag ist es bei uns immer so, dass die ganze Familie zusammen isst. An dem Tag meinte ich aber zu meinen Eltern:

»Ich hab heute keinen Hunger.« Ich war innerlich schon ganz aufgeregt, weil ich beschlossen hatte, dass ich heute in die Gänge kommen wollte. In meinem Zimmer habe ich erst ein paar Anspielungen gemacht von wegen »Petting hatten wir ja schon, gell …« und fing an, an ihm rumzufummeln. Irgendwann meinte Rafi: »Kannst auch langsam mal wieder aufhören, sonst kriege ich ja nur Lust auf mehr.« Plötzlich klingelte mein Telefon. Meine Mutter. »Essen ist fertig. Ihr könnt runterkommen!« »Aber ich hab doch gesagt, dass ich keinen Hunger hab«, versuchte ich sie abzuwimmeln. Sie: »Na, nehmt euch wenigstens die Teller mit rauf.« Damit sie Ruhe gab, schlüpfte ich schnell in die Kleider, holte die Teller, stellte sie auf meinen Tisch und hüpfte gleich wieder ins Bett, um da weiterzumachen, wo ich aufgehört hatte.

»Du, Schatz …«, kam auf einmal von ihm. »Ja?« »Äh, jetzt hör mal wieder auf.« Ich: »Warum soll ich denn aufhören?« Er: »Das ist ja wie Trockenficken.« Ich: »Wir können auch weitermachen, bis es nicht mehr trocken ist …« Er schaute mich total ungläubig an: »Willst du es jetzt wirklich machen?« Ich: »Ja!« Im Nachhinein denk ich mir, wenn's einfach so, ohne die Fragerei, passiert wäre, wär's besser gewesen. Ich war ja eh schon aufgeregt und dann die ganze Zeit noch die Fragen: Wirklich? Wirklich? Wirklich? Irgendwann zwischendrin setzte ich mich einfach auf ihn drauf.

Was man machen muss, wusste ich aus den Pornos, und ich hatte auch mit Nicole schon oft darüber geredet. Aus Spaß hat sie sich mal auf die Couch gesetzt und vorgemacht, wie man sich bewegt, wenn man auf ihm sitzt. Ich sollte es nachmachen. Total blöd eigentlich, aber lustig. Es ging dann auch ganz gut. Nur etwas kam mir komisch vor: Es tat kein Stück weh und blutete auch überhaupt nicht. Später fiel mir ein, dass ich mal mit zwölf vom Fünfer gesprungen war und es danach wehgetan und geblutet hatte. Vielleicht war da ja was gerissen.

Am Anfang war er total vorsichtig, als er aber merkte, dass es mir nicht wehtat, fing er an, sich ein bisschen zu bewegen und auch schneller zu machen. Es war ein total komisches Gefühl, ganz was anderes als beim Fingern. Der Rafi hat aber auch nicht gerade einen kleinen. Er ist zwar schon recht schnell gekommen, aber er hatte ja auch lange nicht mehr. Vor mir war er eine ganze Weile Single, da hat er bestimmt ein bisschen Druck gehabt.

Er konnte gar nicht glauben, dass es mein erstes Mal war. »Beim ersten Mal klappt es eigentlich nicht so gut.« Vielleicht hatte er das ja gar nicht ernst gemeint. Er hat immer mal was ironisch gesagt. »Da kann ich ja nichts für«, meinte ich nur.

Meine Mama muss es mir angemerkt haben, als ich runterkam. Sie grinste mich jedenfalls an. Und als ich mich später mit Tanja in Hof getroffen hab, meinte sie grinsend: »Hey, sag mal, du hast ja ein Strahlen in den Augen, das kenn ich irgendwoher ...« Am nächsten Tag in der Schule hab ich's den anderen Mädels erzählt. Vor allem die Carina hat sehr gefragt, weil sie damals ihr erstes Mal noch nicht hatte. »Hat's wehgetan?«, wollte sie gleich wissen. Das war immer ihre größte Sorge. Und dass es blutet. Leider ist bei ihr auch alles so gekommen: Sie hat geblutet wie ein Schwein und ihr ganzes Bett versaut. Und das Kondom ist auch noch geplatzt. Sie musste gleich danach ins Krankenhaus, wo sie die Pille danach gekriegt hat.

Durch den Sex ist es noch enger zwischen uns geworden. Das zweite Mal hatten wir gleich eine Woche später, und da hat er schon das Experimentieren mit verschiedenen Stellungen angefangen. Es wurde nie langweilig mit ihm. Wir hatten ein- bis zweimal die Woche Sex, fast immer, wenn wir uns sahen.

Leider musste ich kurz nach unserem Einjährigen mit ihm Schluss machen. Er ist mir auf dem Geburtstag seines besten Kumpels, auf dem ich auch war, fremdgegangen. Das sei der größte Fehler seines Lebens gewesen, sagt er heute noch. Irgendwann fiel mir auf, dass er nicht mehr da war. Ein Mädchen aus meiner Schule war auch verschwunden. Außerdem war die Badezimmertür abgeschlossen – und die Dusche lief. Sein bester Freund hat mit einem Ersatzschlüssel aufgeschlossen und reingeguckt. »Mini, das schaust du dir jetzt nicht an«, sagte er zu mir. Ich bin aber doch rein und riss den Duschvorhang weg. Die zwei schauten mich an wie ein Eichhörnchen, wenn's blitzt. Im nächsten Moment haute ich ihm so eine rein, dass sie beide an die Wand flogen. Kurze Zeit später kam er runter und sagte zu mir: »Komm, Schatzi, geh'n wir heim.« Der hat überhaupt nichts mehr geblickt, so betrunken war er. »Nix Schatzi«, sagte ich wütend.

Am nächsten Tag meinte er am Telefon, er wüsste nicht, was er dazu sagen solle. Er hätte einen totalen Filmriss. Er würde es nicht verkraften, was er mir angetan habe. Er könne mich nicht mehr anschauen. Und so weiter und so fort. Ich war total fertig und hab ewig nur geheult. Später, als wir schon nicht mehr zusammen waren, sagte er, er hätte einfach Lust auf Baden gehabt, und sie sei da gewesen.

Weil er für mich was Besonderes war, meine erste große Liebe und der Mann, mit dem ich mein erstes Mal hatte, habe ich es dann noch mal mit ihm probiert. Kurze Zeit später hat er aber Schluss gemacht. Er käme nicht damit zurecht, dass er mir fremdgegangen sei. Dann gab's noch einen dritten Versuch, den ich aber nach drei Monaten beendet hab. Ich konnte ihm einfach nicht mehr vertrauen. Außerdem hat er wieder mit der Spinnerei angefangen, an den Wochenenden mehr mit seinen Freunden als mit mir machen zu wollen.

Nach Rafi kam einer, der extrem anhänglich war. Ich war mit Sarah mal bei ihm, als sie mir zuraunte: »Mini, ich versteh nicht, wie du das aushältst. So viel Liebe, wie er dir gibt, das tut ja fast schon weh.« Als ich mit ihm zum ersten Mal geschlafen habe, war er betrunken. Das ging nur rein, raus, rein, raus ohne jeg-

liches Gefühl. »Oh mein Gott, bitte hör auf«, dachte ich da nur.
Bis vor Kurzem war ich mit einem aus Pforzheim zusammen.
Den habe ich auf einem Lackierer-Lehrgang kennengelernt. Es
hat wegen der Entfernung, über 100 Kilometer, nicht geklappt.
Durch die Geschichte mit dem Rafi bin ich ein bisschen misstrau-
isch. Er hatte eine ähnliche Erfahrung gemacht, und so konnten
wir uns beide nicht richtig vertrauen.

Switch und Suckerqueen

Katinka, 21, angehende Schneiderin
(Erstes Mal mit 14)
Befreundet mit Konstantin und Serkan

Pornos finde ich klasse. Ich würde auch gerne selbst mal einen drehen. Am allergeilsten finde ich Bondage-Pornos mit Fesseln. Die machen mich richtig an. Sexuell bin ich offen für vieles. Nächsten Monat habe ich ein Fetisch-Shooting in Latex, das kommt hinterher auf eine Bezahlseite, wo Typen sich dann einen runterholen. Hervorragend. Geht alle hin, guckt euch meine Bilder an und habt Spaß mit mir! Konstantin, ein Freund von mir, ist Fußfetischist. Das kann er bei mir ausleben.

Ich bin in vieler Hinsicht anders als andere Mädchen. Fünfmal am Tag Masturbieren kriege ich locker hin, wenn ich mal Bock drauf habe. Ich gehe damit offen um, stehe im Drogeriemarkt am Regal und unterhalte mich mit meinen Freundinnen darüber, wie man's sich am allerbesten selbst macht. Es stört mich auch nicht, wenn jemand zuhört. Die meisten Mädchen geben nicht zu, dass sie's machen. Viele machen es aber auch tatsächlich nicht. Echt deprimierend. Mit einem Typen hat man viel bessere Orgasmen, wenn man sich schon mal selbst befeuert hat. Mit meinem ersten Freund, Dominik, fing das an. Er schaffte es irgendwann, meinen Kitzler zu aktivieren und dann hatte ich meinen ersten Orgasmus. Das war der Auslöser für: Do it yourself!

Meine direkte Art schockt viele, aber das ist mir egal. Sex ist für mich nach Essen und Trinken das Wichtigste im Leben. Außerdem finde ich, dass Mädchen das Recht haben, so offen zu sein und es auch sollten. Trotz Emanzipation und sexueller Freizügigkeit hat sich in unserer Gesellschaft ja nicht viel geändert: Wenn ich als Mädchen mit fünf Typen in die Kiste hüpfe, wenn ich sage, klar gucke ich Pornos und klar hätte ich mal Bock auf'n Dreier, und Gangbang wär auch mal 'ne super Sache, dann bin ich für viele sofort eine Schlampe. Wenn ein Typ das sagt, ist es cool. Damit habe ich ein echtes Problem.

Auch junge Leute haben noch immer unglaublich viel Schamgefühl. Viele Mädchen wären glücklicher in ihrer Beziehung, wenn sie mal offen artikulieren würden, was sie sich wünschen. Ich kenne super viele, die ein unglaubliches Problem damit haben, geleckt zu werden. Dabei ist Oralsex eine tolle Sache. Oder die sich nicht trauen, ihrem Freund zu sagen, dass sie mal Bock auf Analverkehr hätten. Ich bin auch eine von ganz wenigen, die einen Vibrator besitzen und dazu auch stehen.

Ich war schon immer ein lautes Mädchen. In der Grundschule habe ich die Jungs verprügelt, wenn die scheiße zu meinen Freundinnen waren. Ich war das Mädchen, das Fußball mitspielen durfte. Eigentlich waren Mädchen damals ja noch doof, aber ich war die Einzige, die sich die *Bravo* kaufen durfte, und dann haben wir immer getauscht: zwei Aufklärungsseiten aus der *Bravo* gegen eine Pause Fußball mitspielen. Dieses System hat wunderbar funktioniert, bis es der Rektor mitbekommen hat.

Als ich klein war, waren meine Eltern unglaublich reich. Wir hatten im Rheinland ein großes Haus, es gab mehrere Autos, öfters Reisen auf die Bahamas, und wenn wir im Plaza Hotel in New York waren, haben wir auch schon mal eine ganze Etage gemietet. Dann liefen in der Firma meines Vaters ein paar illegale Geschichten ab, und wir erlebten den kompletten sozialen Abstieg. Wir landeten in einer Art Obdachlosenunterkunft, meine Eltern begannen zu streiten und zu trinken. Kurz vor meinem siebten Geburtstag nahm mich das Jugendamt ihnen weg. Meine Eltern waren öfters mal mit einer Alkoholfahne in den Kindergarten gekommen.

Ich kam in eine Pflegefamilie. Reihenhaussiedlung. Drei eigene Kinder. Katholisch. Jeden Sonntag Kirche. Ich habe dort viele Schläge kassiert, mit dem Kochlöffel auf den nackten Hintern. Und es gab psychische Demütigungen. Wenn ich was angestellt hatte, bekam ich Malverbot, weil ich so gerne gemalt habe. Wenn ich mein Essen nicht aufgegessen hatte, wurde es mir zur nächsten Mahlzeit wieder vorgesetzt.

Zwei Jahre später, mit neun, kam ich zu meinen Eltern zurück. Mein Vater hatte inzwischen wieder einen Job gefunden. Meine Eltern sind wirklich tolle Menschen. Unglaublich intelligent, gut aussehend, belesen und weltoffen. Meine Mutter ist gelernte Erzieherin. Mein Vater hat Germanistik studiert. Zum Zeitpunkt meines Auszugs standen in ihrer Wohnung rund dreieinhalbtausend Bücher.

Ich weiß noch, dass sie sich irgendwann ganz bewusst mit mir hinsetzten und mit mir über Gott, die Welt, den Tod und Sex geredet haben. Sie haben mir erklärt, welche Geschlechtsteile ein Mann hat, welche eine Frau, was sie miteinander machen und dass dabei ein Kind entsteht. Sie waren in der Hinsicht sehr entspannt. Mit elf habe ich zum Beispiel mit ihnen die *Rocky Horror Picture Show* gucken dürfen. Und die ist ja nun wirklich nicht prüde.

Das war die eine Seite meiner Eltern. Die andere war die Hölle. Wenn sie getrunken hatten, waren sie ganz andere Menschen. Meine Mutter wurde aggressiv, versuchte mich zu schlagen. Dann schlug ich zurück. Wenn beide betrunken waren, haben sie sich fürchterlich gestritten und angeschrien. Ich habe mich innerlich zurückgezogen, sehr viel gelesen, Tagebuch und Gedichte geschrieben. In der Schule war ich sehr gut. Nach außen schien alles in Ordnung.

Mit 13 fing ich an, meine Familienverhältnisse zu hinterfragen. Mir wurde bewusst, dass es nicht normal ist, wenn sich Eltern ständig streiten. Dass es nicht normal ist, wenn sie ständig sagen, alles, was in diesen vier Wänden passiert, bleibt in diesen vier Wänden. Wenn sich die Nachbarn darüber beschweren, dass die gelbe Tonne immer voll mit Dosen ist. Es ist auch nicht normal, wenn ich als Kind den halben Haushalt schmeiße. In der Zeit wurde mir plötzlich klar: Irgendwas läuft hier ganz kräftig schief.

Ich zog mich schwarz an und beschäftigte mich intensiv mit Religion und Philosophie, unter anderem mit Friedrich Nietzsche. Ich hatte einen unglaublichen Hass auf alles. Wut, Verzweiflung, Trauer, alles spielte da mit rein. Ich fing exzessiv an, meinen Körper mit Glasscherben aufzuschneiden. Als ich keinen Platz mehr hatte, habe ich mir Nadeln unter die Fingernägel geschoben. Ich habe versucht, irgendetwas zu kontrollieren, indem ich mir meinen Körper aufschnitt. Es war das größte Gefühl der Kontrolle, sich ein T-Shirt drüberzuziehen, sich neben meine Eltern zu setzen und zu wissen: Ha! Ihr habt überhaupt keine Ahnung, was ich gerade getan habe und ihr habt keinen Einfluss mehr und ihr könnt nichts mehr bestimmen in meinem Leben. Inzwischen hatten sie angefangen, mir Sachen zu verbieten. Die schwarzen Kleider, die Musik. Für meine Eltern war Marilyn Manson an allem schuld. Dabei ist mein Vater selbst Stones- und Alice-Cooper-Fan.

Einmal kam ich nach Hause und meine Mutter sagte 45 Minuten lang in einer Tour nur: »Hätte ich doch nur abgetrieben«, »Wärst du doch eine Fehlgeburt geworden« und »Wenn ich gewusst hätte, was aus dir wird ...« Da ist bei mir eine Sicherung rausgeflogen, und ich habe sie so zusammengeschlagen, wie ich noch nie in meinem ganzen Leben jemanden geschlagen habe. Meine Mutter hatte drei angebrochene Rippen und konnte sich mehrere Wochen lang nicht richtig bewegen.

Ich war einige Male kurz davor, mich umzubringen. Nicht, weil ich nicht mehr leben wollte, sondern damit meine Eltern ihr

Scheißleben lang in Selbstmitleid ersticken und daran zugrunde gehen sollten. Die Musik hat mich gerettet. Ohne Marilyn Manson, das, was er in Interviews gesagt und in seiner Musik transportiert hat, würde ich nicht mehr leben, da bin ich mir sicher. Dem ist auch richtig viel Scheiße passiert. Der hatte auch Alkoholiker zu Hause sitzen. Der ist auch missbraucht worden als Kind – und lebt immer noch.

Im Sportunterricht kam es dann irgendwann raus. Ein Mädchen hatte gesehen, wie mein Körper aussah – ich habe das immer sehr gut versteckt – und sprach mich darauf an. Für mich war es eine Befreiung. Von selbst hätte ich nie angefangen darüber zu reden, aber jetzt war der Punkt da. Ich erzählte es meiner Ethik-Lehrerin, zu der ich Vertrauen hatte, und sie ging dann mit mir zum Jugendamt. Meinen Eltern wurde wieder das Sorgerecht entzogen, ich kam in eine betreute WG. Meine Eltern widersetzten sich erst. Ich werde nie vergessen, wie mein Vater mit meinem Tagebuch ins Gericht kam. Er hatte mit Textmarker Stellen unterstrichen, die angeblich Beweise dafür wären, dass ich mich wegen Marylin Manson umbringen wollte und nicht wegen ihnen. Dass meine Eltern es gelesen hatten, war für mich der Horror. Sie hatten die intimsten Dinge über mich erfahren.

Zu dem Zeitpunkt, ich war fast 14, war sexuell für mich schon ganz viel gelaufen. Ich war schon mal in ein Mädchen verliebt gewesen, meine beste Freundin auf der Grundschule, und ich hatte mich schon selbst befriedigt. Kurz nach dem Gerichtstermin habe ich den Kontakt zu ihnen auch deshalb abgebrochen.

Ich hatte damals auch schon eine Menge Pornohefte angeguckt. Hinter einem Bücherregal hatte ich einen ganzen Stapel entdeckt und alle still und heimlich gelesen. Besonders gefallen haben mir die von Teresa Orlowski. Ich bin danach durch alle möglichen Drogerieläden geshoppt, um ihren geilen pinkfarbenen Nagellack zu bekommen.

Außerdem war ich stolze Besitzerin der ersten *FHM* Deutschland. Ich hatte mir eine der ersten Ausgaben gekauft, weil da ein Interview mit Marilyn Manson drin war. Außerdem auch ein ganz traumhaftes Poster von Carmen Electra. Mein Gott, die Frau hat so geile Atomtitten, wahrscheinlich sind die gemacht. Ich habe das Poster sogar an meine Zimmertür gehängt. Weil ich so begeistert war, schrieb ich einen Leserbrief an die *FHM*, auf Briefpapier aus dem Dritte-Welt-Laden mit einer mediterranen Blumenborte am Rand. Ich bedankte mich für das Interview, schwärmte von den tollen Frauen und schrieb mein Alter drunter: 13. In der nächsten Ausgabe veröffentlichten sie ihn als Leserbrief des Monats mit dem Text: »Wir wissen nicht, inwiefern das illegal sein könnte, aber: Mach weiter!« Ich habe es nicht fassen können! Ich habe dann mal nach der ersten Ausgabe gefragt, und sie haben sie mir auch geschickt.

Meinen ersten richtigen Kuss habe ich erst kurz vor meinem ersten Mal bekommen, mit 14. Das war 2001. In dem Sommer habe ich auch das erste Mal gekifft. Den Jungen hatte ich in Düsseldorf an den Rheintreppen kennengelernt. Über Leute, mit denen ich zu der Zeit rumhing. Er war genauso alt wie ich und Grieche. Ich war schrecklich verliebt in ihn. Vor Kurzem habe ich ihn mal wieder gesehen und war gleich wieder verliebt. Diese Gefühle gehen, glaube ich, auch nie weg. Die werde ich immer im Herzen bewahren. Unser erster Kuss war mitten auf der Straße. Wir waren unterwegs, wollten einen Freund abholen. Plötzlich kam so eine miese Straßenecke, die da vorher nicht war, irgendetwas war geändert worden auf dieser Welt. Wir blieben stehen, und er versuchte mich zu küssen. »Ahhhh stopp! So geht das nicht!«, rief ich. Und habe ihm so quasi signalisiert, dass ich das nicht könnte, da ich das noch nie gemacht hätte. Dann haben wir uns ein paar Tage später an den Rheintreppen getroffen, haben an einem Kirchennebengebäude in der Sonne auf der Treppe gesessen und uns das erste Mal richtig geküsst. Es war schön, super, ganz toll!

Ein paar Tage später war ich bei ihm zu Hause, weil er Geburtstag hatte. Wir saßen mit ein paar Leuten vor dem Fernseher und haben Chips gegessen. Später lagen wir mit fünf Leuten in einem Bett, und da fing er an, an mir rumzufummeln. Keine Ahnung, was Jungs in solchen Situationen zu solchen Sachen bringt. Für mich war's das erste Rumfummeln, und es war nicht sehr erquickend, muss ich sagen. Zwei Tage später war's schon wieder aus.

Danach war ich noch mal drei Wochen mit einem Jungen zusammen, mit dem ich auch rumgeknutscht habe. In dieser Zeit habe ich aber gemerkt, dass ich eigentlich einen anderen Typen aus meinem Freundeskreis viel besser fand – Dominik. Ich war ganz tricky, fragte irgendwann, ob wir nicht beste Freunde sein wollen. Dann haben wir uns öfter getroffen, haben auch miteinander geknutscht. Irgendwann fummelten wir rum. Dabei lief *Where I belong* von Linkin Park. Es war so traumhaft schön, dass ich am nächsten Tag Angst hatte, dass ich mir alles nur eingebildet hatte. Das Lied ist dann zu unserem Lied geworden. Ich kann es heute nicht hören, ohne dabei anzufangen zu heulen.

Kurz danach habe ich ihm einen geblasen. Ich bin eine von den wenigen Frauen, die das verdammt gerne tun. Auch für sich selbst. Ich habe unsagbaren Spaß daran, Schwänze zu lutschen. Weil ich das so gut kann, nennt mich mein Freund Konstantin liebevoll »Suckerqueen«. Ich bin gerade dabei, meine »Deepthroating-Skills« auszubauen. »Deepthroating« bedeutet, dass man das männliche Glied komplett in den Mund bekommt. Das ist für Männer ein unglaublich tolles Gefühl, für Frauen bedeutet es allerdings, dass sie ihren Würgereiz überwinden müssen. Diese Sexualpraktik ist benannt nach einem Kult-Porno aus den siebziger Jahren mit Linda Lovelace: *Deep Throat*. Die Story des Films ist, dass die Frau ihre Klitoris nicht an der Vagina hat, sondern im Rachen und deswegen den Schwanz des Mannes ganz tief reinstecken muss, um selbst Befriedigung zu bekommen.

Ich bekomme 14 Zentimeter rein, arbeite aber an der 16. Ich bin auch eins von den Mädchen, die Jungs gern an den Eiern lecken. Was absolut gar nicht geht, sind Fäkalien und Rimming. Rimming ist orale Stimulation des Anus mit der Zunge. Ansonsten bin ich aber offen für vieles. Ich schlucke auch. Nur beim ersten Mal, als Dominik gekommen ist, habe ich nicht geschluckt.

Nach zwei Monaten erzählte mir eine Freundin, bei der ich gerade zu Besuch war, dass er sich an dem Tag mit einem Mädchen treffen würde. Da meinte ich zu ihr: »Gib mir mal ein Kondom.« Ich wusste, wo ich ihn finden würde, da meine Freundin mir gesagt hatte, wann und wo die beiden sich treffen wollten: an einem Spielplatz. Ich fing ihn dort ab, stand vor ihm, schaute ihm in die Augen und sagte: »Ich will mit dir schlafen.« »Ich weiß«, sagte er nur. Ich: »Ich will aber jetzt mit dir schlafen!« Er: »Wie jetzt? Aber wo denn?« Ich: »Ich hab ein Kondom und Vicky gibt uns ihr Schlafzimmer, das ist überhaupt kein Problem.« Er fing an zu stottern und meinte, das ginge nicht, er würde sich gleich mit einem Mädchen treffen.

Ich redete auf ihn ein und brachte ihn schließlich dazu, sich mit mir zu verabreden – zum Sex. Wir machten ab, dass wir am kommenden Sonntag miteinander schlafen würden. Abends sahen wir uns noch mal zufällig an der Bahn, und da gestand ich ihm dann, dass ich in ihn verliebt sei. Er meinte, dass er schon so lange etwas von dem Mädchen wolle und nun endlich die Chance hätte und ich ihm früher hätte sagen sollen, dass ich mich in ihn verliebt hätte und mit ihm zusammen sein will. Ich sagte: »Tu mir einen Gefallen. Ich kann deine Meinung nicht ändern, aber denk noch mal drüber nach und hör auf dein Herz!« Er wollte das andere Mädel vor allem sexuell haben, das wusste ich.

Ich stieg in die Bahn, fuhr in meine WG und weinte ganz bitterlich. Gott, ging es mir scheiße. Am anderen Tag kam das Gruftimädchen mit den blonden Dreads und den schwarz gepuderten Augen mit einer ganz fett geschminkten Träne im Gesicht in die Schule. Mir ging es ganz schrecklich. Schon vor der ersten Stunde kam er auf dem Schulhof zu mir. Er hätte die ganze Nacht nicht schlafen können, sagte er. Ich stand da und dachte: »Toll, und jetzt sagst du noch mal, dass du dich für sie entschieden hast. Geh weg, ich will nicht mit dir reden!« Er sagte, dass er sich für sein Herz entschieden hätte und nicht für seinen Kopf. Von da an waren wir zusammen. Das war am Donnerstag, 4. April 2002. Er meinte, dass wir die Sex-Verabredung lassen könnten, wenn ich das nicht wolle. Ich meinte aber: »Doch, doch! Das machen wir.«

Er wusste, was mir alles passiert ist. Dass ich vergewaltigt worden bin. Es gab Indizien in einem Gutachten, das geschrieben wurde, als ich sieben war. Ich habe es zusammen mit meiner Psychologin gelesen, bei der ich nach dem Bruch mit meinen Eltern in Therapie war. Da war von Verhaltensweisen die Rede, die ganz klar darauf hinweisen, dass ich vor meinem siebten Lebensjahr missbraucht worden sein muss. Ich hatte sofort ein Bild im Kopf. Mein Gefühl sagte mir, wer es war: der beste Freund meiner Eltern. Als ich in der 5. Klasse war, starb er an Prostatakrebs. Damals war das ganz schlimm für mich, weil ich ihn sehr mochte. Als ich das Gutachten las und mir mit einem Mal klar war, dass er es war, dachte ich: Wenn er elendig an Prostatakrebs verreckt ist, dann gibt es verdammt noch mal doch Gerechtigkeit auf dieser Welt.

Ich verlor schlagartig das Gefühl für meinen Körper und hörte auf zu essen. Ich konnte mich eine Woche lang nicht mehr angucken, habe mich nur noch im Dunkeln ausgezogen. Ich dachte die ganze Zeit: Das fühlt sich nicht an wie mein Körper, das ist nicht mein Körper, also esse ich nicht mehr, weil ich diesen

Körper nicht am Leben erhalten muss. Dann drohte meine Betreuerin nach einer Woche damit, mich nach Grafenberg in die Kinder- und Jugendpsychiatrie zu schicken. An dem Tag fing ich wieder an zu essen.

Ich habe dann sehr, sehr viel gelesen. Über die Psyche von Kindern, warum sie vergessen, wie sie verdrängen. Ich wollte es verstehen. Und mir wurde klar: Dass ich mir die Oberschenkel aufgeschnitten habe, hing auch damit zusammen. Es ist ganz typisch für Missbrauchsopfer. Zum Glück ist die Scheiße so früh passiert, dass ich die Chance hatte, eine normale Sexualität für mich aufzubauen. Ich hatte nie diese Schuldgefühle, habe mich nie schmutzig gefühlt wie viele andere Mädchen, die das erlebt haben. Heute denke ich, es musste wohl alles so passieren. Sonst wäre ich nicht der Mensch, der ich heute bin.

Dominik wusste das alles. Ich mache es generell so, dass ich nicht nur meinen engsten Freunden, sondern auch den Menschen, mit denen ich Sex habe, vorher einiges von dem erzähle, was mir passiert ist. Weil ich nicht weiß, ob nicht irgendwann der Tag kommt, an dem ich ausraste und irgendetwas passiert, was mich daran erinnert und ich dann ganz komisch reagiere.

Ich hatte keinen Film im Kopf, wie das erste Mal aussehen sollte. Durch jahrelanges *Bravo*-Lesen wusste ich, dass es oft nicht so ist, wie man sich das vorstellt. Dass es auch nicht romantisch mit tausend Kerzen sein muss. Ich wusste ja auch noch gar nicht, wie sich ein Orgasmus anfühlt, weil mein Kitzler noch nicht mein bester Freund war, und hatte auch von daher keine großen Erwartungen.

Es war an einem Sonntag. Wir waren bei ihm zu Hause. Ob wir alleine waren, weiß ich gar nicht mehr, das wäre mir auch ziemlich egal gewesen. Ich bin da schmerzfrei. Wir hatten vorher schon sehr offen über Sex geredet. Er hatte vorher erst eine richtige Freundin gehabt, und mit der hatte er auch erst ein paar Mal geschlafen. Er war, wenn es sich auch klischeemäßig anhört, unglaublich vorsichtig und zärtlich. Fragte mich vorher noch, ob es okay ist, und meinte, dass wir das nicht machen müssten, wenn ich es noch nicht wolle. Er hat überhaupt nicht gedrängelt, kein bisschen. Es hat nicht wehgetan, sondern sich richtig schön und gut angefühlt. Wir haben auch gleich richtig viel ausprobiert. Ich wäre auch nicht komplett begeistert gewesen, wenn mein erstes Mal nur in Missionarsstellung abgelaufen wäre. Schon beim ersten Mal hab ich's von hinten getan. Kein Analverkehr, sondern Hündchenstellung. Und Reiterstellung. Bis zu dem Zeitpunkt, als er gekommen ist, hatten wir schon drei bis vier Stellungen probiert.

Ich bin dankbar, dass mein erstes Mal so abgelaufen ist, denn es gibt Mädchen, die echt unschöne Sachen erzählen. Ich habe schon mit Jungs geredet, die erzählten, dass sie nicht reingekommen sind, weil das Mädchen sich verkrampft hat. Ich habe nach diesem ersten Mal richtig Lust bekommen. Wir haben danach auch echt ziemlich viel miteinander geschlafen, wir waren die reinsten Fickfrösche.

Ich hatte bis jetzt Sex mit sechs Männern. Vier mit Reinstecken, bei den anderen beiden waren es heavy Heavy-Petting-Geschichten. Mit Dominik war ich zwei Jahre zusammen. In dieser Zeit hatte ich auch eine sehr schöne Nacht mit meinem besten Freund, dem ich einen geblasen habe. Mit ihm bin ich auch immer noch befreundet. Danach kamen zwei gute Freunde von mir, und irgendwann kam die zweite Beziehung, die ebenfalls zwei Jahre hielt. Ich habe auch einmal mit einer Frau geschlafen. Das ist völlig anders, viel sanfter und vorsichtiger. Das ist so, als würde man sich selbst anfassen, weil der andere Körper ja genauso geformt ist wie der eigene. Lecken ist auch was ganz anderes, als einen Schwanz zu blasen. Lesbisch könnte ich aber nicht werden. Irgendwann würde mir der Schwanz fehlen, man wird ja nicht ausgefüllt.

Mein aktueller Freund ist so alt wie ich, gerade 21 geworden. Er hat mir gerade gesagt, dass er mich liebt und mir das Okay für eine offene Beziehung gegeben. Fremdgehen beginnt für mich erst, wenn sich meine Gefühle für den Partner verändern. Alles Sexuelle ist okay. Ich glaube, ich kann auch anders nicht glücklich werden als in einer offenen Beziehung. Mit 14 habe ich es mir schon gewünscht, jetzt habe ich sie. Allerdings gibt es klare Regeln: Keiner fängt sich Krankheiten ein, weder werde ich schwanger, noch schwängert er jemanden. Gummis sind ein Muss. Und es gibt kein plötzliches »Du, ich bin mal drei Tage bei dem und dem«. Also kein zweites Beziehungsaufbau-Ding. Durchaus aber ein Menschenmehrfachsehen und öfter mit jemandem in die Kiste gehen. Ich jedenfalls habe sexuelle Bedürfnisse, die ich gar nicht mit meinem Partner ausleben möchte. Ich möchte nicht unbedingt von meinem Freund gefesselt und angebrüllt werden.

In der schönen Nacht mit meinem besten Freund habe ich nämlich gemerkt, dass ich die etwas härtere Gangart geil finde. Er hatte mir meinen halben Körper zerbissen. Am nächsten Tag hatte ich überall blaue Flecken und Blutergüsse. Einen Orgasmus hatte ich zwar nicht, fand es aber trotzdem unglaublich geil.

Ich habe nicht nur eine devote Seite, ich bin auch selbst gerne mal die Dominante. Das nennt man Switch, Wechsler. Einen Jungen habe ich mal mit Tape festgeklebt, so dass er sich nicht mehr bewegen konnte. Er hat gegrinst, also war es okay. Dann hab ich ihm einen geblasen und seinen Orgasmus wirklich sehr, sehr, sehr lang hinausgezögert. Das war eigentlich ziemlich asozial von mir, aber es hat unsagbaren Spaß gemacht. Ich bin auch schon mit High-Heel-Absätzen auf Schwänzen rumgetreten und benutze auch mal die Zähne beim Oralsex. Auch Beleidigen macht Spaß: Wenn ich an ihm herumlutsche oder herummache, sage ich ihm, wie unwichtig, scheiße, armselig er ist, eigentlich nur ein Gegenstand, um meine Bedürfnisse zu befriedigen. Ich kann mir gut vorstellen, mal als Domina zu arbeiten.

Die richtig harten Bondage-Sachen mit Fesseln, Schlagen und Peitschen habe ich leider noch nicht ausleben können. Diese Art von Unterwürfigkeit macht mich so geil wie nichts anderes auf der Welt. Es gibt amerikanische Webseiten unter kink.com, die bedienen die ganzen harten Sparten. Hogtying zum Beispiel. Das ist die Kunst, jemanden zum Paket zu verschnüren. Viele finden so was frauenverachtend. Ich nicht. Eine meiner Lieblings-Porno-darstellerinnen Bobby Starr sagt ganz klar: Ich will es, und es geht immer nur so weit, wie ich das möchte. Man hat ein so genanntes Safe Word, ein Schutzwort. Wenn man das sagt, wird abgebrochen.

Ich glaube nicht, dass es mit meiner Vergangenheit zu tun hat, dass ich so bin, wie ich bin. Ich glaube jedenfalls nicht, dass der Missbrauch etwas mit meiner sexuellen Orientierung als Switch zu tun hat.

Ich habe mich viel mit diesem Thema auseinandergesetzt. Man kann in jeden Fetischisten irgendwas reininterpretieren. Es gibt Psychologen, die der Meinung sind, dass Fetische ihre Wurzeln in der Kindheit haben, sicher, aber es ist nicht so, dass das die einhellige, herrschende Meinung ist. Bei mir glaube ich nicht, dass es daran liegt.

Wenn ich meine Ausbildung als Damenschneiderin abgeschlossen habe, will ich an der Fachhochschule Sozialpädagogik studieren. Vielleicht mache ich noch eine Weiterbildung zur Therapeutin. Ich engagiere mich schon seit sechs Jahren ehrenamtlich in einem Jugendzentrum. Als mit 14 rauskam, dass ich eine schwere Kindheit hatte und deswegen von zu Hause ausgezogen bin, kamen immer wieder Leute in der Schule zu mir und fragten mich um Rat. Ich helfe gerne. Ich habe ein natürliches Talent dafür, Menschen zu helfen.

Bin ich jetzt wirklich drin?

Konstantin, 19, Schlagzeuger
(Erstes Mal mit 18)
Befreundet mit Katinka und Serkan

Schon als Kind bekam ich bei hochhackigen Schuhen einen Ständer. Ich hab mal in einer Dokumentation über Fetische gesehen, wie so was entsteht. Von der Sache, die man sieht, bekommt man zunächst keinen Ständer. Das verbindet man erst später damit, und das läuft auch eher unbewusst ab. Wird ein Junge, wenn er eine Erektion hat, zum Beispiel immer von seiner Mutter ausgeschimpft, vielleicht sogar geschlagen, kann er das schöne Gefühl später mit der Bestrafung verbinden und dadurch erregt werden. Bei mir könnte es so gewesen sein, dass ich beim Rumkrabbeln am Boden einen Ständer bekam und dabei oft Schuhe und Füße gesehen habe.

Wenn ich mir einen runterhole, habe ich immer ähnliche Fantasien. Ich betrachte Frauen aus der Froschperspektive. Sie sind groß, ich bin ganz klein. Wichtig ist, so nah dran am Bein zu sein wie möglich. Wichtig ist auch das Gefühl, benutzt zu werden. SM ist zwar nichts für mich, Würgen und Schlagen mag ich nicht, ich mag aber dieses Benutztwerden und baue das auch in meine Fantasien ein. Einmal habe ich mich zum Beispiel von einer überdimensional großen Frau in High Heels zwingen lassen, ihr die Nägel zu lackieren.

Ich stehe zu meinen Vorlieben. Wenn man von vornherein offen damit umgeht, kommt man erst gar nicht in peinliche Situationen. Ich bin aber auch gar nicht so im Fetisch, dass ich immer High Heels brauche. Diese Leute sind wirklich arm dran.

Mit Katinka, einer guten Freundin, die selbst Fetische hat, kann ich meine Vorliebe ein bisschen ausleben. Mit ihr spreche ich sehr offen über meine Sexualität, was ich mich sonst eigentlich nicht traue. Sie hat sich für mich schon die Nägel lackiert, die Lippen rot angemalt, High Heels angezogen oder auch mal ein Eis am Stiel gegessen, damit ich einen Ständer kriege.

Mit acht oder neun hatte ich die ersten Erektionen. Das hat mich aber immer ziemlich genervt. Ich wusste nicht, wohin damit. Mein Gott, da ist ja jetzt schon wieder dieses Ding da unten ..., dachte ich. Als ich mal wieder eine hatte, bin ich so wie ich war, im Schlafanzug, zu meinem Opa, dem Vater meiner Mutter, gegangen, der eigentlich ziemlich verklemmt ist: »Opa, irgendwas stimmt nicht. Sieh dir das mal an ...« Es war ihm bestimmt unangenehm, aber er hat ganz entspannt reagiert. »Denkst du denn mal an Frauen?«, fragte er. »Ja, kann schon sein.« Da war mir dann klar, dass da ein Zusammenhang besteht.

In dem Alter fing ich an, mir nachts oder wenn ich alleine war, Schuhe mit hohen Absätzen mit ins Bett zu nehmen. Ich habe dran gerochen und das Material auch mal an den Schwanz gehalten. Das war sehr schön, andererseits habe ich mich aber auch geschämt. Es waren zwar keine Sachen von meiner Mutter, aber aus dem Familienkreis, und das war mir schon sehr bewusst. Man weiß als Kind, dass das nicht in Ordnung ist, das hat man irgendwie drin. Am nächsten Morgen wollte ich mich dann auch lieber nicht mehr daran erinnern, was ich gemacht hatte. Mit Samenerguss war zu dem Zeitpunkt aber noch nichts.

Manchmal bin ich auch weiter gegangen. Irgendwann hat mir der Schuh nicht mehr gereicht, dann wollte ich am liebsten auch mal echte Füße und Beine haben, am besten alles zusammen gleichzeitig. Manchmal bin ich einfach unter den Tisch gekrabbelt und habe einen Schuh vorsichtig angefasst. Das war zwar schön, ich hatte aber gleichzeitig das Gefühl, damit einen Schritt zu weit zu gehen. Als ich mit elf, zwölf in die Pubertät reinrutschte, habe ich mich gezwungen, komplett damit aufzuhören.

In der dritten Klasse ging es los mit dem Sexualkundeunterricht. Da ich mit dem Lehrer, den ich damals hatte, so was aber nicht besprechen wollte – ich habe den gehasst –, bin ich zu meinen Eltern gegangen. Der Lehrer war schon etwas älter und total katholisch. Er hat dreimal am Tag mit der Klasse gebetet, was er gar nicht durfte. »Sie können hier nicht mit den Kindern dreimal am Tag beten«, hab ich mal zu dem gesagt. Ich bin zwar katholisch getauft, habe für mich aber irgendwann mal geklärt, dass ich nicht an Gott glaube. Ich wurde ja auch gar nicht so erzogen, und meine Eltern haben auch nie darüber gesprochen. Wenn wir mittwochs im Rahmen des Religionsunterrichts mit der Klasse in der Kirche waren, dann habe ich, wenn ich am Weihwasser vorbeikam, die Hand reingetunkt und bin mir dann durch die Haare gefahren.

Wenn zwei Leute sich lieben, dann kommt es früher oder später auch dazu, dass sie Sex haben, so haben meine Mutter und mein Stiefvater angefangen. Der Tenor war bei ihnen, dass Sex und Liebe zusammengehören. Sie erklärten mir auch gleich richtig, biologisch, wie ein Kind entsteht. Mit Eizelle und Samenzelle. Da mich Biologie immer interessiert hat – ich bin ein Sachkunde-Kind, hab immer die *Was ist was*-Bücher gelesen –, war das für mich auch okay und relativ verständlich.

Bei dem Lehrer war es in der Sexualkunde-Stunde dann so, dass wir dem noch was erklärt haben. Wir sind 90er-Jahre-Kinder, da kriegt man durch die Medien, Fernsehen und Internet, ja relativ viel mit. Der Lehrer war auch total verklemmt, hat kaum ein Wort rausgebracht bei dem Thema. Das war so ein Typ, der wahrscheinlich ein-, zweimal im Leben Sex mit seiner Frau hatte. Und dabei ist dann zum Glück auch ein Mensch herausgekommen. Er hatte eine Tochter. Von dem habe ich gar nichts mitgenommen.

In der Siebten war das ähnlich. Als die Lehrerin, die war auch schon älter, meinte, eine Ejakulation entstehe durch Vor- und Zurückschieben der Vorhaut, meldete ich mich: »Aber ich hab keine Vorhaut, ich bin beschnitten. Kann ich jetzt keinen Samenerguss haben?« Da war die total überfragt. Und so was schimpft sich Lehrer. »Ich bin bestimmt auch nicht der Einzige, Juden und Moslems sind ja auch beschnitten«, meinte ich noch. Totale Ratlosigkeit. Die konnte nichts dazu sagen, und das auf dem Gymnasium. Unglaublich. Also aus der Schule habe ich in Sachen Aufklärung wirklich nichts mitnehmen können.

Die *Bravo* hat mich nie interessiert. Ich konnte schon immer wenig mit Dingen anfangen, mit denen sich andere Kinder und Jugendliche beschäftigt haben. Ich habe sie mir nur einmal im Italien-Urlaub aus Langeweile gekauft. Ich habe mir sonst andere Blätter geholt. Mit 13 bin ich in den Lotto-Toto-Laden und hab mir die *Maxim* und den *Playboy* gekauft. Das hat sich in dem Alter noch kein anderer getraut. Als der Nervenkitzel ausgereizt war, habe ich das aber auch wieder gelassen.

Kurz nach meinem ersten Samenerguss, mit 13, habe ich angefangen, es mir selbst zu machen. Weil ich nicht wusste, wie es geht, rief ich einfach einen Freund an: »Hast du das schon mal gemacht?« »Ja, hab ich. Ich hab mir schon öfter einen runtergeholt«, meinte der. Und dann hab ich den wirklich gefragt: »Wie macht man denn so was? Was sind die Voraussetzungen? Was braucht man dazu?« »Der muss auf jeden Fall richtig hart sein, sonst geht das nicht«, sagte der. »Und wie lange dauert so was?« »Mach doch einfach.«

Ich fing mit der Hand an, das hat aber nicht funktioniert. Dann hab ich mich auf den Bauch gedreht und bin über die Matratze gerobbt – so nenn ich das immer –, vielleicht eine Viertelstunde oder so. Davon bin ich tatsächlich gekommen, und da war ich dann super happy. Wenn man feuchte Träume hat, kriegt man das ja nicht mit. Man wacht auf, es klebt alles, aber man erinnert sich an nichts. Jetzt hatte ich es bewusst erlebt, und es war großartig. Das war viel zu kurz, das möchte ich gleich noch mal haben!, dachte ich. Es ist eine Mischung aus dem Gefühl von Pinkeln, also was loslassen, und explosionsartig ausgesaugt zu werden.

Ich wurde richtig süchtig danach. Innerhalb der nächsten eineinhalb Jahre habe ich es mir bis zu dreimal täglich gemacht. Immer in der gleichen Position, auf dem Bauch liegend. Das hatte beim ersten Mal gut geklappt, also habe ich es beibehalten. Ich mach das auch immer noch so, obwohl meine Kumpels sich darüber lustig machen. Ein paar Mal habe ich es zwar auch schon geschafft, mit der Hand zu kommen, aber das ist nicht mein Fall. Das ist komisch für mich. Die Hand finde ich auch nicht besonders erotisch. Außerdem ist die Bewegung, wie ich sie mache, sexmäßig gesehen, viel authentischer.

Meistens spielt sich alles im Kopf ab. Ich habe aber auch schon Magazine zu Hilfe genommen. Auf der *studiVZ*-Seite von Katinka steht ein Zitat von mir: »Ich hol mir nicht auf dem *Playboy* einen runter, sondern auf der *Vogue*.« Nackte Frauen mag ich nicht so gern. Ich mag schön angezogene Frauen. Ich mag Stil. Und ich mag natürlich Schuhe. Das findet man alles in der *Vogue*. Vor bestimmten Videos hab ich's auch schon geschafft. Das sind aber keine Pornos, sondern spezielle High-Heel-Videos. Die gibt's bei *YouTube* zu sehen.

Mit 15 wollte ich endlich mal wissen, wie Küssen ist und hab mich mit einem Mädchen, das ich mochte, quasi dazu verabredet. Allerdings habe ich zwei Stunden gebraucht, um mich zu trauen, die Freundin zu fragen. Und noch mal zwei Stunden, um mich zu trauen, anzufangen. War dann eine schleimige Angelegenheit. Wie zwei Nacktschnecken, die sich paaren. Total ekelhaft.

Ein Jahr später kam der Punkt, dass ich dachte: Ich will es jetzt nicht mehr mit der Matratze machen, ich möchte jetzt mal echte Beine. Zu der Zeit hatte ich eine gute Freundin, die ich sehr attraktiv fand – sie hatte einen geilen Arsch und tolle Beine – und die auch sehr offen war. Sie war dann die Erste, die mir einen geblasen hat. Gekommen bin ich zwar nicht, aber es war trotzdem geil. Zusammen waren wir nie. Das war einfach eine Freundschaft, bei der man auch mal ein paar Sachen ausprobiert hat. Das finde ich auch vollkommen okay. Man muss nicht unbedingt immer zusammen sein. Wir hatten richtig tolle Abende. Sie hat mir mal mit ihren High Heels im Schritt rumgegrätet oder ich habe an ihren Zehen gelutscht, während sie nur in Unterwäsche bekleidet auf der Couch lag. Sex hatten wir nie.

Irgendwann habe ich auch mal statt an meinen Fetisch an normalen Geschlechtsverkehr gedacht, wenn ich mir einen runterholte. Wenn du dich immer nur auf diese Sachen fixierst, das war dann so meine Befürchtung, wirst du aus normalem Geschlechtsverkehr nie was für dich mitnehmen können. Ich habe dann also diese normalen Fantasien ausprobiert. Man weiß ja, wie's abläuft. Man weiß, wie Muschis aussehen, und die Perspektive hat man ja auch im Kopf, zum Beispiel die Beine über die Schultern. Das ging dann auch, dabei bin ich dann auch mal gekommen.

Mit 18 hatte ich meine erste richtige Freundin. Sie war 19 und auch noch Jungfrau. Ich verknallte mich, sprach sie an und verabredete mich mit ihr. Sie sagte, sie hätte, was Sex angeht, die Drei-Monats-Regel: Sex erst nach drei Monaten. »Du kannst so ruhig denken, aber meine Meinung ist: Spontanität!«, sagte ich zu ihr. »Wenn man Lust aufeinander hat, wenn man miteinander schlafen möchte, dann tut man's einfach, dann guckt man nicht auf die Uhr.« Wir haben es dann auch vorher versucht – ich kann sehr charmant sein –, es hat aber leider nicht geklappt. Ich bin nicht reingekommen. Wir hatten insgesamt drei oder vier Versuche, Sex zu haben.

Beim ersten Mal sagt man sich noch, okay, beide aufgeregt und verspannt, vielleicht war sie nicht feucht genug, vielleicht war mein Ständer nicht hart genug. Beim zweiten Mal ging wieder nichts, beim dritten Mal auch nicht. Da denkt man sich dann natürlich: Fuck, das kann doch nicht sein. Wir fanden uns beide erotisch, wir waren in der Stimmung, wir hatten uns vorher schon stimuliert. Ich habe es bei ihr mit der Hand gemacht, sie geleckt, alles Mögliche. Als ich mir Vorwürfe machte und Freundinnen fragte, meinten die, das könne nicht an mir liegen. Die Beziehung hat trotzdem insgesamt sechs Monate gehalten. Sie hat dann Schluss gemacht. Ihr ist eingefallen, dass sie mich doch nicht liebt. Für sie war das alles neu. Sie hat gedacht, es wäre Liebe, aber dann irgendwann entdeckt, dass es doch was anderes für sie war. Ich habe sie geliebt und war sehr traurig, dass es vorbei war.

Ein paar Monate später, im Juli 2008, fiel mir auf einem Musikfestival in Bonn die Bekannte eines Bandkollegen auf. Ich kannte sie schon zwei Jahre, aber nur oberflächlich, wir hatten uns noch nie unterhalten. Ich fand schon immer, dass sie geil aussah. 1,78 Meter, blond, blaue Augen, üppige Oberweite. Wie ein Pin-up-Girl. Am Tag des Konzerts hatte ich die ganze Zeit das Gefühl, dass sie mich anflirtet. Ich hatte inzwischen eine Typveränderung hinter mir, von langen Haaren zu Glatze. »Boah, du siehst so kernig aus, total sexy«, meinten alle Mädchen zu mir. Irgendwie hatte ich anscheinend 'ne andere Aura als vorher.

Ein, zwei Wochen nach dem Konzert setzte ich mir in den Kopf: Mit der möchte ich ficken. Das hatte ich auch meinen Kumpels gesagt. Sie war ein bisschen schlampig. Beziehungen halten bei ihr nicht lange, und sie schläft auch schon mal mit jemandem auf einer Party. Da hab ich mir gesagt: Jetzt versuche ich auch mal mein Glück. Hat dann auch geklappt. Es ist so passiert wie in einem Til-Schweiger-Film.

Ich schrieb ihr eine SMS: »Hallo Mona, wie geht's? Ich trau mich nicht, dich anzurufen, denn das, was ich von dir will, ist nicht besonders diskret.« Erst mal hat sie nicht zurückgeschrieben, da dachte ich, ich hätte es verkackt. Dann rief sie am nächsten Tag an und fragte mich doch tatsächlich: »Was meinst du denn mit diskret?« So blöd kann man doch nicht sein, dass man das nicht checkt, dachte ich. Erst mal hab ich um den heißen Brei herumgeredet, dann hat's mir gereicht, und ich hab einfach gesagt: »Ich möchte mit dir schlafen.« Sie fing an zu lachen. »Wieso lachst du?«, fragte ich. Sie: »Weil man so was am Telefon eigentlich nicht so oft hört.« Sie wusste, dass ich noch Jungfrau war. Da hatte ich nie ein Geheimnis drum gemacht. Meine Freunde wussten, dass es mit meiner ersten Freundin nicht funktioniert hat und dass ich stinkig war deswegen.

»Man kann sich doch nicht verabreden, um miteinander zu schlafen«, sagte sie. »Wieso denn nicht? Ich finde dich heiß.« Sie überlegte noch ein bisschen, sagte dann aber: »Okay, ich bin um 18 Uhr bei dir.« Das passte prima, denn an dem Tag war ich allein zu Hause. Mit Kondomen war ich auch versorgt, es konnte also losgehen. Manchmal hole ich mir einen mit Kondom runter. Das ist Luxus, eine teure Angelegenheit, aber es ist halt sauber. Normalerweise mache ich es auf Handtuch.

Sie kam wirklich. Erst mal war's allerdings ein bisschen komisch. Wir standen unschlüssig da, und es entstand eine peinliche Stille. Dann dachte ich: Gucken wir erst mal ein Video. Haben wir auch, E.T., eine alte Aufnahme von RTL. Als der Film zu Ende war, dachte ich, wir sollten uns vielleicht erst mal ein bisschen kennenlernen. Wir haben uns also unterhalten, wie's uns geht, was wir machen und solche Sachen, um erst mal ein Bild voneinander zu kriegen. Dabei ist mir dann aufgefallen, dass sie ein bisschen mehr zu erzählen hat, als ich dachte, dass da doch ein bisschen mehr dahintersteckt.

»Es wär so schön, wenn ich wenigstens Alkohol im Haus hätte. Dann würd's mir ein bisschen leichter fallen«, meinte ich irgendwann zu ihr. So stocknüchtern war das komisch. Leider war die Spirituosenbar in meinem Zimmer leer. Dann fiel Monas Blick auf den Oldtimer-Kühlschrank im Wohnzimmer, und sie guckte aus Neugier mal rein – alles voller Sekt! Mein Vater hatte aufgefüllt. Wir holten eine Flasche Rosé raus und fingen an zu trinken. Als die erste Flasche leer war, habe ich Musik von The Subways eingelegt. Weil ich so ein Musikfanatiker bin, ist Musik für mich ganz wichtig. Ich glaube, ich hab an dem Abend fünfmal auf Repeat gedrückt.

Als sie von der Toilette kam, ging's los mit dem Knutschen. Sie hat angefangen. Inzwischen war sie auch schon ein bisschen betrunken. Ich hab noch nicht viel gespürt, ich bin ja groß und relativ schwer. Dann verlagerte sich das Ganze auf den Boden, wo wir uns rumwälzten. Plötzlich waren wir nackt. Ich lag auf dem Boden, sie saß auf meinem Schritt. Sie sah richtig klasse aus. Es passte alles. Da denkt man, alles perfekt, jetzt kann's weitergehen. Wir zogen in mein Zimmer um, wo sie mir ins Ohr flüsterte: »Bist du dir sicher, dass du's machen möchtest?« »Auf jeden Fall!«, sagte ich nur. Ich war richtig gut drauf. Wir hatten ja inzwischen auch schon rund drei Stunden rumgemacht, uns rumgewälzt, rumgeknutscht.

Als wir so auf dem Bett lagen, kam bei mir doch Aufregung hoch, und mir gingen ganz viele, total banale Sachen durch den Kopf: Hoffentlich wird's nicht wieder so wie bei meiner ersten Freundin. Hoffentlich gefällt ihr mein Schwanz, ich hab dort einen weißen Fleck, eine Pigmentstörung. Hoffentlich stört sie sich nicht dran, dass ich beschnitten bin. Eine Zeit lang hab ich mir Gedanken über meinen Schwanz gemacht. Ich glaube, das geht jedem Mann so. Da ich ein großer Typ bin, 1,93 Meter, dachte ich, der müsste auch entsprechend groß sein, vielleicht so um die

18 Zentimeter. Es sind aber nur 16. Als ich gelesen habe, dass der Schnitt in Deutschland bei 14 liegt, war ich dann aber beruhigt. Ich hab auch mal einen Vibrator abgemessen, weil mich das interessiert hat. 17 Komma noch was. Ich hatte gedacht, die wären länger.

Sie merkte, wie nervös ich war, und beruhigte mich: »Ganz locker. Lass mich den größten Teil machen.« Das Reingehen war nicht so einfach, und ich war dann auch erst mal unsicher, ob's überhaupt geklappt hatte. »Bin ich jetzt wirklich drin?«, fragte ich sie. Bei meiner ersten Freundin hatte ich auch mal gedacht, ich wär drin, da meinte sie aber: »Nee, das sind meine Arschbacken.« Wenn man so was erlebt hat, wird man natürlich unsicher. Als Mona aber meinte »Ja, du bist drin!«, war ich total happy. Kondom drauf, ich drin, alles prima. Ich hatte zwar Angst, wieder rauszuflutschen, aber das passierte nicht. Dann fing ich an, mich zu bewegen.

Meine Finger hatte ich zwar schon sonstwo drin, aber mit 'nem Schwanz ist das doch noch ein bisschen anders. Es war ein ziemlich geiles Gefühl. Wenn man in der Vagina ist, fühlt man die Körpertemperatur ganz intensiv. Und es passt alles. Es hat was von Verschmelzen. Besonders geil ist es, wenn die Frau ihre Beckenmuskulatur anspannt. Das ist ein Gefühl, als ob sie einen innerlich fest packt und wieder loslässt. Das hat die Evolution ziemlich gut hingekriegt.

Wir haben gleich ein paar Stellungen ausprobiert. Reiter, Missionar, von hinten. Missionar hat nicht so gepasst. Das hat mir nicht so gefallen, das geht in den Rücken. Reiter finde ich schön, weil man dabei mal faul sein kann. Von hinten ist auch klasse. Wenn man um die Hüfte fasst und die Arschbacken gegen die Lenden prallen, ist das schon geil. Es war ein super Erfolgserlebnis. Auch, wenn ich wieder nicht gekommen bin. Einige meinten, dann wär's kein richtiges erstes Mal gewesen, aber das ist Quatsch. Ich war drin, wir haben verschiedene Stellungen gemacht und wir hatten beide unseren Spaß. Ich habe sie zwischendrin auch geleckt.

Für mich war's richtig toll, intensiv, einfach super. Dabei war es so simpel. Ich hatte ja nur eine SMS geschrieben, besser kann man neun Cent nicht investieren. Aber ich hatte mich ja auch ganz gut ausgedrückt. Und Glück war natürlich auch dabei. Das kann man nicht bei jeder Frau machen.

Meiner Mutter habe ich es gleich erzählt und ihr beschrieben, wie es war. Sie wusste, dass das mit meiner ersten Freundin so scheiße gelaufen war. »Das freut mich, klingt ja richtig gut«, meinte sie. Ihr kann ich so was erzählen, sie ist da ganz entspannt. Sie meinte sogar noch: »Eigentlich hätte ich dir ja gewünscht, dass du mit der Daniela dein erstes Mal hast.« Das war eine Kollegin, in die ich mich während meines Zivildienstes in einem Kindergarten verknallt hatte. Sie war zwölf Jahre älter als ich.

Leider hatte ich mit Mona keinen Sex mehr. Wir haben zwar noch einiges gemacht, Fellatio, Lecken und sonst was, aber Sex wollte sie irgendwie nicht mehr. Inzwischen bin ich aber so weit, dass ich mit einer anderen Freundin endlich meine Fetische ausleben kann. Katinka ist wie ich Ehrenamtler in einem Düsseldorfer Jugendzentrum und bekannt dafür, dass sie provokant mit ihrer Sexualität umgeht. Wir kennen uns jetzt schon eineinhalb Jahre. Sie hat mich immer ein bisschen geneckt und spaßeshalber angemacht: »Irgendwann werde ich mit dir schlafen, aber einreiten will ich dich nicht.«

Weil sie mal behauptete, die beste Bläserin aller Zeiten zu sein und ich ja wusste, dass ich extern nie komme, meinte ich ganz kackendreist zu ihr: »Wenn du mir einen bläst, komm ich nicht.« Ich dachte, das wird sie eh nicht machen. Aber da kannte ich Katinka schlecht. Das ging gegen ihre Ehre. Nach einem Konzert meiner Band Popo Tobago im Jugendzentrum hat sie's tatsächlich gemacht. Ich hatte an dem Tag schon mittags angefangen, Bong zu rauchen, zwischendurch immer mal Bier getrunken. Abends war ich dann so zugedröhnt, dass ich 'ne Panikattacke bekam und nach draußen rannte.

Sie kam mir nach und tröstete mich. »Komm mal her«, meinte sie nach einer Weile, zog mir die Hose runter und hat, mitten auf dem Hof des Jugendzentrums, mit Fellatio angefangen. Es fühlte sich sehr gut an, aber – ich kam nicht. Sie hat sich wirklich total Mühe gegeben, sich auch noch halb ausgezogen dabei, aber es brachte gar nichts. Da war sie als Suckerqueen natürlich total entsetzt. Mittlerweile verstehen wir uns richtig gut und sind dabei, meine sexuelle Welt weiter zu erforschen und weitere Türen zu öffnen. Mit ihr würde ich auch gern mal schlafen.

Inzwischen bin ich viel selbstbewusster als noch vor einem Jahr. Manchmal grinsen mich auf der Straße irgendwelche fremden Frauen an. Es scheint, als hätte ich einen Fick-Blick bekommen. Letzte Woche hab ich ein unmoralisches Angebot bekommen. Von einer 27-Jährigen, die schon Mutter ist. Meine Schlagzeug-schülerin. Sie hat mir einen Zettel zugesteckt: »Donnerstagabend bei mir.« Gestern Abend habe ich das Angebot wahrgenommen und bin zu ihr gegangen – und es war erfolgreich. Ich bin gekommen! Zwar nicht beim Sex, aber als sie es mir mit Mund und Hand gemacht hat.

Eine feste Freundin muss ich nicht unbedingt haben. Eigentlich gefällt es mir so, wie es jetzt ist. Wenn es sich ergibt, lasse ich mich verwöhnen, ich verwöhne aber auch ganz gerne mal. Ich lecke gerne, ich glaube, ich kann das auch ganz gut. Am schönsten finde ich Muschis, wenn die Schamlippen nicht zu groß sind. Auf Iro steh ich nicht so. Entweder ganz oder gar nicht. Hippie-Look oder glatt rasiert.

Höhenflüge am Heiligabend

Serkan, 18, Gymnasiast
(Erstes Mal mit 16)
Befreundet mit Konstantin und Katinka

Mein erstes Mal war bisher auch mein einziges Mal. Und das ist eine gewisse Tortur, denn ich bin einer der wenigen Jungen, die dem Masturbieren nichts abgewinnen können. Ich brauche das Gefühl der Haut, ich möchte über die Hüfte streicheln, den Atem spüren. Ich brauche einfach diese Live-Action. Es mir selbst zu machen, ist nicht mein Fall. Das ist nicht die Befriedigung, die ich suche. Das ist nicht das Gleiche wie mit einer Frau.

Von meinen Eltern – sie kommen aus der Türkei, ich bin aber hier geboren – bin ich nicht aufgeklärt worden. Sex war kein Thema, über so was wurde bei uns nicht geredet. Ich bin aber auch nicht mit irgendwelchen Verboten aufgewachsen, so wie das bei den Jugendlichen in der Türkei ist.

Die werden ja noch nicht mal in der Schule aufgeklärt. Als wir mal im Urlaub in der Türkei waren, hat mich mein Cousin gefragt, wo die Kinder herkommen. Und da war er schon zwölf. Die Kinder dort werden sehr streng erzogen. Sex ist in der Jugend was Verbotenes. Nicht vor der Hochzeit, heißt es.

Aufgeklärt wurde ich mit sechs durch die Kinder draußen. Wir hatten in unserem Viertel in Düsseldorf-Garath, nicht gerade die beste Gegend, einen Spielplatz mit einem Holzhäuschen, wo sich die Jugendlichen getroffen und geraucht und getrunken haben. Zwei Jungen hatten mal ein Pornomagazin dabei und haben uns anderen alles erklärt, weil wir nachgefragt haben.

»Was ist denn das für eine Zeitschrift?« »Warum sind die alle nackt?« »Und warum haben die keinen Penis?« Typische Kinderfragen halt. Das sei ein Sexmagazin, sagte einer, und erklärte uns, was Sex ist. Wir waren schockiert. »Iihh, wieso soll man denn das machen?« Das hat uns damals schon ein bisschen die Unschuld geraubt.

Die Lehrerin, bei der wir später Sexualkunde hatten, war viel zu erzieherisch bei dem Thema. Sie hat keine präzisen Wörter genannt, alles nur umschrieben. Es ging um Liebe und Sex und dass die Geschlechtsteile dafür da sind, dass Kinder entstehen. Genauer hat sie's nicht erklärt.

Durch meinen zwei Jahre älteren Bruder habe ich auch immer mal was mitbekommen. Als er um die zwölf war, hat er sich oft mit seinen Freunden bei uns im Hinterhof getroffen. Manchmal war ich auch dabei. Ein Freund von ihm meinte, sein erstes Mal würde eine wilde Orgie mit zehn Frauen werden. Da dachte ich nur, okay, träum weiter. Die hatten auch immer diese schönen Spiele: Wer hat die längsten Schamhaare, wer hat den längsten Penis. Mit einem Lineal haben sie alle nachgemessen. Ich hab da nie mitgemacht. Ich fand das widerlich und peinlich. Mein Bruder ist aber auch ein ganz anderer Typ als ich, er ist eher ein Macho. Ich bin introvertiert, schüchtern und war schon früher eher mit Mädchen als mit Jungs befreundet.

Mit Mädchen rede ich auch viel lieber über Sex. Bei den Jungs geht es immer nur: »Die ist geil. Die will ich knallen.« Mädchen sind genauer und erzählen viel mehr. Wie es sein sollte, was sie gerne hätten. Als ich 13 war, sagte mir eine, sie hätte ihr erstes Mal gerne richtig gefühlvoll, mit viel Liebe. Eine andere meinte, dass sie's gar nicht abwarten könne, endlich einen Freund zu haben, um Sex zu haben. Richtig hart und dreckig, hat sie immer gesagt. Ich finde es spannend, was Mädchen so erzählen. Das ist so, als würde man sich durch ein Lexikon lesen. Man erfährt immer wieder was Neues. Sie haben mir auch erzählt, wie man es richtig macht, dass eine Frau schnell zum Orgasmus kommt.

Aus den Geschichten, die ich so gehört hatte, hatte ich zwar eine Vorstellung, wie das erste Mal sein könnte. Ich habe mir die Ekstase aber lange nicht so extrem vorgestellt. Es war eine ganz, ganz starke Ekstase bei meinem ersten Mal. Ein aufregendes Erlebnis, das ich in dem Ausmaß nicht erwartet hätte. Ich hatte damit gerechnet, dass es sich gut anfühlen würde, das ja, aber so gut, das war schon sehr überraschend. Allerdings hatte ich vor meinem ersten Mal ja auch noch keinen Orgasmus, weil ich noch nie masturbiert hatte.

Mit zwölf habe ich mich zum ersten Mal in ein Mädchen verliebt. Obwohl ich sehr schüchtern und zurückhaltend war – in der Schule bin ich deshalb oft gemobbt worden –, habe ich versucht, ihr näher zu kommen. Sie hat mich aber immer zurückgewiesen. Wenn ich gefragt habe, ob wir uns mal treffen und was zusammen unternehmen wollen – und das hat mich schon ziemliche Überwindung gekostet –, hat sie gesagt, nee, keine Lust, keine Zeit, was auch immer. Ich war für die Mädchen leider immer der Kumpeltyp.

Drei Jahre später hatte ich eine beste Freundin, mit der ich mich auch viel über Sex unterhalten habe. Damit fing sie einfach an. Es hat mich schon sehr gewundert und auch beeindruckt, dass sie darüber so offen geredet hat. Das kannte ich von meinen Freunden nicht. Einmal, das werde ich nie vergessen, saß ich mit ihr, ihrer Mutter, den beiden Schwestern und einer Cousine am Esstisch, als sie anfingen, von Sex zu reden. Ich war der einzige Junge in der Runde. Sie erzählten von den guten und schlechten Sachen. Die Mutter, die ein bisschen hippiemäßig drauf war, erzählte von ihrem ersten Mal. Das muss eine wilde Orgie gewesen sein. Die Cousine erzählte, wie es war, als sie mal Sex während ihrer Tage hatte. Wie es gerochen hatte und dass das ganze Bett voller Blut war. Das war total widerlich. Feuchtgebiete live. Ich konnte nicht fassen, wie die redeten. Dass sie alles so detailliert beschrieben, war das Schlimmste. »Du brauchst dich gar nicht zu schämen, irgendwann wirst du auch erleben, wie schön und ekelhaft Sex sein kann«, meinten sie zu mir. »Danke, dass ihr mich hier so schön abschreckt«, dachte ich nur. Als ich aus der Tür ging, fragte ich meine Freundin: »Was zum Teufel war das denn?« Sie: »Och, das ist Alltag bei uns. So reden wir öfter.«

Mit ihr hatte ich etwas später mein erstes sexuelles Erlebnis. Wenn ich mal Lust hätte, würde sie auch gerne mal mit mir schlafen, hatte sie irgendwann gesagt. Ganz so weit sind wir dann aber doch nicht gegangen. Als sie eines Abends bei mir war, haben wir ein bisschen rumgemacht, mit den Fingern und oral. Für mich war das so aufregend, dass ich gar nicht aufhören konnte zu zittern. Mir gingen tausend Sachen durch den Kopf. »Und was jetzt?« »Mach ich's richtig?« »Gefällt ihr das?« Obwohl auch für sie alles neu war, war sie viel entspannter als ich und hat mich die ganze Zeit beruhigt. Irgendwann kam bei mir plötzlich das Gefühl auf: Ich will mehr ... Da hat sie aber leider doch abgeblockt. »Ich glaube, wir sind nur Freunde.«

Mein erstes Mal hatte ich ein halbes Jahr später, mit 16, an Heiligabend. Ich war allein zu Hause, meine Eltern und mein Bruder waren nicht da. Ich kannte das Mädchen schon lange. Sie war drei Jahre älter als ich und eine alte Freundin, die Schwester der Freundin meines zweiten, verstorbenen Bruders. Wir hatten uns immer schon gut verstanden. Zwischenzeitlich war sie weggezogen. Als sie wieder in unser Viertel zog, haben wir uns öfter gesehen und auch mal getroffen, aber alles rein freundschaftlich. An dem Abend hatte ich sie zum Essen eingeladen, und da ist es einfach passiert. Es ging von ihr aus. Sie fing an, mich zu küssen, und dann kam eins zum anderen. Wenn sie nicht angefangen hätte, wer weiß, vielleicht hätte ich bis jetzt mein erstes Mal immer noch nicht erlebt. Sie hatte es schon lange hinter sich und hat mir an dem Abend das Gefühl gegeben, dass es jetzt nur um mich ging. »Jetzt bist du auch mal dran«, sagte sie.

Ich war fasziniert von dem Erlebnis. Die Berührungen, der Kontakt mit der Haut, dann das Gefühl, wenn man den Penis reinsteckt, das war, ich kann es gar nicht beschreiben, ein ganz und gar herausragendes Gefühl: Ich bin zufrieden, jetzt könnte ich sterben, so ging's mir dabei. Es war ein Gefühl von Wärme, Vertrautheit, Spaß. Ein Orgasmus erster Klasse. Ein absoluter Höhenflug. Unglaublich. Es war auch deshalb so intensiv, weil ich mir zu dem Zeitpunkt noch nie einen runtergeholt hatte. Ich war ja noch nie gekommen und kannte das nicht.

Wir hatten an dem Abend noch sehr, sehr viel Sex, und ich bin auch noch öfters gekommen. Wir haben ganz viele Stellungen ausprobiert, die meisten kenne ich vom Namen her gar nicht. Missionar fand ich die langweiligste von allen. Damit sie auch ein bisschen was davon hat, habe ich sie oral stimuliert, und das auch richtig lange. Obwohl ich ja nicht viel Erfahrung hatte, hatte sie einen Orgasmus. Das hat mich total mit Stolz erfüllt. Da war ich, hach!, der größte Mann der Welt.

Für mich war mein erstes Mal eine Zäsur. Jetzt bin ich einen Schritt weiter im Leben, dachte ich danach. Es hat mir ein bisschen mehr Offenheit gebracht. Ich habe mich reifer und nicht mehr so introvertiert gefühlt. Ich habe es auch gleich einigen engen Freunden, darunter Konstantin, erzählt, die sich für mich freuten.

Natürlich hatte ich nach dem Erlebnis Blut geleckt. Nach einer Woche dachte ich: Ich will schon wieder. Ich hab damals meinen besten Freund, der sein erstes Mal auch gerade erst hinter sich hatte, ständig damit genervt. Ich will, ich will, ich will. Doch leider hatte ich keinen Sex mehr seitdem. Das Mädchen ist kurz danach wieder umgezogen, nach Hamburg. Und bei anderen hat es sich bisher nicht ergeben. Das heißt, es gab schon ein paar Chancen, aber meistens waren die Mädchen betrunken. Ich bin aber keiner, der so was ausnutzt.

Weil irgendwann der Punkt kam, dass es nicht mehr anders ging, habe ich es halt notgedrungen mal mit dem Masturbieren versucht. Das war aber eine schwere Geburt. Es ist für mich schwierig, alleine einen hochzubekommen. Ich brauche das sinnliche Erlebnis mit einer Frau. »Ich hab's mir da und da gemacht«, »Ich konnte achtmal am Tag«, so reden Freunde von mir. Schön für die, aber mir gefällt's halt nicht.

Eine Traumfrau habe ich nicht. Mädchen mit dunklen Haaren und sehr hellen Augen finde ich attraktiv. Große Brüste mag ich nicht. Da bin ich auch anders als andere Jungen. Ich mag es, wenn Mädchen sehr offen, direkt und extrovertiert sind, genau das Gegenteil von mir. Das waren die zwei, mit denen ich was hatte, auch.

Ich hätte gerne mal eine dominante Frau, denn ich habe festgestellt, dass ich ein bisschen masochistisch bin. Schmerzen sind für mich kein böses Gefühl, sondern manchmal auch ein gutes. Ganz harte Sachen könnte ich mir zwar nicht vorstellen, aber Beißen und Kratzen mit den Fingernägeln fände ich mal interessant. Das ist so eine Fantasie, die ich habe. Aber man findet keine Frauen dafür. Es gibt wenige, die sich für so was interessieren. Und übers Internet jemanden kennenzulernen, ist nicht so mein Fall. Da bin ich ein bisschen skeptisch.

Nachts in einer Gartenlaube ...

Katharina, 15, Realschülerin
(Erstes Mal mit 14)

Mein erstes Mal war am 22. Februar 2008. Ich finde, so was merkt man sich. Das ist ja ein wichtiges Ereignis. Mit Basti bin ich auch immer noch zusammen. Er ist meine erste große Liebe. Im letzten Jahr gab es nur einen Tag, an dem wir nicht telefoniert haben.

Als ich ihn kennenlernte, hatte er allerdings noch eine Freundin. Die hat er am Telefon mal ganz mies behandelt, das hab ich mitbekommen und ihm das auch gesagt. Das fand ich voll scheiße. Einige meinten an dem Abend, ich solle bloß nichts mit ihm anfangen: »Lass dich nicht auf den ein. Der nimmt jede, der ist voll das Arschloch.« Zu mir war er aber ganz anders, sehr nett und lieb.

Ich fing mit zwölf an, mich für Jungs zu interessieren. Ich hatte damals eine Freundin, die ein Jahr älter war als ich. Die hat mich immer auf irgendwelche Geburtstage mitgenommen. Wenn ich dort die Mädchen knutschen sah, dachte ich: Das würde ich ja auch gern mal ... Sie schwärmten mir immer vor, wie toll das mit einem Freund sei: »Das ist voll schön, wenn wir abends im Bett kuscheln.« In meiner Klasse konnte ich damals mit keiner darüber reden. Bis zur Achten war ich auf dem Gymnasium, dort waren die noch ein bisschen weiter zurück, etwas unterentwickelt.

Im gleichen Jahr hatte ich meinen ersten Freund. Als wir zusammen mit anderen im Schwimmbad waren, hat sich das irgendwie so ergeben. Die anderen beiden, sie waren zusammen, küssten sich am Beckenrand. Dann fing er auf einmal auch an,

mich anzufassen. Ich fand das irgendwie toll. An dem Tag habe
ich zum ersten Mal richtig geküsst, mit Zunge. Erst war's ein
bisschen eklig, aber er konnte es gut. Wir waren nicht lange zusammen, und richtig verliebt war ich in den auch nicht.

Ich habe immer mal wieder was mit anderen probiert, aber
über Küssen ging das nie hinaus. Dann lernte ich einen Monat
vor meinem 14. Geburtstag, am 9. September 2007, Bastian
kennen. Er war 16. Ich war bei meiner Freundin Melissa, weil
gerade ein Junge mit mir Schluss gemacht hatte. Um mich auf-
zumuntern, rief sie ein paar Leute an, mit denen wir an diesem
Abend weggegangen sind. Bastian war auch dabei. Wir fanden
uns von Anfang an gut, tauschten Blicke aus und grinsten uns
die ganze Zeit an. Er hat ein ganz spezielles Grinsen, das ich an
dem Abend total toll fand. Als Melissa mir aber sagte, dass er
eine Freundin hat, habe ich seine Blicke nicht mehr erwidert. Ich
bin nicht so eine, die sich dazwischendrängt. Das kann ich überhaupt nicht ab.

Deshalb wollte ich ihm später meine Handynummer auch erst
mal nicht geben, habe es dann aber doch gemacht. Inzwischen
waren wir mit den ganzen Leuten bei ihm. Seine Eltern haben
auf ihrem Grundstück einen gemütlichen Schuppen, in dem man
zusammensitzen und feiern kann. Als ich ging, gab er mir noch
seine Jacke mit. Das war Absicht von ihm, damit ich wiederkommen musste. Das hat er später zugegeben. Kaum waren wir
zu Hause bei Melissa – ich habe an dem Abend bei ihr übernachtet –, fing ich an, von ihm zu reden. Wie er aussah, wie er
mich angeguckt hat, was er gesagt hat. Sie grinste nur.

Am Wochenende drauf waren wir wieder bei ihm. Erst waren
nur Melissa und ich da, dann kamen die anderen. Das war ein
bisschen blöd, weil wir uns gerade so schön in seinem Zimmer
unterhalten hatten. Wir sind wieder alle in den Schuppen gegangen. Basti und ich haben wieder Blicke ausgetauscht. Ich war

ganz aufgeregt, hatte rote Wängchen, grinste in einer Tour. Total verliebt eben. Er war aber auch so einfühlsam und lieb. Man konnte mit ihm einfach über alles reden.

Es war richtig schön – bis seine Freundin anrief. Sie war gerade im Krankenhaus, bekam eine Zyste wegoperiert. Das Gespräch lief total kalt ab. Ich saß direkt neben ihm und bekam alles mit. Sie fingen an zu streiten, dann sagte er: »Mir geht's nicht gut. Wegen dir. Ich bin in meinem Zimmer, nur am Heulen.« Ich fand es voll scheiße, dass er sie so belogen hat und sagte ihm das auch, als er aufgelegt hat. Da hat er total verdutzt geguckt. Einige meinten an dem Abend noch, er sei einer, der jedes Wochenende eine andere hätte. Als Melissa das bestätigte, war ich sehr deprimiert. Wir sind dann aufgestanden und gegangen.

Später hab ich ihn allerdings angerufen. Ich hatte ein schlechtes Gewissen, weil ich einfach so verschwunden war. Wir redeten und redeten. Dass ich so gemischt über ihn dachte und die anderen alle was über ihn gesagt hatten, habe ich ihm erst mal nicht erzählt. Ich glaube, wir haben bis fünf Uhr morgens gequatscht. Wir haben viel gemeinsam. Wir haben beide ein nicht so tolles Verhältnis zu unserer Mama und beide nicht so viel Kontakt zu unseren Vätern. Seine Eltern haben sich auch getrennt, als er noch klein war. Als er meinte, das mit seiner Freundin sei sowieso nichts Richtiges mehr, habe ich mir Hoffnungen gemacht.

Wir haben uns dann erst mal zwei Wochen nicht gesehen und auch nur zweimal kurz telefoniert. Da habe ich schon befürchtet, dass er mich vergessen hat und dachte daran, was seine Freunde gesagt hatten: dass er jede Woche 'ne andere hat. Auf dem Kramermarkt in Oldenburg, der Jahrmarkt ist das Herbst-Highlight bei uns, haben wir uns wiedergetroffen. Allerdings war seine Freundin bei ihm. Deshalb habe ich ihn erst mal ignoriert. Sie hat immer rumgeschrien und sich ständig in den Mittelpunkt gedrängt.

In den nächsten Tagen waren wir mit der Clique ständig da. Er ist meist nachgekommen – und hatte jedes Mal ein anderes Mädchen im Schlepptau. Exfreundin, Freundin, Bekannte, was weiß ich. Manchmal war auch seine Freundin kurz dabei. Mich hat er gar nicht mehr beachtet. Am letzten Abend war seine Freundin wieder dabei. Als sie zur Toilette musste, fragte sie mich, ob ich mitkäme. Da schimpfte sie in einer Tour über ihn: »Ich hab keinen Bock mehr auf den«, »Ich will nichts mehr von dem« und »Der nervt nur noch«. Klar, dass ich da innerlich nur noch am Grinsen war.

Nachdem sie weg war, sind Basti, ich, Melissa und ihr Freund zu einem Spielplatz in der Nähe gegangen. Basti und ich haben ganz, ganz lange geredet, dann hat er mich geküsst. Ich war voll glücklich und dachte, dass wir jetzt zusammen sind. Für ihn war das aber nicht so. Am nächsten Tag simste er, dass er noch an seiner Ex hänge. Ich war enttäuscht und verletzt. »Ich bin ja wohl eh nur zum Spielen für dich, ein Wochenendmädchen …«, schrieb ich zurück. Seine Antwort hab ich immer noch in meinem Handy, sie ist vom 8. Oktober 2007. »Oh Mann, so ist das doch gar nicht. Ich verarsch dich nicht und du bist auch nicht zum Spaßhaben für mich. Ich muss auch oft und viel an dich denken, denn ich fühl sehr viel für dich. Aber ich bin halt noch nicht sicher, deswegen ist zurzeit für mich die Situation auch nicht leicht. Lass uns am Dienstag drüber reden, okay? Es tut mir alles so leid. Ich hab mich wirklich in dich verliebt. Bis Dienstag. Lieb dich, meine Süße.« Ich war aber so sauer, dass ich zurückschrieb: »Nee, Dienstag hab ich keine Zeit.«

Drei Tage später habe ich ihm noch mal gesimst, dass ich es scheiße finde, was er da abziehen würde. Er schrieb zurück: »Ich hab dir gesagt, dass du mir ein bisschen Zeit lassen musst, meine Freundin zu vergessen und dass es mir sehr schwerfällt. Ich habe einen Menschen noch nie so geliebt wie sie, okay?« Da war ich erst mal voll am Heulen. Zum Zeitpunkt der SMS war er schon gar nicht mehr mit seiner Freundin zusammen. Sie hatte mit ihm auf dem Kramermarkt Schluss gemacht.

Als er mich ein paar Tage später anrief, redeten wir wieder stundenlang. Über seine Familie. Seine Mama. Seinen Opa. Dem ging's zu der Zeit ganz schlecht. Ich habe ihn dann zwar zu meinem Geburtstag eingeladen, aber er konnte nicht kommen, weil seine Mutter wieder Stress machte. Zwei Tage später, am 28. Oktober, haben wir uns aber bei Melissa wiedergesehen – und sind zusammengekommen. Wir haben ganz viel rumgealbert, uns gekitzelt und uns total verliebt in die Augen geguckt, all so was. Irgendwann lagen wir nebeneinander auf dem Bett und ich fragte ihn: »Wie ist das denn, sind wir jetzt zusammen oder wie?« Er nur: »Jo.« Einfach ganz stumpf: »Jo.«

Wir konnten uns über ganz viel unterhalten, weil wir ähnliche Interessen hatten. Wir haben damals beide Sport gemacht. Ich spielte Handball, er Fußball. Wir mochten auch beide die gleiche Musik, HipHop, und wir guckten beide *Desperate Housewives*. Das haben wir dann auch immer zusammen am Telefon geguckt.

Wir sind zwar auf andere Schulen gegangen, haben uns aber jeden Tag vor und nach der Schule gesehen. Wir mussten immer zusammen an einer Bushaltestelle aussteigen. Nach der Schule bin ich auch öfter mit zu ihm nach Hause gegangen. Zu meiner Mama hab ich aber gesagt, ich sei bei Melissa.

»Das ist meine Freundin«, hat mich Basti zu Hause vorgestellt. Seine Mama hat mich gleich mit offenen Armen aufgenommen: »Herzlich Willkommen in der Familie!« Das war total schön. Da war ich nur noch am Grinsen. Wenn ich bei ihm war, lagen wir immer bei ihm auf dem Bett, kuschelten und guckten DVDs, meist was Lustiges. Kaum war ich zu Hause, haben wir schon telefoniert.

Am 10. November habe ich meiner Mama erzählt, dass ich einen Freund habe. Einfach so beim Abendessen: »Mama, übrigens, ich hab 'nen Freund.« Sie hat gar nicht groß reagiert: »Ja, hm.« Sie hat das nicht ernst genommen. Früher hatte ich ja immer mal irgendwelche Zwei-Wochen-Beziehungen. Da dachte sie wohl, das wäre jetzt auch so eine Geschichte.

Meine ältere Schwester Sabrina, sie ist 28, wusste von Basti. Ich bin immer zu ihr gegangen, wenn ich Fragen hatte. Bei meiner Mama hatte ich Angst, dass sie mir irgendwelche Vorträge hält. Sie ist da strenger, aber sie ist ja auch älter, schon 54. Meine Schwester hat für mich auch mehr eine Vorbildfunktion als sie. Zu ihr gucke ich eher auf. Meine Mutter ist fremdgegangen und hat sich deshalb von meinem Vater getrennt. Meine Schwester ist jetzt schon seit zwölf Jahren mit ihrem ersten Freund zusammen und hat viel erreicht. Sie hat ein eigenes Haus, sie hat Arbeit, sie hat mehr aus ihrem Leben gemacht als meine Mama.

Eine Woche später habe ich zum ersten Mal bei ihm übernachtet, meiner Mama hatte ich wieder gesagt, ich sei bei Melissa. Es war merkwürdig und aufregend zugleich, bei ihm zu sein. Ich habe mich einerseits zu Hause gefühlt, andererseits war aber auch alles ungewohnt, neu, seltsam.

Als wir im Bett lagen, hat er mir einen Kuss auf die Stirn gegeben und gesagt: »Gut' Nacht, schlaf schön, meine Süße.« Ich habe mich total wohl gefühlt, mit ihm gekuschelt und bin in seinen Armen eingeschlafen. Am nächsten Morgen schaute er mich an, lächelte und sagte: »Hallo, mein Schatz.« Das war voll schön.

Damals habe ich mich in meinem Körper überhaupt nicht wohlgefühlt. Ich fand meinen Bauch und meine Oberschenkel zu dick. Anfangs habe ich mich deshalb auch im Badezimmer umgezogen. Bloß nicht zeigen, alles verstecken und Licht aus. Als ich mit Basti darüber gesprochen habe, dass ich meinen Bauch und meine Oberschenkel so hässlich finde, sagte er: »Nein, du bist wunderschön.« Er hat mir das die ganze Zeit eingeredet, so dass ich irgendwann dran geglaubt habe.« Er hat mir viel Selbst-bestätigung gegeben. Da bin ich ihm dankbar für.

Nach einer Weile bin ich nicht mehr ins Badezimmer gerannt, um mich umzuziehen. Ich hab mich erst mal in die hinterste Ecke des Zimmers gestellt, hab das Licht ausgemacht und mich da umgezogen. Das war immerhin ein kleiner Schritt. Er guckte mich dabei die ganze Zeit an und sagte: »Du bist wunderschön.«

Bevor ich mit ihm zusammen war, habe ich immer meine Schultasche im Bus über die Oberschenkel gestellt. Wenn man sitzt, sind die Beine ja immer so dick. Und wenn ich die Mädchen bei *Germany's Next Top Model* gesehen hab, dachte ich: »Ein bisschen dünner wär ja schon gut.« Ich habe damals aufgepasst, was ich esse. Seit ich mit Basti zusammen bin, ist es mir egal. Jetzt esse ich Pizza, Döner, alles hintereinander.

Ende November habe ich ihn gefragt, ob ich die Pille nehmen soll. Ich war allein zu Hause und überlegte: »Vielleicht kann ich ja schon ein bisschen weitergehen ...« Ich simste ihm: »Ich überlege, ob ich mir vielleicht die Pille holen soll. Was meinst du dazu?« Er: »Das musst du wissen. Ich zwing dich zu nichts. Wenn du es nicht möchtest, dann mach es nicht. Wenn du es möchtest, dann mach es.« Ich hab sie mir kurz darauf mit meiner Schwester zusammen geholt. Sie hatte vorher schon immer gesagt: »Wenn du die Pille brauchst, dann komm zu mir.«

Wir fingen dann mit Streicheln und ein bisschen Petting an, aber noch hatte ich keine Lust auf Sex. Das habe ich ihm auch gesagt, und er fand das völlig okay. Er meinte immer: »Wenn du möchtest, sagst du es mir. Und dann überlegen wir gemeinsam.«

Silvester wollten wir zusammen feiern, und ich wollte auch bei ihm übernachten. Dieses Mal schob ich aber nicht Melissa vor. Ich wollte ehrlich sein und fragte deshalb meine Mama. »Nur wenn Papa Ja sagt«, sagte sie. Da dachte ich: »Scheiße, der erlaubt es bestimmt nicht.« Mein Papa ist schon 58 und ein bisschen konservativer. »Papa, hör mal, ich hab seit zwei Monaten einen Freund und Silvester würd ich gern bei ihm schlafen. Darf ich?« Er guckte erst total entgeistert, stimmte dann aber zu. »Aber ich kann dir vertrauen? Nicht, dass du mir schwanger nach Hause kommst«, meinte er noch. Ich: »Nee, Papa.« Im neuen Jahr fing er noch mal damit an: »Du kennst schon den Unterschied zwischen Mann und Frau, oder?« Ich nur: »Ja, Papa, kenn ich.« Das war schon lustig.

Eigentlich wollte ich an diesem 22. Februar bei Basti schlafen. Es ging aber leider nicht, weil er gerade wieder ein bisschen Stress mit seiner Mama hatte. Stattdessen habe ich bei meiner Schwester geschlafen. Sie ist nicht so streng, bei ihr darf ich länger draußen bleiben. An diesem Abend musste ich deswegen erst um halb elf zurück sein.

Erst haben wir uns mit unseren Freunden auf einem Spielplatz in der Nähe getroffen. Gegen halb neun haben Basti und ich uns abgesetzt, sind spazieren gegangen und haben Sterne geguckt. Wir kamen an einem Gartencenter vorbei, wo wir Hand in Hand herumliefen. Wir wussten beide, dass es in dieser Nacht passieren würde. Wir hatten irgendwie eine Vorahnung. Als wir an einer Gartenlaube vorbeikamen, sind wir da einfach rein und machten es uns gemütlich.

Er holte Teelichter aus seiner Tasche und zündete sie an. Das flackerte dann schön um uns rum. An eine extra große Jacke, die man auf dem Boden ausbreiten konnte, hatte er auch gedacht. Weil die Laube nach oben offen war, konnte man Sterne gucken. Das war richtig schön. Erst mal fragte er ständig: »Bist du dir wirklich sicher?« Und ich sagte ständig: »Ja.«

Wir hatten beide tierisch Angst. Ich hab die ganze Zeit gezittert. Er aber auch, das habe ich gespürt. Er hatte bestimmt Angst, was falsch zu machen. Und dann hatte ich ihm ja vorher auch gesagt, dass ich mir das total romantisch vorstelle, so wie in den Liebesfilmen. Damit hatte ich ihn natürlich ein bisschen unter Druck gesetzt. Das ist mir aber erst im Nachhinein aufgefallen.

»Ich glaube nicht, dass ich vorsichtig sein werde«, hatte er noch gesagt, als wir mal darüber geredet hatten. Er hat es aber versucht. »Ist alles okay? Ist alles okay? Tut es weh?«, fragte er immer wieder. Als ich nicht antwortete, nur »hm« machte, wusste er erst mal nicht, was er machen sollte. Es hat ein bisschen wehgetan und auch geblutet, aber darüber konnte ich gar nicht mehr groß nachdenken, weil plötzlich alles ganz schnell gehen musste. Ich musste mich beeilen, um meinen Bus zu bekommen. Sonst wäre ich zu spät zu meiner Schwester gekommen, und das mache ich nicht so gern. Er fragte mich noch besorgt: »Wie geht's dir?«, gab mir eine Packung Taschentücher, dann rannten wir auch schon Richtung Bus. Am anderen Tag hat er mich gleich angerufen. »Und wie war's? War's wirklich okay, dass wir das gemacht haben? Oder wolltest du noch Zeit haben, ich wusste das nicht …« Er war total aufgeregt. Das fand ich richtig süß. »Es ist alles okay«, beruhigte ich ihn.

Unser erstes Mal sei auch für ihn vom Kopf her das erste Mal gewesen, hat er mal gesagt. Das andere wäre eher so ein »Hintersichbringen« gewesen, weil man halt mitreden wollte. Es war nicht so toll. Er kannte sie nicht, und er hatte Alkohol getrunken. Das war so eine Wochenend-Geschichte. Er meinte, er fände es peinlich, wenn der Junge älter ist als das Mädchen und noch Jungfrau ist. Ich finde, man sollte dazu stehen.

Als ich bei meiner Schwester an dem Abend ankam, habe ich mich total verstrahlt gefühlt. Irgendwie abgehoben. Richtig gut. Beim Zähneputzen erzählte ich es ihr: »Bine?« Sie: »Was ist passiert?« Ich war total am Zittern. Sie guckte groß: »Was?« Ich: »Ich hab mit ihm geschlafen.« »Echt? Wie war's?« Zur Gartenlaube meinte sie lachend: »Ist mal was anderes.«

Als ich an dem Abend in den Spiegel guckte, dachte ich zwar: »Hm, ich bin immer noch die Gleiche.« Innerlich fühlte ich mich aber ganz anders. Man hat ja Vorstellungen von einer Jungfrau und einer Nicht-Jungfrau. Eine Jungfrau ist brav und zurückhaltend, eine Nicht-Jungfrau erwachsener und fraulicher. Genauso habe ich mich gefühlt.

Meine Mutter hat erst vor ein paar Monaten rausgekriegt, dass ich schon Sex habe. Sie muss die Pille in meinem Zimmer gefunden haben. Plötzlich fing sie an, Anspielungen zu machen. Einmal hatten wir uns gestritten. »Ich hoffe, du bist nicht schwanger, du bist ja dicker geworden«, meinte sie. Das war voll gemein von ihr. »Nee, bin ich nicht«, sagte ich, »ich bin auch nicht dicker geworden, du musst mal richtig hingucken.«

Zwei Wochen später haben wir wieder miteinander geschlafen. Er hätte gerne früher gewollt, aber ich nicht. Beim zweiten Mal war's zwar bequemer, weil wir in seinem Bett waren, aber nicht so aufregend. In der Gartenlaube war es ja so, dass man ständig dachte: »Scheiße, vielleicht kommt gleich jemand ...« Wir haben bis jetzt nur noch einmal draußen Sex gehabt: unter einer Autobahnbrücke. Da waren wir vorher schon mal gewesen, als wir noch nicht zusammen waren. Da konnte man auch so schön Sterne gucken. Deshalb sind wir da noch mal hin. Es war nur ganz kurz, aber auch sehr aufregend.

Zu unserem Zehnmonatigen war es so romantisch, wie ich es mir immer vorgestellt hatte. Er hatte sein ganzes Zimmer mit Rosen dekoriert, überall standen Kerzen und er hatte Kuschelrock aufgelegt. Irgendwas ganz Ruhiges von Céline Dion. Er hat mich mit Erdbeeren und Schokosoße gefüttert, damit haben wir dann auch ein bisschen an unseren Körpern rumgeschmiert. Am Strand würde ich es ja auch gern mal ausprobieren. Ich glaube, jedes Mädchen stellt sich das vor, mit Meeresrauschen, Sand auf der Haut und all so was. Auch so ein Liebesklischee halt.

Schon nach ein paar Mal mit ihm hatte ich meinen ersten Orgasmus. Er guckt aber auch immer, dass ich auf meine Kosten komme. »Ich will jetzt unbedingt, dass du kommst«, sagt er oft. Seine Einstellung ist: Wenn ich nicht komme, war's für mich nicht gut. Ich sag immer zu ihm: »Für mich kommt es beim Sex nicht drauf an, ob ich komme oder nicht, sondern wie meine Gefühle dabei sind.« Das versteht er aber irgendwie nicht so.

Sex ist für mich ein wichtiger Bestandteil der Beziehung. Ohne Sex kann ich es mir nicht mehr so schön vorstellen. Wir haben von Anfang an auch darüber reden können, was wir wollen.

Ich kann mir gar nicht vorstellen, je mit einem anderen zu schlafen. Er weiß ja jetzt genau, was ich mag. Und er ist genau so, wie ich mir einen Mann wünsche: sehr einfühlsam und zärtlich. Ich lebe ein bisschen in meiner kleinen rosa Traumwelt nach dem Motto: Wir werden später heiraten und Kinder kriegen und so. Das denkt zwar jeder bei der ersten großen Liebe. Ich glaube aber, bei mir ist es dann auch so.

Mit 25 würde ich gerne mein erstes Kind kriegen, einen Jungen, der dann das kleine Mädchen beschützt, das ich zwei Jahre später bekomme. Dann sind wir eine glückliche Familie. Heiraten möchte ich vor den Kindern. Wenn es bei uns hält, bis ich 24 bin, dann bin ich mir auf jeden Fall sicher, dass es nicht mehr kaputtgehen kann. Dann wären wir ja zehn Jahre zusammen. Meine Mama und mein Papa haben ja schon sehr schnell geheiratet damals. Sie durfte vorher nicht bei ihm schlafen.

Harry Potter und American Pie

Marco, 17, Gymnasiast
(Erstes Mal mit 16)

Ich hatte erst einmal Sex, und ich fand's toll. In das Mädchen war ich ziemlich verliebt. Ich habe ihr noch ganz lange hinterhergetrauert. Wir waren schon ein Jahr auseinander, als sich während einer Klassenfahrt ein Mädel aus der Neunten an mich rangeschmissen hat. »Nee, tut mir leid«, hab ich gesagt. »Das geht nicht.« Ich war immer noch in Hanna verliebt.

Sie hat ein paar Wochen nach unserem ersten Mal am Telefon Schluss gemacht. Warum, weiß ich bis heute nicht. Ich habe nie mit ihr darüber reden können. Ich glaube, ihr Vater hatte was dagegen. Er war irgendwie negativ mir gegenüber eingestellt.

Meine Eltern haben sich getrennt, als ich noch ganz klein war. Ich lebe bei meiner Mutter, sie ist Lehrerin, in Brandenburg, nicht weit weg von Berlin. Als ich meine erste Freundin hatte, kam sie zu mir: »Ist es was Ernstes? Habt ihr schon geküsst? Habt ihr schon gefummelt?« »Wir haben uns nur kurz geküsst«, sagte ich. »Na, dann müssen wir ja mal reden ...« Ich: »Nee, brauchen wir nicht, ich weiß das alles schon.« »Wir können es ja ein andermal machen ...« Damit sie Ruhe gab – sie hätte sonst noch weiter rumgestochert –, hab ich gesagt: »Na gut, machen wir's nächste Woche Sonntag.« Dann war's nächste Woche Sonntag. Ich hab's noch gewusst, aber sie hatte es vergessen. Damit war das Thema gegessen. Zum Glück.

Weder zu meiner Mutter noch zu meinem Vater würde ich von mir aus gehen und fragen: »Wie ist das denn so?« Mein Vater kommt immer mal wieder mit dem Thema an. Er macht das aber ganz cool, so nebenbei. »Na, hattet ihr schon?«, hat er mich gefragt, als ich mit Hanna zusammen war. Ich: »Ja.« Er: »Und, wie war's?« Ich: »Wie in *American Pie*.« Er schmunzelte nur, fragte noch, ob wir verhütet hätten, und das war's auch.

Einmal meinte er: »Lass dich bloß nicht verleiten. Da kannst du Probleme kriegen.« Er sei mal einem Mädchen so hinterhergerannt, dass er alles andere vergessen hätte und deshalb sogar einen Job verlor. Sex sei schön, die schönste Nebensache der Welt, aber eben nur eine Nebensache.

Als wir in der sechsten Klasse Sexualkunde hatten, dachte ich: »Mensch, dann ist das ja das, was Mutti und ihr Freund damals im Wohnzimmer gemacht haben.« Ich habe die beiden mal erwischt, als ich noch klein war. Ich wollte mir was zu trinken holen und guckte auf dem Weg in die Küche kurz ins Wohnzimmer. Ich hab sofort wieder weggeguckt und bin zurück in mein Zimmer geschlichen. In dem Schuljahr hat mich ein Kumpel auch gefragt: »Hast du Angst vorm ersten Mal?« Für mich war das damals noch kein Thema, darüber habe ich überhaupt noch nicht nachgedacht. »Nö«, sagte ich deshalb. »Ich hab Angst, dass ich zu früh komme«, meinte er.

In der Oberstufe hatten wir noch mal Sexualkunde. Wenn wir was gefragt haben, dann natürlich nie für uns selber: »Also der Freund einer Freundin hat das und das Problem. Wie ist das denn …?« Einmal stellte unsere Klassenlehrerin eine Box vorne hin: »Wenn jemand noch Fragen hat, kann er die auf einen Zettel schreiben und reinwerfen. In der nächsten Stunde lese ich sie vor, und wir beantworten sie.« Es war kein einziger Zettel drin. Jeder hätte ja mitgekriegt, wenn man da was reingepackt hätte und dann wäre auch nachgestochert worden: »Was haste denn geschrieben?« Da hatte keiner Bock drauf.

Die *Bravo* hab ich nie gelesen. Da bin ich Feind von. Die *Dr. Sommer*-Fragen sind nur nervig. Außerdem ist das wegen dieser vielen Liebesgeschichten eh mehr eine Zeitung für Weiber. Das meiste habe ich von Kumpels, aus dem Fernsehen oder aus dem Internet. Spätabends hab ich mich manchmal ins Wohnzimmer geschlichen und die sexy Clips bei DSF angeguckt. Da habe ich auch zum ersten Mal eine nackte Brust gesehen. Ich fand's toll.

Porno-Clips hab ich mir auch schon angeguckt, wer nicht. Man kann's aber auch übertreiben. Vor Kurzem kam eine Dokumentation auf *Youtube* über einen pornosüchtigen Jungen aus England, der fünf Stunden am Tag Pornos guckt. Das fand ich eklig und abartig.

In der Siebten fingen die Jungs an übers »Keulen« zu reden, sich einen keulen. Als mein Kumpel erzählte, was das ist, habe ich es auch mal probiert. Hey, nicht schlecht, cool, dachte ich. Ich hatte mich dafür im Bad eingeschlossen.

Zu der Zeit ging es auch mit den Mädels los. Mir steckten mal zwei gleichzeitig Zettelchen zu: »Wen magst du mehr, mich oder Saskia?« und »Willst du mit mir gehen? Ja, Nein, vielleicht«. Dass sich zwei für mich interessierten, fand ich natürlich toll. Ist zwar nichts daraus geworden, aber so hat man sich halt schon mal ein bisschen beschnuppert.

Das Mädchen, das ich zum ersten Mal geküsst habe, war eine Stufe unter mir. »Die gefällt mir«, hatte ich mal zu meinen Kumpels gesagt. Daraufhin gingen die zu ihr, meinten, der Marco, der mag dich ganz doll und gaben ihr meine Handynummer. Allerdings ohne mir was zu sagen. Als ich mit meiner Mutter gerade Bahn fuhr, kam eine SMS von ihr: »Hi, hier ist Coco.« Ich wusste erst gar nicht, wer das ist. Die ganze Bahnfahrt schrieben wir SMS, danach war mein Konto leer. Das war die, wegen der mich meine Mutter auf das Thema Sex ansprach. Wir trafen uns ein paarmal nach der Schule. Einmal habe ich sie einfach geküsst. War aber schnell wieder vorbei.

Ein halbes Jahr später, im März 2007, habe ich Hanna über meinen besten Freund aus der Grundschule kennengelernt. Der geht auf die gleiche Schule wie sie in Berlin. Hanna ist zwei Monate älter als ich. Ich war zuerst gar nicht an ihr, sondern an ihrer besten Freundin interessiert. Die schrieb ich über *Jappy.de* an, ob sie nicht mal was mit mir unternehmen wolle. *Jappy* ist eine Community, in der viele Berliner Schüler sind. Als ich merkte, dass ich viel mehr an Hanna interessiert war, hatte sie sich schon in mich verliebt. Da machte sie erst ein bisschen Terror, weil sie eifersüchtig war.

Im Juni, einen Monat vor meinem 16. Geburtstag, waren wir mit der Clique im Kino, in *Harry Potter*. Hanna saß neben mir. In einer besonders gruseligen Szene hat sie sich plötzlich an mich rangeklammert. Wir guckten uns kurz an, und dann haben wir uns geküsst. Im ersten Moment wusste ich nicht, wie ich das machen sollte, so richtig mit Zunge hatte ich noch nicht geküsst, es lief aber irgendwie von selber und war richtig schön. Wir gingen beide voll happy aus dem Kino raus. Ein Kumpel fragte mich nachher: »Wie geht das mit dem Küssen?« Er war ein bisschen scheu. Wie soll man das erklären? »Na, üb doch mal mit deiner Schwester?«, sagte ich zum Spaß. Er hat sie sogar gefragt, sie hat aber dankend abgelehnt.

Hanna und ich fuhren nach dem Kino noch ein Stück mit der Bahn zusammen. Wir saßen eng nebeneinander und kuschelten die ganze Zeit. Ich wollte sie gar nicht mehr loslassen, so toll fand ich das. Da war ich schon schwer verliebt.

Sie war genau mein Typ. Ein bisschen kleiner als ich, mit braunen Haaren und nicht so aufdringlich geschminkt. Das mag ich überhaupt nicht. Ich steh auch nicht auf Fashion-Opfer mit coolen Klamotten. Ganz normal sollen sie sein. Hanna war auch gut in der Schule, das ist mir auch wichtig. Ich will schon ein bisschen was mit Niveau. Ohne herablassend sein zu wollen, aber

Mädchen, die mit Alkoholflaschen in der Hand durch die Stadt laufen, sind nichts für mich. Jugendliche, die sich jedes Wochenende zum Saufen treffen, bei uns am Bahnhof steht auch immer so ein Grüppchen, finde ich total uncool.

Als es wärmer wurde, sind wir zusammen ins Freibad. Wir haben in der Sonne gelegen, geküsst und gekuschelt, auch im Wasser haben wir uns geküsst, das war total schön. Leider musste sie immer früh los, weil sie um 18 Uhr zu Hause sein musste. Da sie im Norden von Berlin, in Pankow, wohnt, packte sie schon um fünf ihre Sachen zusammen. Das war immer heftig für mich.

Die ersten zweieinhalb Ferienwochen hatte sie leider erst mal nicht so viel Zeit, wie ich gehofft hatte. Ihr Stiefvater war ziemlich streng mit ihr. Weil sie eine Vier in Französisch hatte, verdonnerte er sie dazu, den ganzen Stoff des Schuljahres noch mal abzutippen. Als die Lernerei vorbei war, haben wir uns ständig gesehen. Fast jeden Tag. Meist in der Stadt.

In einem Kaufhaus, wir standen gerade auf der Rolltreppe, habe ich sie auf das Thema Sex angesprochen. »Wie ist das denn mit Sex bei dir?«, fragte ich. »Bei mir geht es gerade nicht. Ich hab noch diese Krebsvorsorge, und das geht nur, wenn man noch Jungfrau ist.« Diese Gebärmutterhalskrebs-Geschichte war das. Sie war noch mittendrin in der Behandlung. Im Juli sollte sie ihre letzte Spritze bekommen, danach musste sie noch zwei Wochen warten.

Mit einer guten Schulfreundin habe ich in der Zeit über Hanna geredet. Ich war ganz stolz und zeigte ihr das Foto von ihr bei *Jappy*. »Habt ihr denn schon?«, fragte sie. Ich sagte, nee, und erzählte ihr ganz offen, dass es erst mal nicht geht wegen dieser Behandlung. »Na, dann mal ran, wenn's fertig ist«, sagte sie. »Mal schauen«, meinte ich.

Es war an einem Samstagnachmittag im August, in der vorletzten Ferienwoche. Meine Mutter war nicht da. Wir haben erst ein bisschen geredet, dann zog ich mein T-Shirt aus, holte mir ein frisches und setzte mich zu ihr auf die Schlafcouch. Ich kam gar nicht mehr dazu, das überzuziehen, denn dann fingen wir schon an, uns zu küssen, und plötzlich ging sie an meine Hose ran … Rumgefummelt hatten wir vorher zwar schon mal, aber nur angezogen.

Was Petting ist, hatte ich erst kurz vorher mitbekommen. Ich hatte mich im Pausenraum zu einer Klassenkameradin gesetzt, als die gerade in der *Bravo* blätterte. Ich kiekte kurz mit rein und las das Wort »Petting«. »Was ist denn Petting?«, fragte ich sie. »Wie?! Du weißt nicht, was das ist?« Ich: »Nee, aber ich denke mal das Vorspiel, oder?« Sie: »Ja, genau.« Ich bin daraufhin in ein Internetcafé und hab's unter Wikipedia nachgelesen. Dann wusste ich's ganz genau.

Mit Kondomen kannte ich mich aber schon aus. Ich hatte mir mal welche besorgt und ausprobiert. Deshalb hatte ich ein paar da, als Hanna bei mir war. Nachdem sie das Signal gegeben hatte, hab ich die Führung übernommen. Wie's geht, wusste ich ja schon aus den Porno-Clips im Internet. Ein bisschen Angst hatte ich zwar, es ist ja doch was anderes, wenn man's selber macht. Es ging aber eigentlich ganz locker vom Hocker. Ich war vorsichtig, weil ich ihr ja nicht wehtun wollte. Erst habe ich einen Widerstand gespürt, dann ging's aber. Es hat so ungefähr zehn Minuten gedauert.

Danach wollte ich von Hanna wissen, wie sie's fand. »Cool«, sagte sie nur, »können wir gerne noch mal machen.« Ob es ihr wehgetan hat, weiß ich nicht. Aber ich denk mal, das hätte sie mir gesagt. Als mich die Freundin aus der Schule hinterher gefragt hat, wie's war, habe ich gesagt: »Wie warmer Apfelkuchen.« Sie ist die Einzige, mit der ich ganz offen darüber geredet habe. Sie wollte aber auch alles wissen, die ganzen Details. »Hat sie gesagt, ›mehr‹? Hat sie geschrien? Hast du gemerkt, wie das

Jungfernhäutchen gerissen ist?« Mit Jungs habe ich darüber so extrem nie geredet.

Wir lagen noch eine dreiviertel Stunde im Bett und kuschelten, dann musste sie schon wieder los. Es fiel mir ganz schön schwer an dem Tag, Tschüss zu sagen. Ich hätte sie gerne noch bis ganz nach Hause gebracht, aber das wollte sie nicht. So brachte ich sie nur noch zur Bahn. Wir standen bis zur allerletzten Sekunde zusammen. Bis die Türen zugegangen sind.

Wir haben fast täglich telefoniert, und es waren immer richtig schöne Telefonate. Sie sagte, sie fände mich total toll, weil ich anders sei als die anderen Jungs. Ich würde nicht den großen Macker raushängen lassen, nicht einen auf besonders cool machen. Am Wochenende drauf war sie wieder bei mir. Da kamen wir aber nicht dazu, weil Mutti kam.

Ich wäre auch gerne mal mit zu ihr gekommen, aber das wollte sie nicht. Ich durfte sie immer nur bis zur Straßenbahnhaltestelle bringen, an der sie aussteigen musste. Den Weg nach Hause wollte sie alleine laufen. Ich bot ihr zwar an, dass ich mich mal bei ihrem Vater vorstellen könnte, aber das wollte sie nicht. Keine Ahnung, wieso. Vielleicht durfte sie noch keinen Freund haben. In den zweieinhalb Monaten, in denen wir zusammen waren, war sie auch nur dreimal bei mir, und da war sie immer im Zeitdruck, weil sie pünktlich zu Hause sein musste. Das war schon echt schlimm.

Ende August hat sie Schluss gemacht. Ich weiß bis heute nicht genau, warum. Sie war am Telefon ganz komisch, irgendwie schlecht drauf. »Was ist denn los?«, wollte ich wissen. Sie druckste herum: »Na ja, irgendwie bringt das nicht mehr viel.« »Wie? Was meinst du?« »Na, mit uns beiden.« Ich fiel aus allen Wolken. »Was ist denn mit dir los?« »Es geht nicht mehr.« Da war ich total geschockt. »Kann ich dich denn noch mal anrufen?«, fragte ich. »Na klar.« Dann habe ich aufgelegt und voll das Flennen gekriegt. Eine Woche später fragte ich nach, wie es ihr ginge und was denn nun mit uns sei. »Na ja, das war's«, sagte sie nur. Das war echt heftig für mich.

Als wir uns nach ein paar Monaten wiedersahen – wir waren mit der Clique in einer Schlittschuhhalle –, war sie wie ausgewechselt. Sie tat so, als ob wir nie zusammen gewesen wären. Sie gab mir ein flüchtiges Halloküsschen auf die Wange, aber geredet hat sie mit mir nicht. Wir haben noch ein paar Mal telefoniert, einmal habe ich sie gefragt: »Hast du schon einen Neuen?« »Nee«, sagte sie, »brauch ich jetzt auch nicht wirklich.«

Das erste Mal war toll, und ich freue mich schon aufs zweite. Wenn ich auch ein bisschen Schiss davor habe. Ich habe ja überhaupt keine Erfahrung. Aber es wird ja auch nicht so sein, dass wir nach zwei Tagen schon im Bett liegen. Da brauche ich erst mal ein bisschen Zeit. Später, wenn der Sex mehr Routine ist, ist das ja vielleicht anders.

Ich habe mich wie eine Hure gefühlt

Kathrin, 22, angehende Tischlerin
(Erstes Mal mit 18)
Schwester von Lulu

Ich habe mich mein ganzes Leben lang total ungeliebt gefühlt und habe krampfhaft nach irgendwem gesucht, der mich lieben kann. Und plötzlich war jemand da. Er gab mir, was ich damals dringend brauchte: Aufmerksamkeit. Und weil ich damals dachte, dass ich nur bekomme, was ich will, wenn ich gebe, was der andere will, hatte ich Sex mit ihm. Dass ich ihn so toll fand, lag aber auch an den vielen Medikamenten. Ich war bis obenhin zugedröhnt. Ich war zu dieser Zeit in einem psychiatrischen Krankenhaus. Er war auch Patient dort. Als ich nach vier Monaten rauskam, konnte ich überhaupt nicht mehr verstehen, was ich an dem fand.

Ich bin, was zwischenmenschliche Beziehungen angeht, schon immer ein bisschen gestört gewesen. Einerseits konnte ich keinem so richtig vertrauen. Andererseits war ich aber auch immer wieder naiv genug, blauäugig in irgendwelche Freundschaften reinzurennen und auf Leute reinzufallen. Einerseits will ich viel Nähe, andererseits will ich überhaupt gar keine Nähe. Zumindest nicht so nah, dass man mich zu sehr verletzen könnte. Das liegt an der schwierigen Beziehung zu meiner Mutter. Sie war meine einzige Bezugsperson, meinen Vater habe ich nur zweimal gesehen.

Wenn sie einen guten Tag hatte, dann hatte man seine Ruhe, dann konnte man relativ normal mit ihr umgehen und auch mal Spaß haben. Oft war es aber so, dass man in Deckung gehen musste, weil man ansonsten eine Faust im Gesicht hatte. Sie hat manchmal richtig auf einen eingedroschen, bis man am Boden lag, und dann hat sie entweder noch nachgetreten oder einen an den Haaren wieder hochgezogen. Mit neun stand ich mal auf dem Fensterbrett und hab gesagt, dass ich springe.

Man weiß bei ihr nie, woran man ist. Das ist bis heute so. Man hat nicht das Gefühl, dass sie einen wirklich liebt. Auch wenn sie direkt vor einem steht und sagt: »Ich hab dich so lieb, mein Kind«, glaubt man es ihr nicht. Es ist einfach schon zu viel passiert. Sie hat ihre Kinder permanent im Stich gelassen. Sobald es schwierig wurde, hat sie sich verzogen, und andere mussten sich kümmern. Gerade hat es bei ihr und meiner jüngeren Schwester Lulu geknallt. Sie ist jetzt in eine Krisen-WG gezogen.

Lulu ist von meiner Mutter nicht so schlimm geschlagen worden wie ich. Sie war das Kind, das Liebe bekam und immer bevorzugt behandelt wurde. Sie bekam vor dem Zubettgehen von unserer Mutter einen Gutenachtkuss, ich nur ein läppisches »Schlaf mal schön«. Irgendwann habe ich angefangen, Lulu aus Wut darüber zu schlagen. Da hat sich der Kreis geschlossen. Ich bekam von meiner Mutter Schläge, meine Schwester dann von mir. Es tut mir immer noch wahnsinnig leid, und ich habe mich auch schon oft bei ihr dafür entschuldigt.

Wir sind ständig umgezogen. Brandenburg, Bremen, Jena, Berlin. Meine Mutter ist immer dahin gezogen, wo ihre Freunde lebten. Das waren meist die Freunde ihrer Exfreunde. Ich habe sie als Kind auch öfter mal beim Sex erwischt. Sie hat es im Wohnzimmer auf der Couch mit einem ihrer Freunde getrieben, und nicht nur abends, auch mitten am Tag. Geschockt hat mich das aber nie. Es war halt so.

Die längste Beziehung, die sie hatte, war zu einem Mann in Berlin. Zu dem habe ich auch irgendwann »Papa« gesagt. Er war der Einzige, der uns Kinder nicht nur als Anhängsel unserer Mutter, sondern als seine Kinder angesehen hat. Er hat sich immer auf unsere Seite gestellt und zu ihr gesagt: »So geht das nicht, so kannst du nicht mit deinen Kindern umspringen!« In dieser Zeit hat meine Mutter uns kaum geschlagen.

Kurz bevor ich 14 wurde, trennte sie sich von ihm und kam mit einer Frau zusammen. Irgendwann stand sie in der Waschküche und sagte: »Ich habe mich verliebt.« »Schön«, sagte ich. Sie: »In eine Frau.« Ich: »Ja und wo ist das Problem?« Es war völlig okay für mich. Bis ich merkte, was das für eine war. Lulu und ich haben mal mitbekommen, wie sie meine Mutter in der Küche verprügelte. Dann fing auch meine Mutter wieder bei uns damit an. Einmal kam ich nach Hause, machte die Tür auf und wumms! – hatte ich schon den ersten Faustschlag im Gesicht und ging zu Boden. Da bin ich durchgedreht und hab meiner Mutter auch eine gescheuert. Sie sagte nichts, kam aber kurz darauf zu mir und sagte, ich solle zu meiner Oma ziehen. So war ich weg vom Fenster.

Sie hatte schon oft versucht, mich abzuschieben, hatte meine Oma immer mal wieder angerufen: »Ich komm mit dem Kind nicht mehr zurecht, nimm du es bitte.« Das hat sie mir mal so nebenbei erzählt, als sie in der Küche gekocht hat. Sie hat öfter solche Sachen gesagt. Dann steht man da und denkt: Vielen Dank, das hättest du mir jetzt nicht erzählen müssen, dann hätte es mich nicht treffen können. In solchen Momenten kam ich mir total ungeliebt vor. Sie hat sogar mal erzählt, dass sie mich in den ersten drei Monaten, als ich im Brutkasten lag, kein einziges Mal besucht hat. Das Krankenhaus war vierzig Kilometer von ihrem Wohnort weg, das war ihr zu weit. Wenn man so was hört, fühlt man sich ziemlich beschissen. Wie kann man ein Kind bekommen und sich nicht darum kümmern?!

Als ich zu meiner Oma kam, war ich schon ein sehr zurückgezogener Mensch, immer für mich alleine. Durch das ganze

Theater mit meiner Mutter habe ich niemandem mehr vertraut und ließ andere Menschen nicht mehr an mich rankommen. In dem halben Jahr bei meiner Oma wurde es noch schlimmer, dort fühlte ich mich einsamer und verlorener als je zuvor. Ich kam ja von der Großstadt, Berlin-Köpenick, in ein Zehn-Seelen-Nest irgendwo in Brandenburg. Für mich der absolute Horror, denn dort war Totentanz. Man konnte nichts, aber auch gar nichts unternehmen. Man konnte einmal ums Feld laufen und Kühe sehen. Und wenn man damit fertig war, konnte man die Flecken der Kühe zählen. Das war's. Den Frust fraß ich im wahrsten Sinne des Wortes in mich rein: In dem halben Jahr dort habe ich zwanzig Kilo zugenommen.

Bei meiner Oma wurde mir auch klar, woher meine Mutter ihre Gemeinheiten hat. Meine Oma hat mich mal zwei Wochen lang behandelt, als ob ich Luft wäre, mich nicht angesehen, nicht mit mir geredet, nichts. Zwischenzeitlich habe ich sogar überlegt, ob ich überhaupt noch lebe. Sie hatte von mir verlangt, einen Riesenstapel Kataloge in den Papiermüll zu bringen. Ich sagte, ja, das mache ich. Als ich zweimal laufen wollte, weil der zu schwer war, sagte sie, nein, du läufst nur einmal. Ich wollte nicht, also fing sie an mich zu ignorieren.

Ich habe mich unter den Jugendlichen dort total fehl am Platz gefühlt. Da war keiner, mit dem ich mich irgendwie unterhalten konnte. Die redeten über Mofas. Mofas! In der Stadt haben wir Autos. Mit 14 war ich zwar schon an Jungs interessiert – in Berlin war ich schon öfter mal in einen verliebt gewesen –, auf dem platten Land gab's aber keine, die mich auch nur ansatzweise interessiert hätten. Als ich irgendwann mal einem Klassenkameraden eins mit dem Stuhl übergezogen hatte, weil der mich an den Arsch gefasst hatte, hat sich ohnehin keiner mehr an mich rangetraut.

Ich bin schließlich freiwillig in ein Heim nach Berlin-Lichtenberg gegangen, wo es mir auch gefiel. Die Betreuer waren relativ entspannt. Man konnte machen, was man wollte, so-lange man sich an die Regeln hielt. Man musste zum Essen kommen und abends zu einer bestimmten Zeit wieder drin sein. Leider war's auf der Gesamtschule schlimm, auf der ich dann war. Zum ersten Mal wurde ich gemobbt, weil ich die Neue war. Man redete hinter meinem Rücken über mich, aber so, dass ich es mitbekam, und spuckte mich sogar an. Deshalb fing ich an zu schwänzen.

Im Heim verliebte ich mich wieder. Ich habe ihm das vor ver-sammelter Mannschaft am Essenstisch gesagt, ich war da immer sehr direkt. Er war ein, zwei Jahre älter und hatte rote Haare, das mag ich. Er war erst total geschockt, aber als wir nach dem Essen den Müll runterbrachten, hat er mich einfach im Fahr-stuhl geküsst. Wir hatten viel Spaß zusammen, haben viel geredet und unsere Mitbewohner immer mal geärgert. Wir haben öfter mal Sachen von denen versteckt. Sexuell wollte ich von dem aber nichts, und nach einem Monat war es auch schon wieder vorbei.

Mit 16 hatten die Mädchen in der Schule kein anderes Thema mehr als Sex. Plötzlich war das total wichtig. »Und was hast du am Wochenende gemacht?« »Ich war bei meinem Kerl ...« Allein schon das Wort »Kerl« ist so furchtbar, genauso schlimm wie »Hey Alte, komma!« Die haben total furchtbar geredet, prollig und obszön und immer genau beschrieben, wer wo war und wer was gemacht hat. »Und dann hat er mich von hinten gefickt« und so ein Zeug.

»Hast du schon gefickt?«, haben sie mich auch oft gefragt. Ich sagte immer nur: »Nee, so was mach ich auch nicht.« »Aber das ist doch total normal, das muss man doch.« Ich: »Erstens heißt das Sex oder Geschlechtsverkehr, und zweitens muss ich über-haupt gar nichts. Ich bin nicht dazu verpflichtet. Ich mach es, wenn ich es möchte.« Je mehr die darüber geredet haben, umso uninteressanter wurde das ganze Thema für mich.

Im Heim redete nur ein Mädchen darüber, das aber auch ständig. Sie wollte unbedingt schwanger werden. Mit 16! Wahrscheinlich, weil sie jemanden brauchte, der sie liebt. Sie hatte ständig Freunde, zwischendurch sogar mal zwei gleichzeitig. Schön für die, die Sex und Liebe trennen können, dachte ich immer. Für mich gehörte Sex in eine Beziehung und nirgendwo anders hin. Ich wollte verliebt sein, da musste alles stimmen.

Der nächste Junge, für den ich mich interessierte, lebte auch im Heim. Wir küssten und kuschelten auch mal im Bett, mehr wollte ich aber nicht. Ich hatte zu viel Angst, irgendwas falsch zu machen. Kann ich ihn einfach so anfassen? Soll ich's lieber doch nicht tun? Ist das vielleicht zu viel des Guten? Solche Fragen gingen mir durch den Kopf.

Der erste Zungenkuss mit ihm war eklig, denn er hat gesabbert beim Küssen. Feuchte Küsse mag ich gar nicht, vor allem, wenn ich danach einmal quer übers Gesicht wischen muss. Irgendwann wollte ich ihn nicht mehr küssen, und nach ein paar Wochen war es zu Ende.

Wenn ich etwas über Sex wissen wollte, habe ich eine Freundin im Heim gefragt, von der ich wusste, dass sie Ahnung hat. Die *Bravo* fand ich total bescheuert. »Wen interessiert denn so was?«, dachte ich immer, wenn die Mädchen in der Schule die *Dr. Sommer*-Fragen vorlasen. Die Freundin hat mir immer mal wieder was erzählt. »Anfassen kannst du ihn eigentlich überall, es sei denn, er zieht deine Hand weg«, sagte sie. Oder: »Wenn du irgendwas von ihm willst, kannst du das auch sagen.« Ich dann: »Ich kann doch dabei nicht reden. Dabei muss man doch den Mund halten ...« Ich war in dem Alter noch total unsicher.

Es war zwar ganz viel Neugier da, aber andererseits hatte ich auch wahnsinnig große Angst. Vor allem davor, völlig nackt, wie auf dem Präsentierteller, vor dem anderen zu liegen. Ich mochte meinen Körper überhaupt nicht. Ich fand alles an mir hässlich, angefangen vom kleinen Zeh bis zur letzten Haarspitze. Nur wenn ich gute Tage hatte, habe ich mich gemocht. Die waren aber selten.

Weil ich so oft geschwänzt hatte, bekam ich den Hauptschulabschluss nicht und fing dann bei einem Berufsbildungswerk mit einem berufsvorbereitenden Jahr als Modeschneiderin an. Dort hätte ich meinen Schulabschluss nachholen können, ich schaffte es aber wieder nicht. Wieder zu viele Fehlzeiten. Ich war inzwischen 18 und lebte in meiner ersten eigenen Wohnung. Das Alleinsein war aber genau das Falsche. Weil ich viel über mich nachdachte, zu viel, ging es mir irgendwann richtig schlecht. Immer wieder kamen diese Gedanken: Du bist der letzte Dreck. Du bist total widerlich. Keiner liebt dich. Ich dachte, ich bin der schlimmste Mensch der Welt und eigentlich müsste man mich wegsperren.

Irgendwann hab ich mich allerdings selber da rausgetreten und sagte mir: »So geht's nicht mehr. Es muss was passieren!« Ich ging in die Klinik, in die offene Psychiatrie, in der Hoffnung, dort Hilfe zu bekommen. Das Einzige, was die dort gemacht haben, war aber, mich bis unter die Hutkrempe mit Medikamenten vollzustopfen. Die erste Zeit saß ich da wie der übelste Junkie. Ich zitterte und konnte meinen Kiefer nicht mehr still halten. Ich bekam Beruhigungsmittel, Antidepressiva und was weiß ich noch alles. Alles, von dem sie dachten, dass es helfen könnte. Zuerst meinten sie, ich hätte Depressionen. Weil ich mich aber überhaupt nicht depressiv verhielt – ich saß nicht still und ruhig in einer Ecke, sondern musste ständig was zu tun haben, ständig beschäftigt werden –, mussten sie sich was Neues einfallen lassen und haben das Borderline-Syndrom draus gemacht. Nach dieser Diagnose bin ich voll abgegangen.

Eines Nachts habe ich mich im Bad eingeschlossen und massenweise Schmerztabletten geschluckt. Die hatte ich mir draußen gekauft. Wenn man nicht auf der geschlossenen Abteilung liegt, wird man nicht kontrolliert. Als mir schwindlig wurde, dachte ich: Was machst du hier nur für eine Scheiße ... Ich drückte den Notfallknopf über meinem Kopf, es passierte aber nichts. Er war ausgeschaltet. Mit letzter Kraft hievte ich mich in die Dusche und drückte die Klingel dort. Ich weiß nicht, warum ich das gemacht habe. Vielleicht wollte ich unbewusst diesem Krankheitsbild, dieser Persönlichkeitsstörung, die sie mir aufgedrückt hatten, entsprechen.

Dort in der Psychiatrie habe ich ihn kennengelernt. Er war Koch und doppelt so alt wie ich. Erst habe ich ihn gar nicht wahrgenommen. Dann lief er mal auf dem Gang an mir vorbei. »Wer riecht denn hier so toll?«, sagte ich laut. Da wurde er auf mich aufmerksam und ich auf ihn. Er setzte sich zu mir, und wir redeten und redeten. Ich weiß gar nicht, was ich so toll an dem fand. Im Nachhinein betrachtet war er ein ziemlicher Klugscheißer. Er war der Typ: »Ich weiß alles besser. Ich bin der Größte, der Tollste, der Beste.« Eigentlich die Art Mensch, mit der ich überhaupt nicht zurechtkomme. Aber er gab mir halt das, was ich so dringend brauchte: Aufmerksamkeit. Er hörte mir zu, interessierte sich für mich. Bestimmt haben auch die Medikamente mit reingespielt, dass ich ihn so toll fand. Als ich sie nach drei Wochen nicht mehr genommen habe, habe ich ihn immer ekliger gefunden. Wenn ich ihn dann nur sah, dachte ich schon, oh Gott, nee, geh bloß weg.

Nach einer Woche hatte ich das Gefühl, richtig verliebt zu sein. Eine Woche später hatte ich Sex mit ihm in seiner Wohnung. Wir bekamen regelmäßig Ausgang, gingen mal zu mir, mal zu ihm. Er lebte in einer WG für Suchtkranke in Berlin-Schöneberg. Er war von Medikamenten abhängig, die er mal gegen Schmerzen bekommen hatte. Er wollte mich, das hatte er mir in den zwei Wochen gezeigt. Ich war aber innerlich noch gar nicht bereit für Sex. Ich habe damals den Fehler gemacht, zu denken, dass ich nur bekomme, was ich will, Aufmerksamkeit, Zuneigung, Liebe, wenn ich gebe, was der andere will. In dem Fall war das Sex. Ich habe mich so quasi selber dazu gezwungen, etwas zu tun, was ich eigentlich nicht wirklich wollte. Als es vorbei war, dachte ich dann, jetzt hast du dich selber vergewaltigt. Es war alles richtig beschissen.

Vorspiel gab's nicht. Wir haben uns auch nicht langsam ausgezogen. Es wurde kurz geknutscht, dann ging es in seinem Bett gleich zur Sache. Einmal habe ich gesagt »Nein, nicht weiter«, dann aber gedacht, ach, eigentlich ist es auch egal, eigentlich kann er jetzt auch weitermachen, irgendwann muss ich ja sowieso. Er hat sein Ding durchgezogen. Ich lag einfach nur da und dachte: »Bitte sei bald fertig!« Dabei habe ich die komischen Körner auf der weißen Rauhfasertapete gezählt. Es hat sehr wehgetan und auch ziemlich stark geblutet. Nach rund zehn Minuten ist er gekommen, hat sich zur Seite gerollt und ist eingepennt. Ich bin danach gleich auf die Toilette, habe mich angezogen und bin gegangen.

Ich hab mich wie eine Hure gefühlt. Total dreckig. Total widerlich. Im ersten Moment gab ich ihm die Schuld dafür, später habe ich gemerkt, dass es meine eigene war. Ich hatte mich auf ihn eingelassen und es mit mir machen lassen.

Er wusste nicht, dass ich mein erstes Mal noch nicht hatte. Als er mich am nächsten Tag fragte, ob es normal sei, dass ich blute, sagte ich nur: »Ja, das ist normal.« Ich hatte keine Lust, es ihm zu sagen. Bei mir hat es dann eigentlich die meiste Zeit geblutet. Ob das immer noch so ist, weiß ich nicht. Ich hatte seit drei Jahren keinen Sex mehr mit einem Mann.

Wir haben oft miteinander geschlafen. Immer, wenn er wollte. Wenn er fragte »Schatz, wollen wir?«, sagte ich: »Ja, okay« und ließ es geschehen. Ich lag immer wie eine Schildkröte auf dem Rücken und dachte: Mach halt.

An Verhütung habe ich nie gedacht. Ich habe in diesen Momenten total abgeschaltet. Irgendwie war mir alles egal. Hin und wieder kam zwar der Gedanke: »Was du hier machst, ist total verantwortungslos gegenüber dir selbst«, aber das waren immer nur ein paar Momente. Als er mit der wahnwitzigen Idee kam, mich heiraten zu wollen, war es schon fast vorbei. Ich sagte nur, nee, dafür bin ich noch ein bisschen zu jung.

Nach vier Wochen trennte ich mich von ihm. Da war dann mein Kopf plötzlich wieder klar. Ich merkte, dass ich ihn eigentlich total widerlich fand, dass er mich nervte, dass mir sein ganzer Charakter gegen den Strich ging.

Kurz danach habe ich in der Klinik noch mit einem anderen Mitpatienten geschlafen. Wir haben uns beim Canasta-Spielen kennengelernt. Ich fand ihn ganz witzig. Der Sex war aber auch nichts. Wir waren auf dem Klo, eine Fünf-Minuten-Aktion. Und wieder ohne Kondom. Ich weiß auch nicht, was da mit mir los war. Eigentlich wollte ich ja verliebt sein, bevor ich Sex hatte. Aber in der Zeit habe ich mich aus meinen eigenen Überzeugungen ausgeklinkt. Danach dachte ich: »Wie bescheuert bist du eigentlich?«, und beschloss, mit dem nächsten Mal so lange zu warten, bis ich richtige Gefühle für jemanden hatte, nicht solche Pseudo-»Ich bin jetzt mal verliebt«-Gefühle.

Das kam früher, als ich dachte. In der WG für wohnungslose Frauen, in die ich nach dem Klinikaufenthalt einzog, lernte ich ein ein Jahr jüngeres Mädchen kennen. Mit ihr war ich knapp ein Jahr zusammen. Ich hatte mich davor schon öfter mal in eine Frau verliebt, das erste Mal mit 16. Damals war es aber total merkwürdig für mich, weil ich durch die Freundin meiner Mutter eine so schlechte Erfahrung damit gemacht hatte. Nee, das kannst du nicht machen, das wird bestimmt auch voll schlimm, hatte ich mir gesagt und es bleiben lassen.

Das Mädchen, das ich in der WG kennenlernte, ist lesbisch und hatte schon sexuelle Erfahrung mit Frauen. Mit ihr war der Sex echt toll. Mit ihr bekam ich auch meinen ersten Orgasmus.

Beim ersten Mal allerdings noch nicht. Da war das noch total neu für mich, und ich war unsicher, wusste überhaupt nicht, was ich machen sollte. Da lag ich auch erst mal wie eine Schildkröte auf dem Rücken und dachte: Bloß nichts falsch machen! Später, als ich nicht mehr nachgedacht habe, sondern einfach aus dem Bauch heraus das gemacht habe, wonach mir war, wurde es richtig schön und ich fühlte mich total wohl. Bei ihr habe ich mich auf eine positive Art und Weise selbst vergessen und richtig verloren. Mittlerweile ist sie eine sehr gute Freundin.

In der WG habe ich angefangen, mich um mich selbst zu kümmern. Ich lernte, auch mit Hilfe der Betreuer, auf mich zu achten und auf meinen Bauch zu hören. Darauf, was ich will und was mir gut tut. Die Betreuer bauten mich auf, machten mir Mut, gaben mir Selbstbewusstsein: »Kathrin, du bist nicht so krank und kaputt, wie du von dir denkst, du bist schon ein ganz ordentlicher und anständiger Mensch«, sagten sie.

Vor zwei Jahren bin ich wieder in eine eigene Wohnung gezogen. Ich habe meine beiden Schulabschlüsse nachgeholt, erst den erweiterten Haupt, dann den mittleren und gerade eine Lehre als Tischlerin angefangen. Weil ich dort ständig in Bewegung bin, habe ich schon neun Kilo abgenommen. Mir geht es besser als je zuvor, weil ich angefangen habe, mit meiner Vergangenheit aufzuräumen. Ich habe aber immer noch mein Paket zu tragen. Die Sachen, die ich erlebt habe, räumen sich ja nicht von einem auf den anderen Tag aus der Welt.

Wir sollten keine Geheimnisse haben

Lulu, 18, angehende biologisch-technische Assistentin
(Erstes Mal mit 15)
Schwester von Kathrin

Mit zwölf hatte ich zum ersten Mal bei einem Jungen ein Kribbeln im Bauch. Er war cool, hat manchmal schon geraucht, war im Sportunterricht gut und zu allen immer sehr nett. Deshalb fanden ihn natürlich auch fast alle Mädchen toll. Wegen ihm hab ich mich das erste Mal geschminkt. In Filmen kriegen die toll aussehenden Frauen ja immer alle Männer. Hat bei mir aber nicht funktioniert.

Ein Jahr später habe ich mich auf der Gesamtschule wieder verliebt. Wieder in einen Coolen. Mit »cool« meine ich, dass die Jungs so auftreten, als würden sie wissen, was sie wollen. Mit dem wurde es was. Ich habe ihm auf Zettelchen geschrieben, dass ich ihn süß finde und ob er mit mir gehen wolle, das Allerdümmste überhaupt, so ganz typisch damals. Ich habe den Zettel ganz klein zusammengerollt und nach ihm geworfen. Er hat ihn vom Boden aufgehoben und in die Tasche gesteckt. Abends rief er an. Meine Telefonnummer hatte er von der Klassenliste, die immer an jeden in der Klasse verteilt wurde. Mir schlug das Herz bis zum Hals. Er sagte: »Natürlich will ich mit dir geh'n.« Ab da waren wir zusammen. Wir haben uns auch geküsst, aber bis dahin hat es ein paar Wochen gedauert. Zunächst haben wir uns meist nur angeschwiegen. Es war einfach ein leicht peinliches Gefühl, mit ihm zu reden, wenn die anderen dabei waren. Außer Händchenhalten und hin und wieder mal einem Kuss auf den Mund war aber nichts.

Der nächste kam mit 14. Da war Sex zwar schon im Gespräch. Wir haben aber wirklich nur darüber geredet, wir haben uns beide noch nicht bereit dafür gefühlt. Ich habe ihn auf einem Bolzplatz kennengelernt. Einige Mitschüler von der neuen Schule, auf die ich inzwischen gewechselt hatte, hatten mich dorthin mal mitgenommen. Auf der alten bin ich wegen meiner Diabetes extrem gehänselt worden. Weil ich mich auch in der Schule spritzen muss, haben sie »Fixerbraut« gesagt und lauter so gemeine Sachen. Die Schule galt aber eh als Rabaukenschule.

Auf der neuen, einer Realschule, waren die Leute ganz anders. Ich fand schnell eine Clique und war mit denen oft auf diesem Bolzplatz. Dort habe ich meine ersten Erfahrungen mit Alkohol gemacht.

Von meinem Taschengeld hab ich mir ab und zu mal was gekauft, meist aber kaufen lassen. Bier vor allem, an die ganz harten Sachen, zum Beispiel Wodka, hab ich mich nicht rangetraut. Im Sommer waren wir oft am Kameruner Strand in der Nähe von Friedrichshagen. Das ist ein Teil von Berlin-Köpenick, wo ich damals wohnte. Auch dort tranken wir Alkohol. Ich habe leider mitgemacht – leider, weil ich weiß, dass Alkohol nicht gut ist. Heute trinke ich nur noch zu besonderen Anlässen. Damals hab ich's auch deshalb gemacht, weil es einen Gruppendruck gab. Wir waren laut, haben rumgeschrien, sind rumgetollt wie kleine Kinder. Eigentlich waren wir ja auch noch Kinder.

Er war leidenschaftlicher Fußballspieler, hatte leicht unreine Haut, blaue Augen und kurze, dunkelblonde Haare. Breite Schultern hatte er nicht, er war ein bisschen schmaler, aber Muskeln hatte er schon, an den Armen und Beinen auf jeden Fall. Ich fand vor allem seine Sommersprossen niedlich. Die waren überall, an den Knien, an den Waden, den Armen und im Gesicht. Ich sah zu der Zeit aus wie ein Schminkkasten. Vom dem Tag an, als ich zum ersten Mal auf den Bolzplatz geschleift wurde, habe ich mich so richtig gestylt, mit Wimperntusche, Lidschatten, Kajal, Rouge. Dazu kamen glitzernde Spangen in die Haare. Röcke habe ich zu der Zeit noch nicht so oft getragen. Das fing erst mit fünfzehn so richtig an.

Ich habe mich viel mit ihm unterhalten, und wir haben auch öfter mal telefoniert. Manchmal schrieben wir uns bei *Jappy.de*, damit fing er an. »Ich find dich voll niedlich«, mailte ich und er dann auch. Wir haben uns niedliche Bildchen geschickt, Herzchen, Regenbogen und so was. Er war fünfzehn, genau ein Jahr älter als ich.

Als wir im Sommer mit der ganzen Gruppe mal auf dem Köpenicker Sommer waren, einem großen Bezirksfest mit Rummel und Autoscooter, haben wir uns zum ersten Mal geküsst. Das war sehr, sehr aufregend. Nach dem Feuerwerk sind er und ich zusammen gegangen. Wir mussten über eine Brücke, er am Ende in die eine, ich in die andere Richtung. An der Gabelung blieben wir stehen, schauten uns an – und küssten uns. Auf einer Bank in der Nähe haben wir dann so richtig rumgeknutscht. Wir mussten danach gar nicht mehr sagen: »Willst du mit mir gehen?« Das war damit beschlossene Sache. Das Thema Sex haben wir in der Anfangszeit aber nie angesprochen.

Alle anderen hatten schon ihre Erfahrungen gemacht. Sie erzählten jedenfalls alle ganz offen, wie ihr erstes Mal war, dass Sex total geil sei und dass sie nicht mehr ohne leben könnten. Das war ein großes Problem für mich, denn ich bekam das Gefühl, alle hätten schon Sex gehabt außer mir. Er hatte allerdings auch noch nicht. Wenn mich jemand fragte: »Hattest du schon dein erstes Mal?«, habe ich probiert, das Gespräch so gut wie möglich abzubrechen, damit nicht auffällt, dass ich noch nicht hatte und überhaupt keine Ahnung hatte, wie es ist. Ich wusste zwar, was passiert, wie das geht, was auch immer, aber eben nicht, wie es wirklich ist.

Als ich fünfzehn wurde, war ich schon ein halbes Jahr mit ihm zusammen. Er hat mich nie gedrängelt. Eines Tages, kurz nach meinem Geburtstag, lagen wir auf seinem Bett und knutschten. Dann kamen wir ins Gespräch. Wir haben beide gesagt, wir wollen uns ganz viel Zeit lassen – die Zeit gab's dann aber nicht, weil wir anfingen, uns nur noch zu streiten. Über ganz unsinniges Zeug. Dass er keine Zeit mehr für mich hat, dass ich ihn vollzicke, solche Sachen. Schließlich trennten wir uns, bevor überhaupt irgendwas passieren konnte.

Dann kam Willi. Ein Junge aus unserer Gruppe hatte ihn mit auf den Bolzplatz gebracht. Mit ihm hatte ich mein erstes Mal. Heute ist er mein bester Freund. Es ging sehr schnell mit uns. Nach zwei Wochen sagte ich ihm, dass ich ihn voll toll finde, dass ich verliebt in ihn sei, dass ich nicht mehr ohne ihn sein möchte. Die Situation an dem Tag war aber erst mal nicht so schön. Ich hatte mich von der Gruppe abgesondert, um nachzudenken. Ich hatte ein bisschen Liebeskummer, weil ich nicht wusste, ob er mich genauso mochte wie ich ihn. Irgendwann fing ich an zu weinen. Das bekam er mit und ging zu mir, um zu fragen, was los sei. Da habe ich es ihm gestanden. Das heißt, erst habe ich gesagt: »Es ist nichts.« Dann hat er gesagt: »Aber du weinst doch!« »Tu ich gar nicht«, habe ich geantwortet und mir trotzig die Tränen weggewischt. Das ist ja jetzt total dämlich. Das sieht der doch, dachte ich noch bei mir. Irgendwie kriegte er mich dazu, dass ich rede, und dann hab ich's einfach gesagt: »Ich liebe dich, und ich will nicht mehr ohne dich ...« Er schaute mich kurz an, nahm mich in den Arm und küsste mich.

»Was ist denn jetzt mit euch?«, fragten ein paar Tage später einige aus der Gruppe. Wir standen wieder am Bolzplatz, Willi war auch dabei. Ich zuckte nur mit den Achseln und ging mit einem Mädchen ein Stück weg. Die anderen redeten dann ein bisschen auf ihn ein. Er wollte auch mit mir zusammen sein, hat sich aber nicht getraut, zu fragen. Er war genauso unsicher wie ich. Schließlich kam er zu mir und fragte mit einem schiefen Lächeln: »Willst du mit mir gehen?« Obwohl ich den Satz eigentlich total doof und peinlich finde, hab ich Ja gesagt. In dem Moment war mir alles egal. Er hätte sonst was sagen können. Wir küssten uns wieder, und da war ich dann natürlich total happy.

Eine Woche später durfte ich schon bei ihm übernachten. Meine Mutter hat mich sogar zu ihm gefahren. Sie hatte ihn schon vorher flüchtig kennengelernt, als er bei uns zu Besuch war und fand ihn sehr nett. Seine Eltern waren auch da. Die Mutti war ganz aufgeschlossen, lieb und zuvorkommend. »Was wollt ihr denn machen?«, »Wollt ihr nicht den Film gucken?«, »Oder möchtet ihr nicht vielleicht das machen?«, »Worauf habt ihr Lust?«, »Wollt ihr etwas essen?«, fragte sie. Das war aber nur die ersten zehn Minuten so, dann war sie ruhig, weil wir uns in sein Zimmer verzogen. Es war ein typisches Jungszimmer. Wer sehr pingelig ist, würde es chaotisch nennen. Überall lagen Fahrradhelme, Werkzeuge und irgendwelche Kleinteile herum. Auf einem Stuhl lag die ordentlich zusammengelegte Wäsche, die seine Mutti ihm reingelegt hatte. An der Wand hing eine halbnackte Frau. »Nur wegen dem Auto«, sagte er. Sie räkelte sich davor. Irgendwann – wir waren insgesamt anderthalb Jahre zusammen – hat er das Poster abgenommen.

Über Sex hatten wir nicht geredet. Er dachte von mir, ich hätte schon, und ich dachte das Gleiche von ihm. Wir haben erst eine Weile geredet, und er zeigte mir ein paar Bilder, die er gemalt hat. Er konnte gut Figuren malen, jetzt lernt er Maler und Lackierer. Dann haben wir rumgebissen, also mit Zunge geknutscht. Dass es auf mehr hinauslaufen würde, war irgendwie schnell klar. Ich dachte so bei mir: Er hatte sein erstes Mal schon, da wird er ja wissen, was er macht. Ich dachte, so wie der redet, hat er garantiert schon. Wenn seine Kumpels dabei waren, hat er immer einen auf ganz toll gemacht. Ich bin der Größte, und ich kann jedes Mädchen haben, so in der Art.

Als er anfing mich auszuziehen, war ich erst mal ein bisschen schockiert. Es war ja das erste Mal, dass mir jemand so nahe kam. Da ich aber extrem verliebt war, habe ich nichts gemacht und es geschehen lassen. Mir war sehr seltsam zumute, weil ich das ja nicht kannte. Er zog sich auch aus. Zuletzt hatte er seine Boxershorts an, ich gar nichts mehr. Es war eigentlich ein Problem für mich, so nackt vor ihm zu liegen. Ich hab mich ziemlich geschämt zu der Zeit, weil ich nicht so aussehe wie die im Fernsehen. Ich bin nicht gerade die Dünnste. Da wir die ganze Zeit kein Licht anhatten und es sehr dunkel war, ging es aber. Andernfalls wäre ich jetzt wohl immer noch Jungfrau oder mein erstes Mal wäre erst viel später gewesen.

An Kondome hatten wir beide gedacht. Die Pille habe ich damals ja noch nicht genommen. Ein richtiges Vorspiel gab es nicht. Streicheln halt, wenn man das als Vorspiel betrachten will. Ich hatte ein bisschen Angst, dass es wehtut, weil alle das gesagt hatten. Es hat aber nicht wehgetan. Er war ja auch ganz vorsichtig. Mittendrin fragte er, ob's wehtut. Ich sagte, »nee«. Ich hab nicht wirklich viel gespürt, vielleicht ein leichtes Kribbeln im Bauch, aber das war wegen der Aufregung. Denken konnte ich an gar nichts. In meinem Kopf war nur Leere, einfach alles weg. Danach habe ich mich gut gefühlt, zufrieden, glücklich. Weil er mir so nah war, wie niemand sonst mir vorher nah war.

Ganz ehrlich: Er wirkte, als wüsste er genau, was er da tut. Erst, als wir ein halbes Jahr zusammen waren, kam es raus. Ich meinte zu ihm: »Du, ich muss dir was sagen. Es ist nicht gut, wenn ich Geheimnisse vor dir habe. Du, weißt du noch, als wir das erste Mal miteinander geschlafen haben? Das war mein allererstes Mal.« Er war total schockiert und guckte mich deshalb ganz lange einfach nur an. Es entstand ein peinliches, bedrückendes Schweigen. Dann meinte er: »Wenn wir wirklich keine Geheimnisse voreinander haben sollen: Das war auch mein erstes Mal.« Im ersten Moment war ich ein bisschen sauer, irgendwie habe ich mich betrogen gefühlt. Andererseits hatte ich es ihm ja auch nicht gesagt. Er meinte, dass er es mutig fand, dass ich es als Erste zugegeben habe.

Damals lagen wir noch kurz nebeneinander, dann setzte ich mich auf und fragte: »Darf ich mir was anziehen?« Ich weiß nicht, wie er geguckt hat, es war ja dunkel, aber seine Stimme klang wie: »Häää? Jaa.« Nach dem Motto: Ich kann's dir ja nicht verbieten. Ich zog also meine Boxershorts und mein Top wieder an. Ich hab mich so ganz nackt einfach extrem unwohl gefühlt. Ich fand mich lange fett und dachte: Dem muss doch schlecht werden! »Findest du mich zu dick?«, habe ich ihn oft gefragt. Er sagte darauf immer nur: »Nein, überhaupt nicht. Ich find dich toll, so wie du bist.« Das hat mir aber nichts genützt. Wenn man einmal davon überzeugt ist, ist es schwer, das wieder aus dem Kopf rauszukriegen.

Aneinandergekuschelt lagen wir noch eine Weile zusammen. Er war schon längst eingeschlafen, da starrte ich immer noch an die Decke und überlegte: Was ist eigentlich gerade passiert? Und: Ach, Mensch. Und: Hmm … ja … war ganz okay. Hab's mir zwar ein bisschen anders vorgestellt, aber na ja. Weil meine Freundinnen so davon geschwärmt hatten, dachte ich, dass Sex was ganz Tolles sein muss. Sie hatten ja immer erzählt, dass sie ohne nicht mehr leben könnten und dass es das Wichtigste in einer Beziehung sei. Jetzt wunderte ich mich, wovon die erzählt hatten, und fragte mich, ob ich vielleicht irgendwas falsch gemacht hatte.

Am nächsten Morgen fühlte ich mich extrem reif und hatte ein ganz anderes Selbstwertgefühl. Ich fand, dass ich mich verändert hatte, und dachte über die anderen aus meiner Gruppe:

Sind die ein bisschen blöd, dass die das nicht mitbekommen? Mir fiel dann aber auf, dass ich mich nach außen gar nicht so sehr verändert hatte. Es war nur ein inneres Gefühl. Nur meiner besten Freundin habe ich es erzählt. Sie ist zwei Jahre älter als ich und hatte ihr erstes Mal schon lange vor mir. Bei ihr hatte es auch nicht wehgetan, dafür aber beim zweiten Mal richtig doll. Bei mir hat es nie wehgetan.

Nach ein paar Wochen konnten wir offen über unsere Wünsche reden und haben auch alles Mögliche ausprobiert: im Stehen, von hinten und beide auf der Seite liegend, also Löffelchen. Womit ich lange nicht klarkam, war, oben zu sein. Obwohl ja eigentlich er mir dann ausgeliefert ist, habe ich mich selbst ausgeliefert gefühlt. Er braucht ja nur hochzugucken und sieht mich. Trotzdem haben wir ziemlich oft miteinander geschlafen. Das war schon ein wichtiger Punkt. Ich habe sehr viel bei ihm übernachtet, und dann hatten wir auch immer Sex.

Im Herbst 2007, da waren wir fast ein Jahr zusammen, ist er fremdgegangen. Ich habe es aber erst Monate später auf dem Geburtstag eines Freundes erfahren. Der war betrunken und hat's mir erzählt. Er meinte: »Ihr seid ein schönes Paar. Er hat doch keine Geheimnisse vor dir, oder?« Ich meinte: »Nee, wieso? Wir haben keine Geheimnisse voreinander.« Er: »Na, frag ihn mal!« Habe ich aber nicht, weil ich mich nicht getraut habe. Ich überredete seinen Kumpel, dass er es mir erzählt. Es war ein Mädchen, das schon einige Jungs aus der Clique gehabt hatte. Wir waren an dem Abend, als es passierte, vorher bei Willi gewesen. Ich musste früher gehen. Sie war die Letzte, die noch da war.

Ich war total entsetzt, verstört und hab ganz doll geweint. Eben auch, weil er der Erste war, mit dem ich geschlafen habe. Das hat in dem Augenblick eine Rolle gespielt, weil er mir so nah gewesen ist wie niemand sonst vorher und ihm plötzlich jemand anderes so nah kommen durfte wie ich. Damit hatte ich ein ex-

trem großes Problem. Am nächsten Morgen bin ich zu ihm gefahren. Er schlief noch. Ich hab ihn geweckt und ihm den Namen
des Mädchens an den Kopf geknallt: »Na, wie war's mit Angie?«
Er versuchte erst gar nicht, sich rauszureden. Er guckte mich kurz
an, noch völlig verschlafen, und fing dann an, zu weinen. Er hat
mir richtig leidgetan. Er sagte, dass es wegen dem Alkohol war,
dass er es total bereue und dass er deshalb die ganze Zeit schlecht
drauf sei, weil er immer daran denken müsse. Ich bin dann erst
mal abgezogen und habe ihn voll kaltherzig da sitzen lassen.

Zwei Tage lang überlegte ich, was ich machen soll. Ganz viele
Freunde sagten: »Mach Schluss, der ist es nicht wert.« Aber ich
hatte meine eigene Meinung. Ich sagte zu ihm: »Wir schaffen das
zusammen, wenn du mir versprichst, so was nie wieder zu machen.« Nach zwei Wochen habe ich aber doch Schluss gemacht.
Ich wollte nicht mehr, dass er mir nahe kommt. Ich dachte, dann
tut es umso mehr weh, wenn er wieder was mit jemand anderem
hat. Er ist mir noch eine Weile hinterhergerannt. »Wenn, dann
nur Freundschaft«, sagte ich. Das wollte er aber nicht: »Entweder
sind wir zusammen oder wir treffen uns gar nicht mehr.« Später
kam er von sich aus auf mich zu und meinte, das sei voll unsinnig
von ihm gewesen. Er hätte nicht darüber nachgedacht, er wolle
mit mir befreundet sein. Seitdem sind wir wie Pech und Schwefel.

Nach ihm kam Philip. Wir haben uns im Mai 2008 im Jugendclub Mellowpark kennengelernt. Ich lebte mit meiner Mutter zu
der Zeit in Schöneweide. Er hat sich am Schlagzeug ausprobiert,
und wir kamen ins Gespräch. Ich habe mich sehr schnell in ihn
verliebt, weil er intelligent war und man mit ihm gut reden konnte. Weil er gerne BMX fährt, bin ich jeden Tag in den Skateboard-
park gegangen, der zum Jugendclub gehört. Ich habe immer
darauf gehofft, dass er auch dorthin kommt, damit ich später
mit ihm zusammen nach Hause laufen konnte. Er hatte fast den
gleichen Weg. Irgendwann haben wir uns auch mal so getroffen,

nur wir zwei. An dem Tag nahm er mich mit nach Hause und stellte mich seiner Mama vor. Sie wusste schon, dass er in mich verliebt war. Er hatte es ihr erzählt.

Wir saßen auf seiner Couch und haben eine Weile mit Schubsen und Abkitzeln herumgealbert, bis er mich plötzlich küsste. Inzwischen muss er gewusst haben, dass ich ihn auch toll fand. Ich hatte seinen besten Freund ja ständig damit gestresst. Wir haben eine schöne Zeit miteinander verbracht und hatten auch Sex. Der war ganz anders als mit Willi, weil Philip, obwohl er schon achtzehn war, sein erstes Mal noch nicht hatte. Er war so nervös, dass er richtig doll gezittert hat.

Wir hatten vorher einen Film auf DVD geguckt, ich glaube, es war *Tatsächlich Liebe*. Viel haben wir davon allerdings nicht mitbekommen. Wir fingen an, rumzuknutschen und zogen uns gegenseitig aus, bis wir nur noch in Unterwäsche dalagen. Als ich irgendwann auf ihm draufsaß – inzwischen habe ich damit kein Problem mehr –, meinte er zu mir: »Äh, du, ich muss dir was sagen. Ich habe da noch nicht so viel Erfahrung.« Ich: »Wie, noch nicht so viel Erfahrung?« Er: »Na ja, ich bin noch Jungfrau.« Ich: »Na, ist doch nicht so schlimm.« Ich wusste es ja eh schon, von seinem besten Freund. Man merkte, dass es ihm peinlich war. Ich fand das aber gar nicht so schlimm, ich fand's sogar besser. Lieber später als viel zu früh. Trotzdem war's schon komisch. Ich wollte nichts falsch machen, weil er eben noch Jungfrau war. Nicht, dass er total entsetzt ist oder ein schlechtes Gefühl dabei hat.

Er lag da wie ein Brett und ist viel zu früh gekommen, schon nach drei, vier Minuten. Das war ihm auch extrem peinlich. »Das ist überhaupt gar nicht schlimm«, sagte ich. Ich fand's auch nicht schlimm. Obwohl ich selbst nicht viel Spaß dabei hatte, habe ich mich gut gefühlt, weil ich ihm nahe war. Das war wieder diese Nähe-Geschichte. Mir geht es beim Sex nicht um die Orgasmusbefriedigung, sondern um das Gefühl, das einen befriedigt, weil man diesem Menschen dann so extrem nah sein kann.

Philip und ich waren vier Monate zusammen, von Mai bis August. Zuletzt hatten wir oft Streit, weil wir in vielen Dingen unterschiedlicher Meinung waren. Wir haben uns auch einfach zu oft gesehen, fast jeden Tag. Den gleichen Humor hatten wir auch nicht, das war auch ein Problem. Als er Schluss machte, sagte er, er würde gerne mit mir befreundet bleiben. Wir haben auch noch eine ganze Weile regelmäßig miteinander telefoniert. Inzwischen haben wir leider keinen Kontakt mehr. Ich trauere ihm immer noch ein bisschen hinterher.

Ich hab mir im Nachhinein gewünscht, mein erstes Mal mit ihm gehabt zu haben. Wir haben wirklich über alles reden können. Das war bei Willi nicht so. Heute weiß ich, dass es nur dann funktioniert, wenn man sich vertraut, ehrlich zueinander ist und miteinander reden kann. Ohne Reden geht gar nichts. Willi und ich sind auch oft unsere eigenen Wege gegangen. Mit Philip dagegen habe ich fast alles zusammen gemacht. Ich habe ihm einen extrem großen Einblick in mein Leben verschafft und er mir in seins. Ich war auch oft bei Familienfesten von ihm. Da saßen alle an einem Tisch, voller Harmonie. So was kannte ich vorher gar nicht, weil meine Familie ein chaotischer Haufen ist.

Mit Philip war auch der Sex besser. Und bei ihm war ich mir sicher, dass er nicht fremdgehen würde. Im Laufe der Beziehung habe ich mitbekommen, dass er es auch überhaupt gar nicht könnte, weil er halt so erzogen wurde. Er ist ein extrem treuer Mensch. Bei Willi war das ja leider nicht so. Damals habe ich gar nicht darüber nachgedacht, dass er nicht treu sein könnte. Das war ein Fehler, sonst hätte ich das vielleicht sogar schon früher erkannt. Vielleicht war die Beziehung zu Philip aber auch deshalb besser, weil ich reifer war. Eigentlich war ich bei Willi ja noch ein Kind.

Sex ist für mich vor allem deshalb wichtig in einer Beziehung, weil man dadurch eine ganz besondere Nähe zueinander hat. Große Experimente brauche ich nicht. Stellungswechsel gehören dazu, ich muss aber keine Sexspielzeuge ausprobieren und auch keine anderen Orte haben. Alles, was sich woanders als im Bett abspielt, kostet mich extreme Überwindung. Mit Willi hatte ich mal auf dem Hausboot von Verwandten Sex. Da war Nervenkitzel dabei, weil uns ja jemand hätte erwischen können. Ich brauche so was aber nicht, weil es mir eben nicht rein um den Sex geht.

Ich finde, Sex gehört in die eigenen vier Wände, wo keiner zuguckt und zuhört. Es ist etwas ganz Besonderes, ganz Persönliches zwischen mir und meinem Freund. Ich würde mich auch nie in meinem Freundeskreis hinstellen und sagen: Ich habe das und das und das schon gemacht.

Ich fand's total schrecklich

Julia, 17, Fachabiturientin
(Erstes Mal mit 14)
War mit Nadine und Lisa befreundet

Ich habe mich beim ersten Mal breitschlagen lassen. Ich wollte ihm einen Gefallen tun. Das war ein Fehler. Wenn ich gewusst hätte, was in der Zukunft noch alles passiert, hätte ich mich wahrscheinlich überhaupt nicht auf ihn eingelassen.

Noch während wir zusammen waren, hat er mit meiner Cousine rumgeknutscht und meine beste Freundin angemacht. Zwei Freundschaften sind seinetwegen kaputtgegangen, und das Vertrauen in Jungs hatte ich nach der Geschichte mit ihm auch erst mal verloren.

Bei meiner Schwester, sie ist 13, passe ich auf, dass es bei ihr nicht so läuft. Sie kommt oft zu mir, wenn sie Fragen hat. Zum ersten Mal hat sie mich zwar noch nichts gefragt, aber das kommt bestimmt noch. Sie hat einen Freund, der ein Jahr älter ist als sie. Wenn sie so weit ist, mit ihm zu schlafen, dann würde sie mir das auch erzählen.

Wenn ich Fragen hatte, bin ich zu meinen Cousinen gegangen. Wie das ist, wenn man seine Tage bekommt, wollte ich mal wissen und ob das erste Mal wehtut. Meine Cousine hat mir immer davon vorgeschwärmt. Sie erzählte, dass es lange gedauert hätte und total zärtlich war und überhaupt nicht wehgetan hätte. Sie fand es toll, aber sie war mit dem Typen auch schon eine ganze Weile zusammen, viel länger als ich mit meinem ersten Freund. Ich habe deshalb natürlich gehofft, dass es bei mir auch so sein würde. War es dann aber nicht.

Ich war in unserer damaligen Clique die Erste, die mit einem Jungen Sex hatte und musste alles erzählen. Die anderen waren ziemlich geschockt über meine Geschichte. Ich habe es am schlimmsten von allen erlebt.

Er war eineinhalb Jahre älter als ich und wohnte in der Nachbarschaft. Wir haben uns lange nur gegrüßt. Erst als ich mit meiner kleineren Cousine den Jungs mal beim Fußball zugeguckt habe, haben wir länger miteinander geredet. Er fand mich schnell ganz toll und verliebte sich in mich. Ich fand ihn erst nur ganz nett. Er war überhaupt nicht mein Typ, blond mit blauen Augen. Ich stehe eher auf die dunkelhaarigen Jungs. Man konnte allerdings richtig viel Spaß mit ihm haben, und das hat mir gefallen. Wir waren oft mit mehreren im Kino oder haben manchmal Klingelstreiche bei uns in der Straße gespielt.

Meine Cousine hat uns quasi zusammengebracht. Sie war mit ihm befreundet und hat ihn mal gefragt, wie er mich denn fände. Als er sagte »Ganz toll!«, meinte sie, dass ich ihn auch sehr nett fände und wir beide dann jetzt also zusammen wären. Als sie mir das erzählte, war ich total sauer auf sie. Ich war ja überhaupt nicht in ihn verliebt.

Es hat sich dann aber so ergeben, dass ich ständig mit ihm zusammen war. Obwohl er auf einer anderen Schule war, hat er mich morgens immer zu meiner Schule gebracht und auch wieder abgeholt. Und er hat mir beim Lernen geholfen. Als ich ihn kennenlernte, war ich sehr schlecht. Durch ihn bin ich aber total gut geworden. Er hatte den ganzen Stoff ja schon durch.

Nach zwei Wochen war ich auch verknallt, zwei Monate später haben wir uns zum ersten Mal geküsst. Er stand direkt unter meinem Fenster auf einer Mauer und beugte sich zu mir hoch. Das war so ein bisschen wie bei Romeo und Julia auf dem Balkon. Wir haben uns aber nur kurz auf die Lippen geküsst, erst einen Tag später auf dem Spielplatz dann richtig mit Zunge.

Ich weiß noch, dass plötzlich überall Polizei war. Keine Ahnung, was die da gemacht haben. Jedenfalls sind alle Leute hingerannt, um zu gucken, außer wir beide. Er saß auf der Bank und ich auf seinem Schoß. Toll fand ich es nicht. Es war irgendwie eklig, und ich wünschte mir, dass die Erde aufgeht und ich darin versinke. Es war mir auch total peinlich, weil ich Angst hatte, dass uns jemand gesehen haben könnte.

Wir haben in den Wochen danach viel Petting gemacht, hatten aber beide immer noch etwas dabei an. Sobald er mehr wollte, habe ich abgeblockt. Irgendwann fragte er mich, ob ich mit ihm schlafen würde. Das ging mir zu schnell und ich sagte: »Nein, das will ich nicht. Das ist mir zu früh.«

Dass er schon mal hatte, wusste ich, aber nicht mit wem. Ich habe zwar immer wieder nachgefragt, weil ich es gern wissen wollte, aber er hat mir nie einen Namen gesagt. Dann erzählte sein Nachbar, wer es war. Ein Mädchen aus meiner Klasse. Ich war ziemlich sauer, dass er mir das nicht selbst gesagt hat.

Er fragte immer und immer wieder, ob ich mit ihm schlafen würde. Und ich sagte immer wieder, dass er mich in Ruhe lassen sollte, dass ich noch nicht bereit sei. Er hat aber einfach nicht aufgehört. Weil es mir irgendwann total auf die Nerven ging, habe ich mich breitschlagen lassen und es gemacht. Ich hatte gehofft, dass er mich danach erst mal in Ruhe lässt. Das war kurz vor meinem Geburtstag, im Juli 2006. Da waren wir drei Monate zusammen.

Es war in meinem Zimmer. Ich habe mich die ganze Zeit über total unwohl gefühlt. Ich hatte zwar gesagt »Ja, mach doch«, war mir aber überhaupt nicht sicher, ob ich es wirklich wollte und dachte das auch währenddessen. Ich lag einfach da und habe ihn machen lassen. Es hat sehr wehgetan und auch geblutet, er war ja auch nicht gerade vorsichtig. Dann passierte es – das Kondom platzte! Es war der totale Horror für mich, denn ich habe damals die Pille noch nicht genommen. Ich hätte zwei Tage später meine Tage bekommen sollen und dann erst damit anfangen können.

Ich war völlig fertig und habe geheult. Er war auch ziemlich geschockt und saß hilflos neben mir. Ich habe ihn dann erst mal nach Hause geschickt und bin zu meiner besten Freundin Nadine gelaufen. Sie hat mich beruhigt und auf mich eingeredet, dass bestimmt nichts passiert sei und alles gut werden würde. Wir wussten damals beide nicht, dass ich zu dem Zeitpunkt gar nicht schwanger werden konnte.

Die nächsten Tage waren schlimm. Das war ein ständiges Warten auf irgendwas, ich bin fast wahnsinnig geworden. Kurz vor meinen Tagen hatte ich sonst immer richtig Bauchschmerzen. Dieses Mal nicht. Da wurde ich noch panischer. Am fünften Tag wachte ich morgens auf und hatte sie. Meine Mutter weiß das alles bis heute nicht.

»Nie wieder Sex!«, dachte ich in der Zeit. Ein paar Wochen später war es doch wieder so weit. Ich hatte ja gedacht, nach dem ersten Mal würde er erst mal Ruhe geben. War aber nicht so. Im Gegenteil. Danach kam er jeden Tag an und wollte. Dann hab ich's halt wieder gemacht. Das zweite Mal war anders. Es tat nicht mehr weh, und da ich die Pille nahm, habe ich mich sicherer gefühlt und konnte ein bisschen entspannen.

Obwohl er es nicht wollte, habe ich darauf bestanden, dass wir zusätzlich ein Kondom benutzen. Ich fand nämlich seine erste Freundin komisch, die sah ein bisschen asozial aus. Es ging wieder sehr schnell, dauerte auch nur ein paar Minuten, und er ist auch dieses Mal überhaupt nicht auf mich eingegangen. Das war eigentlich immer so. Ich habe ihm mal gesagt, dass mir das voll auf die Nerven geht. Aber da hat er nie was zu gesagt.

Meine Freundinnen fanden es total scheiße, wie er drauf war. Dass er es so schnell gemacht hat und überhaupt nicht zärtlich war. Sie hatten von anderen Mädchen gehört, bei denen es lange gedauert hat und richtig schön war. Ich denke mal, dass sie auch wegen meiner schlimmen Geschichte erst viel später als ich mit Jungs geschlafen haben.

Wir waren acht Monate zusammen. Nach dem ersten Mal habe ich mich noch fünf Monate nerven lassen, dann hab ich Schluss gemacht. Als ich mit meiner Familie im Urlaub war, hatte er was mit meiner Cousine. Ich war gerade mal fünf Stunden weg, als die beiden mit anderen zelten gingen und dann rummachten. Das muss man sich mal vorstellen. Sie haben nur rumgefummelt und geknutscht, aber das reicht ja schon.

Ein, zwei Wochen später, ich war immer noch weg, hat er sogar meine beste Freundin Nadine angebaggert. Als ich zurückkam, hat sie mir das erzählt. Sie hat ihn aber abgeblockt. Dafür bin ihr heute noch dankbar. Ich wäre total ausgerastet, wenn mein Freund was mit meiner besten Freundin gehabt hätte. Ich bin ja schon ausgerastet, als ich erfuhr, dass er mit meiner Cousine rumgemacht hatte, die uns vorher zusammengebracht hat. Ich habe lange damit gekämpft und versucht, das zu verarbeiten, denn ich mag meine Cousine eigentlich sehr gern.

Mein zweiter Freund war äußerlich total mein Typ, er hatte dunkle Haare und war Halbfranzose. Mit ihm verstehe ich mich immer noch gut, er wohnt nur zwei Straßen weiter. Er hatte mir in einem Brief geschrieben, dass er sich in mich verliebt hätte, in letzter Zeit oft an mich denken würde und sich mit mir treffen möchte. Das fand ich süß. Zwei Wochen nach dem Brief waren wir schon zusammen. Es hielt aber nur eineinhalb Monate. Ich habe ihm nicht vertraut. Nach der negativen Erfahrung mit meinem ersten Freund hatte ich große Angst, dass er das Gleiche machen würde, dass er mich auch verarscht.

Er beruhigte mich zwar und sagte mir ständig, dass er nicht der Typ wäre, der ein Mädchen betrügen würde, ich habe ihn aber trotzdem immer genervt. »Hast du wirklich keine andere?«

oder »Hast du was mit deiner Ex?«, habe ich ihn oft gefragt. Das ging ihm natürlich irgendwann auf die Nerven, deshalb trennte er sich von mir. Mit ihm hatte ich leider auch Sex. Es war zwar etwas besser, denn er hat sich mehr Zeit gelassen, aber besonders schön war es auch nicht.

Ein knappes halbes Jahr war ich Single, dann kam ich wieder mit meinem ersten Freund zusammen. Es war der größte Fehler meines Lebens. Als der Halbfranzose mit mir Schluss gemacht hat, war ich sehr fertig. Ich habe tagelang geweint. Mein Exfreund hat sich in der Zeit sehr um mich gekümmert, meinte, dass ich solche Typen, die einfach mit mir Schluss machen würden, nicht verdient hätte. Dann starb auch noch meine Oma, die ich sehr geliebt habe, und da war er auch für mich da.

Als die Musikshow *The Dome* nach Hamburg kam, hat es wieder gefunkt zwischen uns. Ich habe die Karte von ihm und meiner Clique zu meinem Geburtstag am 1. August bekommen. Wir standen nebeneinander, er legte den Arm um mich, wir küssten uns. Da hatte ich wieder Schmetterlinge im Bauch.

Neun Monate waren wir beim zweiten Mal zusammen, fünf Monate davon wohnte er bei mir. Er hatte sich mit seiner Mutter gestritten, die ihn daraufhin rausgeworfen hatte. Zu der Zeit hat er eine Ausbildung zum Kaufmann für Spedition und Logistik gemacht. Er hat aber nicht lange durchgehalten. Er ließ sich oft krankschreiben und kündigte schließlich den Job. In dieser Zeit lief es total scheiße mit uns.

Mich hat es sehr aufgeregt, dass er mir den Kranken vorspielte. Er hätte ja ehrlich sagen können, dass er keine Lust mehr auf den Job hat und etwas anderes machen möchte. Ich habe ihm zwar ins Gewissen geredet, dass er das durchziehen soll, damit er später etwas in der Hand hätte, aber es hat nichts genützt. Dass er sich so hängen ließ, konnte ich am Ende nicht mehr ertragen und habe Schluss gemacht.

Ich habe inzwischen wieder einen neuen Freund. Für mich ist er der Mann meines Lebens. Ich war mit meinem Ex gerade auseinander, als ich ihn auf dem Geburtstag meines besten Freundes kennenlernte. Er ist genau mein Typ, hat dunkle Haare und braune Augen. Er ist jetzt 19 geworden, geht auch noch zur Schule. Gerade macht er ein Berufsvorbereitungsjahr. Er will mal irgendwas mit Computern machen.

Auf der Party haben wir uns zwar unterhalten, aber mehr war da noch nicht. Etwas später habe ich ihn zufällig auf der Internetseite *schülerVZ* wiedererkannt. Das war am 10. August 2008. Ich schrieb ihn einfach an: »Ich kenne dich doch irgendwoher, aber woher nur …?« »Ich weiß es auch nicht mehr«, kam zurück. Mein bester Freund half mir auf die Sprünge: sein Geburtstag! Am gleichen Tag haben wir uns dann per ICQ vier Stunden unterhalten – was er schrieb, fand ich total niedlich – und verabredeten uns schon für den nächsten Tag bei ihm.

Wir haben uns von Anfang an super verstanden, wir waren sofort auf einer Wellenlänge. Kaum war ich wieder zu Hause, erzählte ich meiner Freundin Sarah alles und gestand ihr, dass ich mich in ihn verliebt hätte. Ihm ging es genauso! Er simste noch am gleichen Tag, was ich davon halten würde, wenn wir zusammen wären. Ich wurde rot, grinste und zeigte Sarah die SMS. »Na, dann schreib schon, dass du auch willst!«, meinte sie. Das habe ich auch. Am nächsten Tag, das war der 12. August, trafen wir uns. Ab da waren wir zusammen.

Ich hatte erst große Angst, dass es wieder so werden könnte wie in meiner ersten Beziehung. Mein bester Freund, der meinen jetzigen Freund schon seit Jahren kennt, meinte aber zu mir, dass der so etwas nicht machen würde. Wenn der eine Freundin hätte, würde er kein anderes Mädchen angucken. Darauf habe ich mich dann verlassen. Ich war aber auch gleich ehrlich zu ihm und habe ihm von meinen schlechten Erfahrungen erzählt. Worauf er sagte, dass er mit seiner Exfreundin ähnlich schlechte Erfahrungen gemacht hätte. Deshalb habe ich mich ihm gleich noch näher gefühlt.

Das erste Mal Sex mit ihm war sehr schön. Er hat sich viel Zeit gelassen und ist sehr auf mich eingegangen. Er drängt mich überhaupt nicht, und wenn ich keine Lust mehr habe, hört er auf. Mit ihm hatte ich auch meinen ersten Orgasmus.

Wenn wir abends weggehen, schlafe ich meistens nachts bei ihm. Wir müssen nicht jedes Mal Sex haben. Wenn es so ist, ist es gut. Wenn nicht, ist es auch okay. Für beide. Mal fängt er an, mal ich. Das passt alles. Wir haben inzwischen schon einige Stellungen ausprobiert, mehr aber nicht.

Mit ihm ist alles total anders. Er sagt andauernd Sachen, die mir noch nie im Leben jemand gesagt hat. Er hätte noch nie so eine hübsche Freundin gehabt, sagt er zum Beispiel oft. Als er mal leicht angetrunken war, ist er auf einen Typen zugegangen und meinte: »Das ist meine Freundin, und die liebe ich total!« Ich stand daneben und musste die ganze Zeit lachen. Das war total niedlich von ihm. Er kümmert sich auch sehr um mich. Wenn ich mit dem Fahrrad zu ihm fahre, besteht er darauf, mich mit dem Auto nach Hause zu fahren, egal, ob ich das möchte oder nicht. Letzte Woche war ich krank. Da fragte er mich, ob ich Hunger hätte. Ich verneinte, er ist aber trotzdem nach unten in die Küche gegangen und hat mir Essen gekocht.

Ich werde bald Patentante und freue mich schon sehr darauf. Er meinte, wenn das Mädchen da sei, solle ich sie mit zu ihm bringen, damit er sie seinen Freunden zeigen könne. Er ist auch total in Babys verliebt. Allerdings lasse ich mir damit noch Zeit. Bevor ich bei dem Projekt »Babybedenkzeit« an unserer Schule mitgemacht habe, hätte ich mir vorstellen können, schon früh eins zu bekommen. Jetzt nicht mehr. Jeder bekam für vier Tage und drei Nächte eine Babypuppe. Sie schreit ziemlich oft, auch nachts, dann muss man sich darum kümmern. Ich war froh, als ich das Baby wieder abgeben konnte. Ich mache auf jeden Fall erst mein Fachabi, dann eine Ausbildung als Physiotherapeutin oder irgendwas mit Tieren.

Reiterstellung? Auf keinen Fall!

Lisa, 17, Abiturientin
(Erstes Mal mit 14)
Freundin von Marcel / beste Freundin von Nadine

Bei mir lief das erste Mal bestimmt auch deshalb so entspannt ab, weil meine Eltern mich sehr offen erzogen haben. Für meine drei Jahre ältere Schwester und mich war Sex und alles, was damit zu tun hat, nie komisch oder eklig, sondern ganz normal. Einmal hat meine Mama sich mit uns hingesetzt und erklärt, dass Frauen ihre Regel bekommen und dass man Binden und Tampons nehmen kann, die alles aufsaugen. Um zu zeigen, wie das funktioniert, hat sie einen Tampon ins Wasser gelegt. Ich fand das gut, es war sehr anschaulich. Eine Bekannte meiner Mutter war total entsetzt, meine Mama meinte aber nur: »Das werden sie ja irgendwann feststellen. Besser früher als zu spät.«

Mit der Biene und den Blümchen sind unsere Eltern bei uns nie angekommen. Das finde ich auch total bescheuert. Meine Schwester und ich bekamen schon früh ein Aufklärungsbuch, ich war damals sechs: »Peter, Ida und Minimum« hieß es. Da wurden Schwangerschaft und Geburt kindgerecht erklärt. Von Sex war zwar noch nicht die Rede. Es war aber schon klar, dass Mama und Papa etwas zusammen machen und dabei ein Baby entsteht.

Ich habe meine Mama immer viel gefragt, das war mir überhaupt nicht unangenehm oder peinlich. Sie kam auch oft zu mir, wenn sie meinte, dass es angebracht wäre, mit mir über irgendwas zu reden.

Kaum hatte ich meinen ersten Freund, meinte sie, dass wir zum Frauenarzt gehen sollten. Da bekam ich auch gleich die Pille. Dass es heute so viele junge Mütter gibt – meine ältere Cousine ist mit 18 schwanger geworden –, kann ich überhaupt nicht nachvollziehen. Es gibt so viele Möglichkeiten, das zu vermeiden. Wenn es trotzdem passiert, ist man selbst schuld, finde ich.

Ich habe ihn über meine Freundin Marie kennengelernt. Als sie 13 war, ist sie mal mit ihm gegangen. Sie haben damals aber nur Händchen gehalten. Zwei Jahre später waren sie nicht mehr zusammen, dann fand ich ihn plötzlich ganz toll. Marie merkte das natürlich und sprach mich darauf an. Für sie war es aber überhaupt kein Problem, das sei damals eh nur eine Schwärmerei und überhaupt Kindergarten gewesen.

Ich fand ihn toll, weil er älter war und mehr Erfahrung hatte als ich. Ich war 14, er 16. Er war ein bisschen pummeliger, das gefiel mir. Da musste man keine Angst haben, den kaputt zu machen. Bohnenstangen fand ich total doof. Weil er seiner Mutter, die Friseurin war, Modell gestanden hat, hatte er oft eine andere Haarfarbe, mal grün, mal braun, mal blond. Marie hat uns quasi verkuppelt. Ich schrieb ihm Briefchen, die sie ihm gegeben hat. Ich war damals noch sehr unsicher und habe mich nicht getraut, ihn einfach anzurufen. Irgendwann verabredeten wir uns aber mal, und dann telefonierten wir auch öfter. Immer, wenn ich seine Stimme hörte, wurde mir schon ganz warm.

Leider hatte die Sache einen Haken: Er hatte zu dem Zeitpunkt noch eine Freundin. Sie hat auch mal mitbekommen, dass wir Kontakt hatten. Ich habe das damals gar nicht aus ihrer Sicht gesehen, mir war nicht klar, wie sie sich dabei fühlen musste. Wenn ich heute so darüber nachdenke, war er schon der totale Macho. Heute würde ich das total scheiße finden.

Schließlich machte er aber Schluss mit ihr. Als wir dann zusammen waren, stellte ich ihn relativ schnell meinen Eltern vor. Sie wollen immer wissen, mit wem ich es zu tun habe. Es hat dann noch fünf Monate gedauert, bis wir miteinander geschlafen haben. Das war am 11.10.2006. Ich kann mir das so gut merken, weil es mein umgekehrter Geburtstag ist. Dass ich mit ihm mein erstes Mal haben werde, war aber erst mal nicht klar. Das hat sich so entwickelt. Und wenn ich nicht das Gefühl gehabt hätte, dass ich dazu bereit bin, hätte ich es niemals gemacht.

Nach zwei Monaten sprach er das Thema Sex zum ersten Mal an. Wir lagen schon im Bett, kuschelten und küssten. Ich meinte, dass ich das jetzt noch nicht möchte. Das war völlig okay für ihn. »Du gibst das Tempo an. Wenn du so weit bist, kannst du mir das zu spüren geben, dann gehen wir es langsam an«, sagte er. Ich fand es gut, dass er so reagiert hat. Dass er schon Sex gehabt hatte, wusste ich. Ich hatte ihn mal gefragt.

Wir sind in den nächsten Wochen immer ein Stückchen weiter gegangen. Deshalb kannten wir beim ersten Mal unsere Körper. Wir hatten uns schon gegenseitig mit der Hand befriedigt, dabei hatte ich meinen ersten Orgasmus. Es war zwar alles neu für mich, aber ich habe mich sehr wohl gefühlt mit ihm. Für mich ein Zeichen, dass ich so weit war.

Durch Liebesszenen in Filmen und Serien hat man ja schon eine genaue Vorstellung, wie das erste Mal ablaufen sollte. Voll romantisch mit Kerzen, viel Kuscheln, es dauert ganz lange, und natürlich ist alles perfekt. Den Film hatte ich auch im Kopf. Im Endeffekt ist die Wirklichkeit aber immer ganz anders. Im ersten Moment war ich auch enttäuscht, dass es nicht so abgelaufen ist. Aber so ist es eben, wenn man durch das Fernsehen so geprägt ist.

Es war ganz spontan. Ich hatte überhaupt nicht damit gerechnet. Aber es wäre ja auch doof, wenn man so was planen würde. Wir waren an dem Tag im Schwimmbad. Als wir abends nach Hause kamen, bin ich erst mal nach oben gegangen, um das Chlor abzuduschen. Meine Eltern bereiteten schon alles fürs Grillen vor. Es war ganz klar, dass er auch dabei sein würde. Er gehörte schon zur Familie, alle mochten ihn. Mir ist wichtig, dass sich mein Freund gut mit meinen Eltern versteht. Wenn das nicht so wäre, würde ich mich unwohl fühlen.

Er wartete in meinem Zimmer. Ich bin ja der festen Überzeugung, dass es an dem Abend nicht passiert wäre, wenn ich keinen Rock angehabt hätte. Weil wir bis zum Essen noch ein bisschen Zeit hatten, legte ich mich zu ihm aufs Bett. Er streichelte meine Beine, und so fing es langsam an …

Wir zogen uns gegenseitig aus. Als wir nackt aufeinander lagen, fragte er: »Ist es in Ordnung für dich …?« Es war klar, was er meinte. Ich wusste nicht direkt, was ich sagen sollte und habe erst mal ein paar Minuten darüber nachgedacht. Mir fiel aber kein Grund ein, warum ich es nicht tun sollte. Ich wollte die Erfahrung inzwischen unbedingt machen und fühlte mich wohl mit ihm. Ich stand auf und holte aus einer Dose neben meinem Bett ein Kondom. Die hatten mir meine Freundinnen zum Geburtstag geschenkt, das wusste er auch. Dass ich zusätzlich zur Pille noch ein Kondom nehme, war für mich einfach klar. Ich konnte mir nicht vorstellen, dass ich nicht schwanger werde, nur weil ich eine Tablette nehme. Mir war ja von meiner Mutter auch immer gesagt worden, dass beides wichtig ist, wegen Geschlechtskrankheiten und Aids. Da war aber auch noch was anderes: Dass das Sperma in mich reinspritzt, hätte ich ganz komisch gefunden. Das war überhaupt keine schöne Vorstellung für mich. Auch für ihn war klar, dass wir eins benutzen und er zog es sich über.

Ich lag unten. »Das geht so nicht«, meinte er plötzlich und sagte, ich solle mich auf ihn draufsetzen. »Nein!«, rief ich. Das kam für mich erst mal gar nicht in Frage, das war schon ein Schritt zu weit. »Wenn du das so nicht willst, machen wir das auch nicht«, beruhigte er mich sofort. Ich weiß nicht, ob es an seiner besonderen Art lag, er war sehr geduldig und entspannt, jedenfalls habe ich mich dann doch auf ihn draufgesetzt. Im ersten Moment tat es weh, und ich habe mich erst mal erschrocken, dann ging aber alles ganz schnell. Ich hatte vorher Angst gehabt, dass ich bluten könnte, ich hatte schon viel in der *Bravo* gelesen, aber zum Glück war es nicht so.

Es war kurz – wir haben danach gleich aufgehört –, aber aufregend. Das war jetzt ein wichtiger Moment in deinem Leben!, schoss mir durch den Kopf. Ich fühlte mich gut, weil ich es mit jemandem gemacht hatte, dem ich vertraute. Ich würde es später nicht bereuen und mich gern daran erinnern. »Essen ist fertig!«, rief da plötzlich meine Mutter von unten. Damit war der ganze Zauber vorbei. Wir zogen uns an. Dabei fragte er mich, ob es sehr doll wehgetan hätte. Ich sagte, es hätte wehgetan. Er: »Das tut mir leid.« Darauf ich: »Das muss dir nicht leidtun, das war ja zu erwarten gewesen.« Ich fand es gut, dass er sich Gedanken darüber gemacht hat.

Wir haben uns am Tisch ganz normal unterhalten – ich glaube nicht, dass meine Eltern was gemerkt haben –, nach dem Essen ist er gleich nach Hause gegangen. Es lag mir zwar auf der Zunge, es meiner Mutter zu sagen, aber irgendwas hat mich aufgehalten. Sie hatte mich eine Weile vorher mal gebeten, ihr zu sagen, wenn es bei mir so weit wäre. Meine Schwester hätte es nicht gemacht. Deshalb hatte ich es mir eigentlich ganz fest vorgenommen. Ich fand aber irgendwie nicht den richtigen Zeitpunkt dafür. Ich wusste auch nie so richtig, wie ich ihr das sagen sollte.

Die Tage danach kamen wir erst mal nicht mehr dazu. Am Wochenende darauf fragte ich meine Eltern, ob er denn auch mal bei mir schlafen dürfe. Sie hatten nichts dagegen. Sie vertrauten mir, dass ich aufpasse. Mein Vater hat zwar immer mal wieder einen Spruch gebracht, etwa »Pascal, du musst aber unten schlafen und Lisa oben«, mein Freund konnte damit aber umgehen. Er wusste, dass mein Papa halt so ist und manchmal eben zweideutige Witze reißt.

Wir haben es oft gemacht, sehr oft sogar, ich hatte quasi Blut geleckt, wie man so sagt. Meistens bei mir, sein Bett war zu klein. In den ersten Wochen hatten wir meistens die gleiche Stellung, ich oben, er unten. Wenn ich auf ihm drauf saß, habe ich seinen Kopf immer nach rechts gedreht. Ich wollte nicht, dass er mich dabei anguckt. Das fand ich komisch.

Als er zum ersten Mal gekommen ist – bei unserem ersten Sex war es nicht so –, war ich irritiert und wusste überhaupt nicht, wie ich reagieren sollte. Er hat kurz gestöhnt, das Kondom festgehalten, ist aus mir rausgegangen und legte sich neben mich. Da musste ich erst mal tief durchatmen und dachte: Okay, das war's jetzt also …? »Tut mir leid, dass ich so früh gekommen bin«, meinte er. Das hatte ich noch öfter mit ihm und mit den anderen danach auch. Bis ich mich getraut habe, zu stöhnen, hat es sehr, sehr lange gedauert. Erst jetzt, mit Marcel, habe ich das Gefühl, dass ich das machen kann.

Mit meinem ersten Freund habe ich nur verschiedene Stellungen ausprobiert. Für ausgefallene Sachen war ich noch nicht bereit. Ich weiß noch, dass ich im Fernsehen mal was über die »69« gesehen hatte. Da meinte ich zu ihm, dass ich gern wissen würde, wie das denn wohl sei. Es hieß nämlich, es solle sehr anstrengend sein, weil man ja den anderen befriedigen muss, während man selbst mit höchster Lust dabei ist. Anstrengend war's dann auch, aber es war vor allem spannend.

Pornos schaue ich mir erst mit meinem jetzigen Freund an. Wir haben da nicht direkt drüber gesprochen, sondern das kam einfach so, weil ich neugierig darauf war. Im ersten Moment fand ich es unangenehm, das mit ihm zusammen zu gucken. Vor allem hatte ich ein bisschen Angst, dass er das vielleicht vergleichen könnte oder es genauso machen will. Die machen da ja manchmal auch echt verrückte Sachen, kommen an den unmöglichsten Stellen oder ziehen den Penis raus und spritzen auf den Bauch.

Als wir dabei und auch kurz danach mal Sex hatten, hatte ich aber nicht das Gefühl, dass er versuchen wollte, das zu kopieren. Es war für uns beide nur eine Anregung.

Mit meinem ersten Freund ging es ganz allmählich zu Ende. Meine Gefühle wurden immer weniger. Irgendwann sagte ich ihm auch, dass es bei mir nicht mehr geht, weil es einfach nicht mehr kribbelt. Ihm ging es nach dem Gespräch total schlecht, und er weinte auch vor mir. Das finde ich aber total in Ordnung. Er hatte halt auch schon viel weiter gedacht als ich, sprach schon von einer gemeinsamen Zukunft. Das war mir zu krass. Meine Mutter hatte immer zu mir gesagt, dass er nicht mein letzter Freund sein wird. Er hätte den Kontakt zwar gern gehalten, aber das hat natürlich nicht funktioniert.

Anfang 2007 war ich noch mal drei Monate mit einem anderen Jungen zusammen, er war der erste Freund meiner ehemaligen Freundin Julia. Dann lernte ich Marcel kennen. Er hatte mit mir sein erstes Mal. Ich hatte bei ihm von Anfang an das Gefühl, dass das was richtig Festes werden könnte, und deswegen fand ich es gut, dass ich seine Erste bin. Er war damals 16, ich 15.

Er hat es mir nicht direkt gesagt, ich habe es vermutet. Wenn wir zusammen waren, war er immer sehr zurückhaltend, das ist ja nicht typisch für einen Jungen. Ich habe ihn schließlich ganz direkt gefragt: »Hattest du schon mal Sex?« Er fing an, rumzudrucksen: »Äh, ja, weiß ich gar nicht mehr so ganz genau. Auf einer Party war das wohl. Da war ich betrunken ...« So 'ne typische Jungs-Geschichte. Da war mir sofort klar: »Der ist noch Jungfrau, will es aber nicht sagen.« Ich habe ihn auch nicht mehr darauf angesprochen und ihn in dem Glauben gelassen, dass ich das glaube.

Als wir das erste Mal Sex hatten, musste ich ihm ein bisschen sagen, was wir machen. Er wusste nicht so recht, wie er es angehen soll, in welcher Position und überhaupt. Ich habe den ersten Schritt gemacht, ihn an die Hand genommen und ihm Mut gemacht. »Mach's einfach, trau dich, das passt schon«, sagte ich zu ihm. Er ist ziemlich schnell gekommen, deshalb fand ich's auch scheiße. Ich hatte ja schon Erfahrung und wusste, wie guter Sex sein kann. Er dagegen fand es total toll. Weil ich nicht wusste, wie ich ihm sagen sollte, dass ich's doof fand, habe ich es gelassen und ihn die nächste Zeit einfach abgeblockt. Das war natürlich nicht so toll von mir. Ich war hilflos, kannte es ja nicht, dass der andere noch keinen Sex hatte.

Zwei Wochen später hat er mit mir wegen einer anderen Schluss gemacht. Das war verletzend für mich, weil ich sehr verliebt in ihn war. Er war schon so was wie ein Seelenverwandter für mich. Wir sind uns sehr ähnlich und hatten viel Spaß miteinander. In der Zeit hatte ich große Minderwertigkeitskomplexe, denn die andere war das, was man sich unter einem Mädchen vorstellt: Sie war hübsch, schlank, süß. Weil er mir noch so wichtig war, habe ich mich aber überwunden und blieb mit ihm befreundet. Wir haben uns getroffen, was gemeinsam unternommen. Das tat mir zwar mehr weh, als wenn ich ihn nicht gesehen hätte, aber ich wollte einfach in seiner Nähe sein.

Im Nachhinein war es genau das Richtige, denn dadurch hat er gemerkt, dass er doch nicht ohne mich sein kann und hat mit der anderen Schluss gemacht. Ich habe zwar erst strikt gesagt: »Nein, ich möchte nicht wieder mit dir zusammen sein. Woher weiß ich, dass du bei der Nächstbesten nicht wieder abhaust?« Er kämpfte aber um mich, rannte mir richtig hinterher, tat alles für mich. Sex hatte er mit der anderen nicht. So wie ich das verstanden habe, wollte er, aber sie nicht. Ich weiß natürlich nicht, ob's so war, aber könnte ja sein, dass er es nach seinem ersten Mal halt mal mit einer anderen probieren wollte.

Nach ein paar Monaten Pause waren wir wieder zusammen. Das war am 19. Dezember 2007. Seitdem läuft es super. Wir ergänzen uns unglaublich gut, wir sind wirklich wie Seelen-verwandte. Es ist so, als wenn ich der weibliche Teil von ihm bin und er der männliche Teil von mir. In bestimmten Situationen sagen und denken wir sogar dasselbe, für mich die Bestätigung, dass es passt. Meine Eltern verstehen sich auch super mit ihm, was mir ja sehr wichtig ist. Er hat auch schon bei meinem Papa in der Elektrofirma mitgeholfen und kommt mit zum Kaffeetrin-ken bei Oma und Opa. Dass meine große Liebe sich so gut mit meiner Familie versteht, macht mich sehr glücklich.

Auch sexuell läuft es gut bei uns. Ich bekomme oft einen Or-gasmus mit ihm, das ist kein Problem mehr. Ihm ist Sex etwas wichtiger als mir, das liegt aber vielleicht auch am männlichen Geschlecht. Er ist manchmal sehr auf Lust aus, da bremse ich ihn dann ein bisschen. Ich möchte auch immer ein bisschen Gefühl dabei. Dass er manchmal schnell kommt, ist okay für mich. Da macht er sich dann immer Gedanken. »Findest du unseren Sex gut?«, fragt er manchmal. Er hat natürlich im Hinterkopf, dass ich ihn mit jemand anderem vergleichen könnte. Ich sage ihm im-mer die Wahrheit. Wenn ich's gut fand, sage ich das. Wenn nicht, auch. Es würde sich ja auch nichts ändern, wenn ich nicht mit ihm darüber reden würde. Ich frage ihn nicht, wie's ihm gefällt. Ich denke mir, wenn's ihm nicht gefallen würde, würde er mir das schon sagen.

Prinz Harry, jetzt komm ich!

Marcel, 18, Azubi Versicherungskaufmann
(Erstes Mal mit 16)
Freund von Lisa / bester Kumpel von Nadines Freund Pascal

Lisa passt perfekt zu mir. Sie ist offen, locker, lustig, immer gut drauf. Wir haben uns von Anfang an super verstanden. Wir waren sofort auf einer Wellenlänge. Jeder wusste, was der andere meinte, bevor überhaupt was ausgesprochen war.

Gerade hatte sie Geburtstag. Ich habe sie mit einer Canvasco-Tasche überrascht. Die hat ihr vor Monaten in einem Laden so gefallen. Als ich den Preis sah, hab ich zwar erst mal geschluckt, aber dann dachte ich: Die gönnst du ihr, sie hat ja nur einmal im Jahr Geburtstag.

Ich war immer beliebt bei den Mädels. Zwischen 13 und 18 hatte ich acht Freundinnen. Sex hatte ich aber erst mit Lisa. Ich hatte immer das Gefühl, dass die anderen noch nicht die Richtigen waren. Vielleicht war ich auch einfach noch nicht reif dafür. Außer Lisa hatten auch zwei andere Freundinnen ihr erstes Mal schon hinter sich.

Die beiden sind aber im Gegensatz zu Lisa nicht vorsichtig drauf eingegangen, dass ich noch keinen Sex hatte, die wollten es einfach machen. Bei Lisa war das anders. Sie hat mir ein gutes Gefühl gegeben. Bei ihr war alles einfacher. Ängste wie »Hoffentlich komm ich nicht zu früh« oder »Hoffentlich mache ich's richtig« kamen da gar nicht auf.

Ich war der Zweite aus unserer Clique, der damals Sex hatte. Einer hatte es mit 14 auf einem Campingplatz, in einem Häuschen oben auf dem Dachboden. Sie war elf. Er erzählte, die Bretter wären alle locker gewesen, es hätte wie verrückt geknackt und unten saßen seine Oma und sein Opa. Allein die Vorstellung, da mussten wir natürlich alle lachen.

Für mich war das erste Mal so was wie eine Mutprobe. Man weiß ja nicht, was dabei alles passieren kann, ob man's richtig oder falsch macht. Ich hatte schon Schiss davor, aber irgendwann musste es ja passieren. Über das Wann, Wo und Wie habe ich nicht viel nachgedacht. Nur eine Stellung hatte ich im Kopf: doggy.

Sie ist mir bei einer Theateraufführung in der Schule aufgefallen. Wir hatten sie zur Begrüßung der achten Klasse aus der Nachbarschule vorbereitet. Die hatten damals zu wenig Platz, deshalb ist sie zu uns ins Gebäude gezogen. Es war Lisas Klasse. Als wir hinter der Bühne auf unseren Auftritt warteten, zeigte ein Kumpel aus meiner Klasse ins Publikum: »Das ist meine Exfreundin.« Sie gefiel mir auf Anhieb. Sie hatte ein süßes Gesicht, sah überhaupt gut aus, war genau mein Typ. Ich guckte dann auch öfters mal zu ihr runter. Weil ihr Klassenraum genau gegenüber von meinem lag, sah ich sie von da an sehr oft in der Schule.

Ich traute mich nicht, sie anzusprechen, ich war zu schüchtern. Deshalb habe ich sie über ICQ angemailt: »Wir kennen uns aus der Schule, ich bin Marcel ...« So kam es, dass wir uns öfter online unterhalten haben, ganz locker und witzig. Ich habe ihr auch Komplimente gemacht. Nach ein paar Tagen schrieb sie aber, dass sie vergeben sei. Scheiße, dachte ich im ersten Moment, mailte aber weiter und redete sie auch weiterhin mit »Hallo Süße« an. Von einem Mädchen, das mit seinem Freund glücklich ist, würde man ja erwarten, dass sie zurückmailt: »Hör auf damit, ich hab einen Freund.« Hat sie aber nicht. Im Gegenteil. Sie ist darauf eingegangen und schrieb »Hallo Süßer«. Für mich war das das Signal, dass sie an mir interessiert war.

Kurz vor dem 1. Mai fragte ich sie, auf welche Party sie denn ginge. Ich wollte nach Schwanewede und hätte sie dahin gerne mitgenommen. Sie wollte zwar nachkommen, aber das klappte nicht. Da war ich ein bisschen enttäuscht. Wir haben uns aber später doch noch gesehen. Gegen 3 Uhr nachts. Wir waren beide auf dem Heimweg und begegneten uns mitten auf der Straße. »Das ist doch Lisa, mit der schreibe ich doch immer«, dachte ich und rief ihr zu: »Hey!« Sie war gut drauf und lachte mich an: »Hey!« Dann kamen wir ins Gespräch, aber nur kurz, weil ihr Freund blöderweise dahinter stand. Der war natürlich nicht begeistert.

Ein paar Tage später schrieben wir uns, wir könnten uns in der Schule zur Begrüßung ja mal umarmen und vielleicht auch einen Kuss auf die Wange geben. Das hat erst mal nicht geklappt, weil wir beide schüchtern waren. Ich habe schließlich all meinen Mut zusammengenommen. An dem Tag hatte ich erst zur zweiten Stunde Unterricht. Als ich die Treppe hochkam, saß sie auf der Fensterbank im Gang, es war gerade kleine Pause. Ich ging zu ihr, sagte »Hallo« und umarmte sie einfach. Da war das Eis gebrochen, und wir wurden lockerer. In der nächsten großen Pause haben wir schon ein bisschen miteinander geredet. Ihr Freund hat das nicht mitbekommen, der war nicht auf der Schule, er war schon fertig.

Wir sahen uns in fast jeder Pause. Von ihrem Freund hat sie wenn, dann immer sehr nett geredet. Sie schien wieder ganz glücklich mit ihm zu sein. Da ich inzwischen aber schon ziemlich verknallt war, wollte ich nicht aufgeben. Außerdem fand ich, dass ich es mit dem Macker noch locker aufnehmen konnte. In meinen Augen sah der ein bisschen doof aus. Lisas Eltern haben ihn »Prinz Harry« genannt, weil er dem ähnlich sieht. Er hatte blonde, glatte Haare, kleine Augen, fast Schlitzaugen, und wenn er gelacht hat, hat er den Mund immer weit aufgerissen. Das war einfach nur eklig. Er war auch ein bisschen dicker, hatte einen kleinen Bauch. Ich weiß wirklich nicht, was sie an dem fand.

Als sie mal meinte, sie müsste am Nachmittag für Mathe lernen, hab ich die Chance gleich beim Schopf gepackt. »Dabei kann ich dir helfen«, meinte ich. Am gleichen Nachmittag besuchte ich sie zu Hause. Gerechnet haben wir nicht. Ich saß erst auf der einen Seite des Bettes, sie auf der anderen, wir redeten und redeten und rückten dabei immer näher zusammen. Ich hatte einen Lolly im Mund, den klaute sie mir plötzlich und steckte ihn bei sich in den Mund. »Hey, gib mir den Lutscher wieder!«, rief ich. Als ich kurz über ihr war, hat sie mich einfach geküsst. Dann haben wir geküsst, geküsst, geküsst. Das war richtig schön. Ich war ein bisschen aufgeregt. Bei ihr kam es so rüber, als ob sie das ganz locker macht.

Sie schrieb mir kurz danach über ICQ – es war immer noch Mai, in dem Monat ist viel passiert bei uns –, dass sie Gefühle für mich entwickelt hätte, sich aber nicht sicher wäre. Dann ging's los … Wir waren fast schon zusammen – nach meinem Gefühl hätte es nicht mehr lange gedauert –, da bat sie mich an einem Sonntag, sie vorm Freibad zu treffen. Sie könne das nicht, sie hätte noch zu viele Gefühle für ihren Freund, und sie hätte sich für ihn entschieden. Das war ein Schlag ins Gesicht. Als sie sagte »Er kommt auch gleich«, dachte ich zwar kurz »Prima, dann kann ich mir den ja zur Brust nehmen …«, das habe ich aber doch gelassen. Da wäre sie nur enttäuscht von mir gewesen, und das wollte ich auf keinen Fall. Ich rief meinen Kumpel an, der auch gleich kam, und wir schlenderten ein bisschen ums Freibad rum. Ich habe immer mal zwischen den Büschen durchgeguckt, und irgendwann kam Prinz Harry auch. Sie unterhielten sich ein paar Minuten, schließlich umarmten und küssten sie sich. Hinterher erzählte sie mir, dass sie ihm gesagt hatte, dass sie sich die ganze Zeit mit mir getroffen, sich aber für ihn entschieden hätte.

Als ich sah, wie sie sich umarmten, hielt ich es nicht mehr aus und rief sie von meinem Handy aus an. »Vergiss ihn, das ist doch kein Typ für dich«, beschwor ich sie. Das bekam er mit und fing an, ein bisschen aufzumucken und beleidigte mich. Dann bin ich aufgemuckt. Wir sind am Telefon fast aneinandergeraten.

Die Tage danach haben wir in der Schule nicht miteinander geredet, uns noch nicht mal richtig angesehen. Am vierten Tag schrieb sie mir über ICQ: »Du fehlst mir irgendwie.« Ich: »Du mir auch.« Auf einem Spielplatz bei ihr in der Nähe trafen wir uns wieder. Es war ein gutes Gefühl, sie zu sehen. Sie war allerdings immer noch hin- und hergerissen, das war ihr anzumerken. Um sie zu überreden, versuchte ich zwar ein paarmal, sie zu umarmen. Sie blockte aber ab. Das könnte sie noch nicht, meinte sie. Sie bräuchte noch ein paar Tage Bedenkzeit – bis nach dem Vatertag.

An dem Wochenende macht sie mit ihrem Vater immer einen größeren Ausflug. Dieses Mal fuhren sie Richtung Jadebusen, ihre beste Freundin war auch dabei. »Ich rede mit Nadine darüber und entscheide mich am Sonntag für einen von euch«, sagte sie zu mir. Vier Tage warten! »Du bist verrückt«, sagten meine Kumpels. Die hätten sich das nicht gefallen lassen, meinten sie. Aber ich war nun mal schwer verliebt. Für mich war Lisa perfekt. Mit keinem anderen Mädchen habe ich mich so gut verstanden. Es war so wie beste Freundin und Liebe in einem.

Wir haben in den vier Tagen ständig telefoniert. Ich hatte am Ende 105 Euro auf der Rechnung, sie 512. Ich rief zuerst an. Das hatten meine Kumpels mir geraten: »Du musst ihr zeigen, dass du es ernst meinst.« Sie hat sich auch voll gefreut. Am nächsten Tag haben wir wieder telefoniert, den Tag darauf auch. Meine Kumpels haben mich aufgebaut. »Die entscheidet sich bestimmt für dich. Was will sie denn mit diesem Ökobauern«, hat einer immer gesagt. Am dritten Tag sagte sie: »Ich habe mich jetzt schon entschieden.« Ich schluckte: »Und für wen …?« »Ja, für wen wohl, willst du mich verarschen?!« An dem Tag wollte ich nur noch Party machen.

Ich hatte danach zwar nicht das Gefühl, dass sie schon hundertprozentig bei mir ist, aber ich war froh, dass ich sie erst mal hatte, und hab darauf gehofft, dass es mit der Zeit besser werden würde. Die ersten zwei Wochen haben wir es geheim gehalten, weil sie Angst hatte, dass sie als Schlampe dastehen könnte, die ihre Freunde wie die Unterhosen wechselt. In der ersten Woche haben wir uns jeden Tag gesehen und schon einige intime Sachen gemacht. Ausziehen, Fummeln, Petting. So ganz unbedarft war ich ja nun nicht. Mir hatte ein Mädchen auch schon mal einen runtergeholt. Nur Sex hatte ich bis dahin eben noch nicht. So weit wollte ich nur mit Lisa gehen. Leider waren wir damals nur einen Monat zusammen. Sie hatte fremdgeküsst, deshalb machte ich Schluss.

Das erste Mal hatten wir in diesem ersten Monat, kurz vor meinem 17. Geburtstag. Eines Abends trafen wir uns mit der Clique auf einem Spielplatz. Mittendrin stand ein großes Holzschiff, mit einem Deck und einer Kajüte, in die man sich verkriechen konnte. Wir setzten uns mit Sekt und Kurzen in den Sand, tranken, redeten, hörten Musik und beschlossen irgendwann, dort auch zu übernachten. Ich holte zu Hause noch eine Riesendecke zum Zudecken für mich und Lisa. Gegen Mitternacht waren wir alle vom Alkohol schon ein bisschen angeschlagen, und so nahm es seinen Lauf ...

Ich wusste, dass sie schon Sex gehabt hatte, sie hatte es mir erzählt. Sie fragte mich auch mal. Nein hab ich nicht gesagt, sondern bin ausgewichen: »Weiß ich nicht mehr so genau«, meinte ich und hab von Kumpels geredet, die erzählt hätten, dass mal was auf einer Party gelaufen wäre. Ich wusste zu 90 Prozent, dass es nicht so war. Ich hatte aber das Gefühl, dass sie dachte, ich hätte es schon gehabt und wollte sie nicht enttäuschen. Sie hat es aber still und heimlich gewusst. Hat sie mir nachher erzählt.

Als alle anfingen, sich ein Plätzchen zum Schlafen zu suchen, raunte Lisa mir zu: »Komm, wir gehen ins Schiff.« Inzwischen

war es stockdunkel. Es war klar, auf was das in dieser Nacht raus-
laufen würde. Sie hatte mir ja, kurz bevor ich nach Hause gefahren
bin, um die Decke zu holen, ins Ohr geflüstert: »Bring ein Kondom
mit!« Die hatte ich zum 15. Geburtstag geschenkt bekommen.

Sie hat angefangen. Erst zog sie ihre Hose aus, das heißt, sie
ist nur aus einem Hosenbein rausgegangen, dann hat sie meine
runtergezogen, und dann haben wir es gemacht. Sie lag unten.
Das tat ihr ein bisschen weh, weil die Bretter voller Sand waren.

»Wie war's denn, war's für dich in Ordnung?«, fragte ich gleich
danach. Darüber regte sie sich erst mal ein bisschen auf. »Mann,
so was fragt man nicht danach!« »Doch, ich schon«, sagte ich.
»War okay«, kam dann. Wie sie es wirklich fand, hat sie mir nie
so richtig gesagt. Vor zwei Monaten eröffnete sie mir: »Also den
ersten Monat, als wir zusammen waren, fand ich unseren Sex ja
voll scheiße.« Ich hätte keinen Plan gehabt. Toll. Dabei hat sie
mir damals überhaupt nicht das Gefühl gegeben, dass es schlecht
war. »Das ist voll geil«, hat sie mir immer vorgesponnen. Schön
geschauspielert.

Die anderen haben es natürlich mitgekriegt. Alle haben draußen geschlafen, zwei meiner Kumpels in Hängematten, die da
rumschaukelten. Als ich kurz rauskam, fingen die Jungs schon
an zu lachen. Einer machte die Geräusche nach. »Was habt ihr
denn?« Ich blieb ganz cool. »Das ganze Schiff wackelt ja schon«,
feixte ein anderer. Ich: »Das kann gar nicht wackeln, das steht
im Sand.« Die haben mich zwar ein bisschen ausgelacht, aber
das hat mir nichts ausgemacht. Ich fand's ja auch lustig. Ich bin
aber auch kein Typ, dem so was peinlich ist. Ich glaube, die Jungs
waren ein bisschen neidisch auf mich. Bis auf den mit der Elf-
jährigen hatten sie ja alle noch nicht. Bis heute übrigens, und die
sind jetzt schon neunzehn.

Meinem besten Freund Pascal – er hatte sein erstes Mal mit
Nadine – habe ich zwei Wochen später davon erzählt. Intime

Details aber nicht. Nur, dass ich's geil fand und dass ich nicht gedacht hätte, dass es so einfach ist. Ich hatte danach ziemlich oft Lust, fünfmal die Woche, sie leider nicht. Jetzt weiß ich ja, woran's lag: Der Sex mit mir war scheiße.

Zwei Wochen später habe ich Schluss gemacht. Sie ist auf einer Party fremdgegangen und hat mir das eine Woche lang verheimlicht. Eine Freundin erzählte mir, dass sie einen anderen geküsst hatte. Als ich sie darauf ansprach, versuchte sie erst, sich rauszureden, sagte dann aber doch kleinlaut: »Ja, stimmt.« Ich war ganz schön enttäuscht von ihr. Eineinhalb Monate hat sie noch um mich gekämpft, mir immer wieder gesagt: »Ich werd das nie wieder machen!« »Es war ein Ausrutscher!« »Tut mir total leid!« Sie stand sogar mal nachts um eins vor meiner Tür. Das hat mich aber nicht interessiert, das Vertrauen war einfach erst mal weg.

Kurz nachdem ich mich von Lisa getrennt habe, kam ich mit einer anderen zusammen. Das war die, die mir von Lisas Fremdknutschen erzählt hatte. Es dauerte aber nur vier Wochen und war auch eher zum Trost, vielleicht auch ein bisschen aus Trotz. Sex hatten wir nicht. Sie hatte ihr erstes Mal noch nicht, und ich hatte auch gar keine Lust, mit ihr zu schlafen.

Als sich bei Lisa und mir alles etwas beruhigt hatte, haben wir mit der Clique auch wieder was zusammen unternommen. Sie war inzwischen an einem anderen Jungen aus meiner Klasse interessiert, in den sie sich auch richtig verknallte. Erst hat es mir nichts ausgemacht, dann merkte ich aber, wie plötzlich wieder Gefühle hochkamen. Ich suchte den Kontakt, und so trafen wir uns wieder öfter. Ich habe mich richtig angestrengt, um sie von diesem Typen loszueisen. Der wollte zwar – zum Glück! – nichts von ihr, aber sie ist dem halt hinterhergerannt. Ich war immer da, wenn sie jemanden zum Reden brauchte. Wenn ich zu ihr kam, hatte ich oft eine Rose dabei, die ich auf dem Weg gepflückt hatte. Einmal stand ich dann auch mitten in der Nacht vor ihrer Tür.

Seit dem 19. Dezember 2007 sind wir wieder zusammen. Seitdem sind wir wie Pech und Schwefel. Damit Fremdknutschen nicht mehr passiert, habe ich zu ihr gesagt, dass keiner mehr alleine auf Partys geht. Entweder wir gehen zusammen und passen gegenseitig auf uns auf oder keiner geht. Damit war sie auch sofort einverstanden. Wenn Alkohol ins Spiel kommt, weiß man ja manchmal nicht, was man macht, da passiert so was schnell.

Wie wär's mit einer Massage?

Nadine, 17, Fachabiturientin
(Erstes Mal mit 16)
Freundin von Lisa / ehemalige Freundin von Julia

Ich bin ein Spätzünder. Viele haben ihren ersten Sex ja schon mit 13,14. Das wäre mir viel zu früh gewesen. Mit meinen ersten drei Freunden wollte ich keinen Sex. Küssen, Streicheln und Petting ja, aber auf keinen Fall mehr. Immer, wenn mich einer ein bisschen intimer angefasst hat, habe ich sofort abgeblockt und gesagt, dass ich das nicht möchte. Ich habe immer ein Stopp in mir gefühlt.

Vielleicht lag es daran, dass ich von vielen gehört hatte, dass man stark bluten würde und dass es sehr wehtun könnte. Ich hatte auch Julias Geschichte im Kopf. Bei ihr ist es nicht besonders schön gewesen. Das Kondom ist gerissen, und sie hatte tagelang Angst, dass sie schwanger ist. Ich war es ja, die damals mit ihr losging, einen Schwangerschaftstest holen.

Vielleicht lag es aber auch daran, dass ich eigentlich erst den vierten, Tim, so richtig wollte. Ich fand ihn ganz lange schon toll, mailte ihn an, lief ihm hinterher und bekam ihn – fürs erste und fürs zweite Mal.

Den ersten Jungen habe ich mit 14 über meinen Freundeskreis kennengelernt. Er war zwei Jahre älter als ich und hatte schon mal Sex gehabt. Mit seiner ersten Freundin war er drei Jahre zusammen gewesen, Julia kannte die gut. Zuerst ist er auf meine Annäherungsversuche nicht eingegangen. Dann hat Julia ihn direkt gefragt, ob er sich nicht was mit mir vorstellen könnte. So kam es, dass wir immer mehr unternommen haben und sich schließlich was zwischen uns entwickelt hat. Er hat mich schon sehr schnell auf Sex angesprochen und gesagt, ich solle es doch mal mit ihm machen. Ich wollte ihn zwar als Freund, aber für Sex habe ich mich noch nicht bereit gefühlt. Nach vier Monaten hat er Schluss gemacht.

Mein zweiter Freund war mein Nachbar. Mit dem war ich auch nur vier Monate zusammen. Ich habe es beendet, weil ich mich von ihm unterdrückt gefühlt habe. Er hat immer meine Hand in seine Hose gesteckt – das hat der erste auch gemacht –, ich wollte das aber nicht. Er sagte: »Jetzt mach das doch mal, das ist doch gar nicht schlimm.« Ein paar Mal kam auch von ihm: »Ich wünsch mir einen Gutschein von dir fürs erste Mal.« Das war mir ein bisschen zu extrem. Der dritte war ein Schulkamerad von mir. Der hat mich auch immer so ein bisschen zwingen wollen. »Ihr Jungs seid alle gleich. Aber wenn ich nicht will, will ich nun mal nicht«, sagte ich zu ihm. Nach fünf Monaten reichte es mir.

Weil ich Angst vorm ersten Mal hatte, habe ich mich oft mit Lisa darüber unterhalten. Sie hatte ein Jahr vor mir ihren ersten Sex. Als wir uns anfreundeten, war sie mit ihrem zweiten Freund, dem vor Marcel, zusammen. Sie erzählte mir, wann sie Sex hatte und wie es war. Manchmal war es langweilig, manchmal aber auch schön. Sie beruhigte mich immer, meinte, das sei überhaupt nicht schlimm. Entspannter wurde ich aber erst, als ich den vierten kennenlernte, das war im Spätsommer 2007. Ich war 16.

Ich kannte Tim schon eine ganze Weile vom Sehen, weil er bei mir in der Gegend wohnte. Ich fand ihn von Anfang an richtig toll. Er war blond, größer als ich, drei Jahre älter. Und er war gut gebaut, schlank und durchtrainiert. Richtig in Kontakt kamen wir erst, als ich auf dem dreißigsten Geburtstag meines Onkels seinen Freund Benni kennenlernte. Mit ihm habe ich kumpelmäßig über ICQ gemailt, ihn irgendwann auch mal nach Tims ICQ-Nummer gefragt. »Hey du. Du kennst mich wahrscheinlich nicht, aber ich habe dich schon öfters gesehen ...«, schrieb ich an Tim. Er wollte ein Bild von mir haben. Daraufhin meinte er, dass er mich auch vom Sehen kennen würde. So fing es mit dem Chatten an, es war erst ein ganz normales »Wie geht's dir?«-Schreiben. Als ich ihn im Herbst 2007 auf dem Bremer Freimarkt mit seiner Freundin sah – er hatte auch schon gemailt, dass er eine hatte –, war mir zwar klar, dass ich es eigentlich vergessen konnte, mailte aber trotzdem weiter. Einmal fragte ich so ganz nebenbei, wie es denn mit seiner Freundin liefe. Er erzählte, dass sie gerade Probleme hätten. Ein, zwei Wochen später kam, wieder auf eine Nachfrage von mir: »Meine Freundin gibt's nicht mehr.«

Wir schrieben uns schon fast täglich, und ich beschloss, Gas zu geben: Jetzt schleim ich mich mal ein, dachte ich bei mir. Ich fragte ihn, ob wir mal was zusammen unternehmen wollen. »Können wir machen«, schrieb er zurück. »Ich kann ja mal nach dem Fitnessstudio bei dir vorbeikommen.« Er wäre danach immer so verspannt. Wenn ich wollte, könnte ich ihn ein bisschen massieren. »Du bekommst auch eine Ganzkörpermassage von mir ...« Das war meine Chance. Wenn nicht jetzt, wann dann?

Ich war in ihn verliebt und habe damals gehofft, wir würden zusammenkommen. Deshalb habe ich auch mit ihm geschlafen. Ich bereue es zwar nicht, ich habe mich ja bereit dafür gefühlt. Hätte ich allerdings gewusst, dass er von Anfang an nur Freundschaft wollte und mich nie als Freundin in Betracht gezogen hat, hätte ich es nicht gemacht.

Die ersten beiden Male, als er bei mir war, haben wir nur geredet, Fernsehen geguckt, und ich habe ihn ein bisschen massiert. Beim dritten Mal kam es dazu.

An diesem 17. November, einem Samstag, war ich allein zu Hause. Mein Vater war nicht da. Ich bin jedes zweite Wochenende bei ihm, meine Eltern sind geschieden. Erst habe ich Tim massiert, dann er mich. Er zog mich langsam bis auf die Unterwäsche aus, streichelte mich und wurde intimer ... »Hattest du schon mal Sex?«, fragte er. »Nein, hatte ich noch nicht.« »Ah, okay, dann weiß ich ja, wie ich es angehen muss.« Er streichelte mich weiter, hielt dann aber noch mal kurz inne: »Willst du es denn mit mir?« »Ja, will ich«, sagte ich. Ich habe mich bei ihm offener gefühlt als bei den anderen. Diese innere Blockade war auf einmal weg.

Ein Kondom hatte er dabei. Obwohl ich die Pille nehme, mache ich es nicht ohne. Man kann ja trotz Pille schwanger werden. Erst war er oben, dann ich, dann lag er hinter mir. Er gab die Richtung vor, das fand ich gut. Es lief entspannter ab, als ich gedacht hatte, ich hatte weder Schmerzen noch Blutungen. Als ich danach bei ihm im Arm lag, habe ich mich gut gefühlt, zufrieden, glücklich.

Darüber geredet haben wir nicht. Das hätte ich auch nicht gewollt. Kaum war er am Sonntagmorgen weg, rief ich Lisa an. Sie war erst mal erschrocken: »Was, ihr hattet schon Sex?« Sie hat nicht von mir gedacht, dass es so schnell gehen würde. »Habt ihr verhütet?«, war ihre zweite Frage.

Dass ich Gefühle für ihn hatte, wollte ich ihm noch nicht sagen. Ich wollte erst mal Signale von ihm abwarten. Er kam kurz darauf noch mal zu mir, wir haben wieder miteinander geschlafen, und es war auch wieder schön mit ihm. Als er sagte, er käme gern zu mir und sei froh, bei mir zu sein, dachte ich, er empfindet wirklich was für mich. Wir schrieben uns weiter, trafen uns öfter. Weil ich gehofft hatte, dass wir uns an Silvester vielleicht wieder näherkommen würden, bin ich mit Lisa auf die Party gegangen, auf der er auch war. Es passierte aber nichts. Irgendwann meinte er sogar, ich solle nach Hause gehen.

Im Januar mailte ich ihm, dass ich mehr für ihn empfinden würde. Seine Antwort war kurz: Er wolle keine Freundin haben, ich sei nur eine gute Freundin und auch gar nicht sein Typ. Das war ganz schön hart. Trotzdem schrieb ich ihm weiter. Ich wollte nur ihn. Ich war wie besessen. Ich schrieb, dass ich es schön mit ihm fände. Da kamen aber immer nur noch stumpfe Antworten, darauf ist er nicht mehr richtig eingegangen.

Ich bin ihm sieben Monate, bis zum Sommer 2008, hinterhergelaufen. Ich wollte es einfach nicht wahrhaben. Im Frühjahr hatte er eine neue Freundin, im Mai wollte er seine Ex zurück. Die, die er vor mir hatte. Das schrieb er mir per ICQ. »Viel Glück und verarsch die anderen Mädchen nicht«, schrieb ich zurück. Ich sagte ihm, dass ich es kacke finde, wenn er mit Mädchen schläft, die er gar nicht liebt. Darauf meinte er, das mache er sonst nicht. Ich wäre die Ausnahme. Bei mir hätte er es halt mal freundschaftlich gemacht. Da habe ich mich noch verarschter gefühlt. Er schrieb noch, dass es ja auch seine Sache sei, was er mache, und dass er eh jede haben könnte und so ein Zeug. Dann gab ich auf.

Meinen jetzigen Freund Pascal kannte ich da schon. Ich habe ihn im März über Lisas Freund Marcel in einer Discothek kennengelernt, die beiden sind beste Freunde. Wir haben viel zu viert unternommen, und ich mochte ihn immer mehr. Als er mir gestand, dass er sich in mich verliebt hätte, war ich aber noch unsicher. Auch wegen der Sache mit Tim. Ich hatte einfach Angst, dass es so laufen könnte wie bei ihm. Das habe ich Pascal auch erzählt, und er hat es verstanden. Der Sommer war voll schön mit ihm, und als wir zu viert in Dangast an der Nordsee campen waren, kamen wir uns näher. Am ersten August haben wir uns zum ersten Mal geküsst – seitdem sind wir zusammen.

Da ich ständig Zweifel im Hinterkopf hatte, ob er es auch wirklich ernst meint, wollte ich mit dem Sex aber noch warten. Marcel hat mich aber immer beruhigt und gesagt, dass Pascal kein Verascher wäre. Wenn er einer schon richtig hinterherliefe, würde er es auch ernst meinen. Und Pascal ist mir ja auch wirklich lange hinterhergelaufen und hat sich sehr um mich bemüht. Irgendwann fragte er mich, ob ich schon mal Sex gehabt hätte. Ich sagte nur Ja, mehr nicht. Ich wollte nicht darüber reden, weil es mir in dem Moment noch ein bisschen wehtat, wenn ich daran zurückdachte.

Im September durfte er zum ersten Mal bei mir übernachten. Er kam abends zu mir und fragte, ob er nicht gleich über Nacht bleiben könnte, weil er morgens weit fahren müsse. Er wohnt eine Dreiviertelstunde mit dem Bus weg von mir. »Wenn du das möchtest, musst du erst meine Mutter fragen«, sagte ich zu ihm. Erst wollte er, dass ich frage – es war ihm peinlich –, aber ich sagte, wenn er bei mir schlafen wolle, solle er schon selber fragen. Das hat er auch gemacht. War schon ein bisschen gemein von mir.

Ich klappte die Couch aus und zündete Kerzen an. Es ging mir gar nicht darum, es romantisch zu machen. Ich hatte jedenfalls nicht im Hinterkopf, dass es passieren könnte. Er schon. Er hatte ein Kondom dabei. Wir zogen uns um, legten uns hin, guckten Arm in Arm Fernsehen – und kamen uns näher. Er fing an mich auszuziehen und wollte dann auch mehr. »Willst du das wirklich?«, fragte ich ihn, genau wie Tim mich damals. »Jetzt oder nie!«, sagte er und meinte noch: »Lach mich aber nicht aus, wenn ich etwas falsch mache.«

Er hat nichts, aber auch gar nichts falsch gemacht. Im Gegenteil. Er hat alles so gut gemacht und war so entspannt, dass ich ihn nachher ein paarmal gefragt habe, ob das auch wirklich sein erstes Mal war. Erst lag er oben und ich unten. Dann wollte er, dass ich oben liege, dann wollte er schräg hinter mir liegen. Dass er gleich beim ersten Mal so offen war und so viel ausprobieren wollte, hat mich überrascht. Er konnte aber auch alles. Auch mit dem Kondom hatte er keine Probleme. »Doch, das war mein erstes Mal«, sagte er und: »Wusste gar nicht, dass es gut ist.« Es klang ein bisschen stolz. Kann auch sein, dass er seinen älteren Bruder mal gefragt hat. So genau habe ich aber nicht nachgefragt.

Mit ihm war es ganz anders. Als ich zum ersten Mal mit Tim schlief, wollte ich mich nicht nackt präsentieren. Ich wollte alles dunkel haben, damit man nichts sieht, und ich hatte Angst, er könnte über meinen Körper lachen. Bei Pascal habe ich mir überhaupt keine Gedanken gemacht, wie es ist, wenn er mich nackt sieht. Mit ihm habe ich mich rundum wohlgefühlt, viel wohler noch als mit Tim. Mit Pascal lief es wie in meinem Wunschfilm vom ersten Mal: Ich habe mir ausgemalt, dass ich mein erstes Mal mit meinem Traummann habe, dass alles perfekt ist, dass es lange dauert und alles ganz entspannt ist. Genau so war das mit Pascal.

Wir hatten danach relativ häufig Sex und haben uns jetzt gut aufeinander eingespielt. Er fragt vorher immer, ob ich möchte oder nicht. Wenn ja, dann ja. Wenn nicht, dann nicht. Wenn ich etwas nicht möchte, sag ich ihm das auch klipp und klar. Pornos finde ich nicht so anturnend. Pascal gefallen sie, ich finde sie zu extrem. Sexspielzeug haben wir noch nicht ausprobiert, aber er möchte gern. Vielleicht fangen wir mal mit Handschellen an.

Lisa und ich reden manchmal über Sex und vergleichen, wie es bei ihr und bei mir war. Wir erzählen uns auch peinliche Details, zum Beispiel wie das ist, wenn die Jungs kommen und stöhnen. Darüber machen wir uns ein bisschen lustig. Wenn wir mit den Jungs zusammen sind, machen wir uns aber nicht darüber lustig. Da sagen wir, dass es nicht schlimm sei.

Momentan kann ich mir mit Pascal eine Zukunft vorstellen. Für immer und ewig würde ich aber jetzt nicht sagen. Ich bin da eher pragmatisch. Es kann ja plötzlich ein anderes Mädchen oder ein anderer Junge dazwischenkommen. Es kann immer was dazwischenkommen. Wenn wir heiraten und uns später scheiden lassen, wäre es ja auch nicht für immer.

Völlig von der Rolle

Stephanie, 22, Ergotherapeutin
(Erstes Mal mit 14)

Mein erstes Mal kann man ungefähr so zusammenfassen: Eltern nicht da. Tücher. Viele Tücher. Zärtlichkeit. Fünf Stunden. Oma auf dem Gang. Panik. Tür abgeschlossen. Warten. Oma wieder abgetrabt. Sich nicht mehr stören lassen. Sieben Stunden. Total viel Gefühl. Unblutig. Es war lustig, ein bisschen komisch für ihn, aber alles in allem richtig schön. Mit einem Wort: unvergesslich.

Ich bin in einem kleinen Dorf in der Nähe von Gera mit meinen Eltern, meiner Oma und zwei jüngeren Geschwistern aufgewachsen. Wenn ich irgendeine Frage hatte, wozu auch immer, konnte ich immer zu meiner Mutti gehen, die mir alles geduldig erklärt hat. Mit sechs Jahren erfuhr ich aus einem Buch, das mir meine Oma geschenkt hat, woher die Babys kommen: »So entstehen wir«. Es war im kirchlichen Stil aufgemacht: Erst wird geheiratet, und wenn der liebe Gott das möchte, entsteht ein Baby. Das wurde mit Puzzleteilen umschrieben: Das eine Puzzleteil war die Mutti, das andere war der Vati. Und wenn die ineinandergesteckt wurden, kam ein Baby heraus. Oben drüber war ein Bild, auf dem man die beiden im Bett sah. Sie lagen aufeinander, machten ein total verzücktes Gesicht. Man sah aber nichts, weil sie unter einer Decke lagen. Ich wusste also schon, dass die beiden da irgendwas zusammen machen. Was da genau passierte, war mir natürlich nicht klar, aber das hat mich in dem Alter auch noch nicht interessiert. Erst zwei Jahre später, mit acht, wurde ich neugieriger.

Ein Junge aus meiner Clique hatte in der Schule erzählt: »Ich war bei meinen Eltern im Schlafzimmer, und die lagen da irgendwie aufeinander. Das sah komisch aus, und die haben auch ganz komische Geräusche gemacht.« Das war ja nun wirklich seltsam. Das wollte ich genauer wissen. Ich ging zu meiner Mutti und erzählte es ihr. »Okay, setz dich mal hin«, sagte sie nur, »du fragst mich jetzt alles, was du wissen willst, und ich erzähle es dir.« Meine erste Frage war: »Was passiert denn da?« Sie sagte: »Die Geschlechtsteile von Mann und Frau gehen ineinander.« Genauer erklärte sie es damals nicht. Deshalb fragte ich mich dann auch immer, wenn ich meinen Bruder oder meinen Vater mal nackt sah: »Wie soll das denn gehen? Das hängt doch immer …«

Sex war erst wieder Thema, als wir Sexualkundeunterricht in der Schule hatten. Das war in der sechsten Klasse. Da war ich zwölf. Wir hatten eine ziemlich alte Lehrerin, die das immer ziemlich trocken rüberbrachte. Die redete nicht lange herum, sondern kam gleich auf den Punkt: »Der Mann steckt sein Glied in die Scheide der Frau …« Mein erster Gedanke war: »Das haben meine Eltern gemacht? Das darf nicht wahr sein!« Wir haben natürlich immer viel gekichert bei dem Thema. Einmal mussten wir in der Stunde Kondome auf Bananen ziehen, in der Pause haben sich die Jungs die dann über den Kopf gezogen.

Ich fand das ganze Thema Sex als Kind superspannend. Ich weiß noch, dass ich eines Nachmittags aus der Schule heimkam und laut rief: »Mutti, Mutti, ich hab 'ne Vagina!« Ich fand das Wort einfach toll. Das klang so schlau. Früher hieß es bei uns zu Hause nur die Mumu. Meine Mutter antwortete nur trocken: »Ja, das ist schön.« Sie hat mir immer das Gefühl gegeben, dass alles ganz natürlich ist und mir nichts peinlich sein muss. Sie hat damals schon in einem Jugendzentrum gearbeitet und war auch deshalb entspannter als andere Mütter. Einmal gab sie mir einen Fragebogen. »Was weißt du über Sex?«, stand drüber. Es war ein

Multiple-Choice-Test. Nachher haben wir den zusammen ausgewertet, und ich war gar nicht so schlecht.

Mal selber Sex zu haben, konnte ich mir damals allerdings überhaupt nicht vorstellen. Das fand ich komisch. Und als die Lehrerin sagte, dass das Jungfernhäutchen beim ersten Mal reißt, dachte ich: »Ach du Schande, du wirst niemals Sex haben. Das tut bestimmt total weh!« Ich ging zu meiner Mutter und fragte, wie's bei ihr war. Hätte ich mal bleiben lassen sollen. Sie hatte das Bettlaken vor ihren Eltern versteckt, weil es so verblutet war! Das war ja total gruselig. »Ach du meine Güte, nee, das willste nie haben«, sagte ich mir. Zwei Jahre später dachte ich darüber schon ganz anders …

Ich habe Christian am 1. Juni 2001 kennengelernt, auf dem Geburtstag meiner Uroma. Ich war 14, er 19. Einen Tag später, am 2. Juni, sind wir zusammengekommen, am 24. Juli hatten wir schon Sex. Das ging ganz, ganz fix bei uns. Vor ihm hatte ich noch keinen Jungen geküsst. Jedenfalls nicht richtig. Das waren alles harmlose Kindergartenküsse, ganz schnell und mit spitzen Lippen. Auch verliebt war ich vor ihm noch nicht. Ich hatte ja noch nicht mal richtig geflirtet. Das kam alles erst mit Christian.

Schon die erste Aktion, die er brachte, fand ich total lustig. Alle saßen am Kaffeetisch, als er hereinkam. Kaum saß er, griff er sich die Kuchenplatte und legte zwei Stück auf seinen Teller. Den stellte er dann in die Mitte, die Platte zog er zu sich rüber. Seine Mutter zischte entgeistert: »Das kannst du doch nicht machen!« »Na, aber wenn ich doch Hunger hab«, sagte er nur und grinste breit. Ich fand seinen trockenen Humor toll. Ich glaube, in den hab ich mich verliebt.

Wir sind nach dem Kaffetrinken ein bisschen spazieren gegangen, haben uns unterhalten. Über Filme zum Beispiel und ganz viele andere Sachen. Da fand ich ihn schon richtig toll und fragte ihn, ob er nicht am nächsten Tag zu mir kommen wolle. Er wohnte nur zwei Dörfer weiter. »Ja, kann ich machen«, meinte er. Meine Eltern waren an dem Tag nicht da, meine Geschwister auch nicht.

Da haben wir uns das erste Mal geküsst, so richtig mit Zunge. Das war zwar erst mal ganz komisch und ich habe mich im ersten Moment ein bisschen erschrocken, dann dachte ich aber: »Hm, eigentlich gar nicht so schlecht. Machste mal mit.« Er gab mir diesen Kuss quasi zum Abschied, denn er musste weg und seinen Bruder bei Bekannten abholen.

Danach kam er aber wieder, und wir saßen bis nachts um 2 Uhr auf der Couch im Wohnzimmer und haben erzählt und gelacht. Irgendwann kamen meine Eltern zurück, sagten aber nichts. Am nächsten Tag meinte meine Mutti zu mir: »Wir machen jetzt einen Termin beim Frauenarzt. Du brauchst erst mal die Pille.« Sie ist da ganz pragmatisch. Wir sind noch in der gleichen Woche hin. Der Frauenarzt war nicht so begeistert. »Eigentlich mache ich das ungern so früh ...« Darauf meine Mutti: »Na, wollen Sie, dass sie in ein paar Wochen hier steht und sagt: ›Ich bin schwanger‹?« Dann bekam ich die Pille.

Christian und ich sahen uns von da an jeden Tag. Er hatte schon den Führerschein und kam deswegen meist zu mir. Ich fand alles toll an ihm. Sein Interesse an mir, seinen Humor, einfach seine ganze Art. Er hatte einfach eine ganz, ganz liebe Art. Über seine komischen Witze musste ich ständig lachen. Manchmal tat mir schon der Bauch weh vom Lachen. Und er konnte zuhören ohne Ende! Wenn ich was erzählt hab, ist er immer auf mich eingegangen und hat Fragen gestellt. Daran merkte man: Der hatte richtig zugehört. Das fand ich toll.

Er holte mich auch mal von der Schule ab. Da waren die Mädels beeindruckt und fragten: »Wie, das ist dein Freund?« Da sagte ich ganz stolz: »Ja, ist er!« Zwei, drei Wochen später kam eine Freundin zu mir und meinte: »Du, ich muss dir was erzählen. Ich hab mit 'nem Typen geschlafen. Das war total schlimm, das hat übelst wehgetan. Mein ganzes Bett war blutig.« Schon wieder so eine Story. Horror! Ich hab deswegen auch erst mal eine ganze Weile abgeblockt. Christian war aber total verständnisvoll und meinte: »Lass dir Zeit. Wenn du so weit bist, bin ich auch so weit.« Er hatte schon Erfahrung. Er hatte mit 13 das erste Mal mit einem Mädchen geschlafen.

Dann war Sommerfest bei uns im Ort … Später am Abend bin ich mit ihm heimgegangen, meine Eltern und Geschwister sind noch dort geblieben. Ich wollte mir eigentlich nur schnell was zum Anziehen holen, weil's an dem Tag so kalt war. Wir gingen in mein Zimmer hoch – es liegt genau neben dem meiner Oma – und da fing's an, und eins kam zum anderen. Wir knutschten und fummelten, irgendwann meinte ich: »So, jetzt will ich.« Er schaute ganz ungläubig: »Bist du dir sicher?« »Willst du das wirklich?« »Du musst das nicht.« Er fragte bestimmt zehnmal. Mensch, frag mich doch nicht immer. Mach einfach, dachte ich.

Allerdings gab's da noch so eine kleine Sache … Ich hatte ja die Storys meiner Mutter und meiner Freundin im Kopf. Wenn das blutet, kriegt das ja die Mutti mit. Das muss aber nicht sein. Also hab ich erst mal Küchenrollen geholt und das ganze Bett damit abgedeckt. Ich glaube, ich hab drei Rollen verbraucht. Christian stand völlig entgeistert daneben: »Was machst du denn da?« Ich: »Na ja, sicher ist sicher.« Ich deckte das ganze Bett damit ab und stopfte die Tücher auch noch schön in die Seiten rein. »Soll ich dir helfen?«, fragte er. »Nee, schon in Ordnung«, sagte ich.

Natürlich war die Stimmung nach der Aktion erst mal hinüber, und wir fingen von vorne an. Wir knutschten ein bisschen, dann fragte er wieder: »Willst du das wirklich?« Ich überlegte kurz: »Ja, jetzt!« Er fing an, das so ganz langsam anzutesten, dabei dachte ich: »Hm, willst du? Jetzt kannst du's noch anhalten …« Es hat mir aber gefallen, und ich hab nichts gesagt. Plötzlich kam mir aber ein ganz anderer Gedanke: Lieber mit Kondom, nicht dass was passiert. Schwanger in der Schule. Mit 14! Oh Gott! Also sagte ich: »Nimm noch mal lieber ein Kondom!« und schob gleich hinterher: »Ich will dir das aber nicht rübermachen.« Er hat sich nichts anmerken lassen, holte ein Kondom und fing wieder an. Er war total vorsichtig, fragte ständig nach: »Tut's weh?« »Ist irgendwas?« »Soll ich aufhören?« Langsam nervte er. Jetzt hör auf zu labern und mach doch einfach mal, dachte ich. Lange hat er nicht durchgehalten, dann ging's wieder los: »Ist wirklich nichts?« »Dir tut nichts weh?« Mann! Nein. Nein. Nein!

Als es anfing ein bisschen zu ziepen, schoss mir durch den Kopf: Ach du Schande, jetzt ist bestimmt das Bettlaken rot. Oh Gott, die Mutti. Die Blutflecken. Hoffentlich sind die nicht auf der Matratze. Hoffentlich hat die Küchenrolle gehalten. »Stopp! Du musst jetzt erst mal aufhören. Ich muss gucken«, rief ich. Da war aber nichts. Komisch. Die hatten doch alle gesagt, dass es blutet. Er machte weiter, kam aber wieder nicht weit: »Stopp! Ich muss noch mal gucken!« Da wieder nichts war, konnte ich mich schließlich entspannen und loslassen … Es tat überhaupt nicht weh. Kein bisschen. Vielleicht auch, weil er vorher mit den Fingern schon recht gute Arbeit geleistet hatte. Es ging dann ein bisschen schneller und wieder ein bisschen langsamer und wieder schneller, mit Küssen zwischendrinne.

Auf einmal hörte ich ein Geräusch. Klack, klack, klack. Meine Oma. Ach du meine Güte! Alles stopp, alles ruhig, nicht bewegen. Klopf, klopf, klopf. »Schlaft ihr schon?« Wir waren wie erstarrt, warteten … Irgendwann trabte sie wieder ab. Puh. Zur Sicherheit schlossen wir erst mal die Tür ab. Natürlich war die Stimmung erst mal wieder im Eimer. Danach störte uns aber nichts mehr. Die Kondome ließen wir irgendwann weg, da hatte ich mich dann völlig entspannt. Früh um fünf, nach sieben Stunden Action, beschlossen wir, das Ganze abzubrechen. Inzwischen waren wir beide völlig erledigt. Damit die Sache nicht aufflog, warf ich die Tücher nicht in den Müll, sondern versteckte sie im Schrank und in Schubladen. Christian gab ich auch noch einen Packen mit.

Am nächsten Tag haben wir uns ganz intensiv darüber unterhalten. Wie das für ihn war, wie das für mich war. Ich fand's toll und habe es genossen, das habe ich ihm auch gesagt. Er grinste nur und verdrehte die Augen: »Na, als du diese Küchenrollen ausgelegt hast, das war schon 'ne Nummer.« In der Zeit danach haben wir es manchmal mehrmals am Tag gemacht. Kaum kam ich von der Schule nach Hause – er hat mich oft abgeholt –, schmiss ich den Schulranzen in die Ecke, guckte, ob auch keiner da war und hüpfte mit ihm ins Bett. Er hat sich sehr auf mich eingestellt und immer dafür gesorgt, dass ich auch auf meine Kosten kam.

Nicht lange danach hat mich meine Mutter gefragt, ob wir schon miteinander geschlafen hätten. »Ja, haben wir«, hab ich gesagt und: »War schön.« Mehr nicht. Das war mir damals noch ein bisschen peinlich. Sie meinte nur: »Denk dran, die Pille zu nehmen. Und wenn irgendwas ist, sag mir Bescheid.« Später habe ich ihr die Sache mit den Küchenrollen erzählt. Da hat sie sich totgelacht.

Ich habe drei Jahre die Pille genommen, dann haben wir mit Kondom verhütet, schließlich gar nicht mehr. Ich war inzwischen aus der Schule raus, hatte eine Lehre als Ergotherapeutin angefangen. Wenn's passiert, passiert's, sagten wir uns. Eineinhalb Jahre hat es aber noch gedauert, bis ich schwanger wurde. Das war dann aber auch gutes Timing, weil ich da gerade mit der Ausbildung fertig war.

Zwischendurch hatten wir allerdings noch mal eine Krise. Zu dem Zeitpunkt führten wir eine Fernbeziehung. Er war im Sicherheitsgewerbe und überall in Deutschland unterwegs, damals gerade in Frankfurt. Wir vertrauten uns nicht richtig, stritten uns ständig. »Wer weiß, was du in München machst. Wer weiß, was du in Gera machst.« So ging das oft am Telefon. Eines Tages rief er an und sagte, er hätte eine andere kennengelernt. Du blöder Arsch, dachte ich.

Ein bisschen aus Trotz habe ich es dann auch mit einem anderem probiert. Einen, den ich aus unserem Dorf kannte. Das war aber völlig für'n Arsch. Der Sex hat fünf Minuten gedauert. Das kannte ich von Christian nicht. Unter zwei Stunden ging da gar nichts. Er brauchte sehr, sehr lange, was nicht immer gut, aber manchmal auch sehr gut war. Danach haben wir immer noch gekuschelt und geredet. Mit dem Typen war das völlig anders. Als er fertig war, fragte er nicht, wie's mir ging oder irgendwas anderes, sondern drehte sich einfach um und schlief ein. Ich kam mir total verarscht vor. Einmal und nie wieder.

Irgendwann rief Christian an: »Ich will dich zurück.« Wir trafen uns wieder, küssten uns und, tja, landeten im Bett. Da merkte ich wieder, was ich an ihm hatte. Er behauptet ja bis heute, er hätte mit der anderen nicht geschlafen, nur ein bisschen Petting gemacht. Ich kann nicht sagen, ob das stimmt oder nicht. Als wir schon wieder zusammen waren, hat sie mir nämlich eine böse SMS geschrieben: »Hallo, hier ist Anna. Lass die Pfoten von meinem Kerl!« Ich hab zu Christian gesagt: »Du rufst die jetzt an. Ich steh daneben und hör mit.« Hat er auch gemacht. Er sagte ihr, sie solle mir keine SMS mehr schicken. Da zickte sie rum: »Ich werde dir noch richtig eins auswischen, dass du mich fallen gelassen hast ...«

Nicht lange danach ist mir leider noch mal ein Ausrutscher passiert. Wir waren zwar schon wieder zusammen, aber er war immer noch in Deutschland unterwegs, arbeitete mittlerweile in München. Ich habe mit meinem Bruder auf einer Weihnachtsfeier die Bar gemacht. Als alle weg waren – da war ich schon ein bisschen betrunken –, knutschte ich mit meiner Grundschulliebe. Wenig später hatten wir Sex in meinem Auto. Es ging zwar ein bisschen länger, eine Viertelstunde vielleicht, aber es war auch nicht der Rede wert. Gleich am nächsten Tag habe ich es Christian gebeichtet. Er meinte bloß: »Du musst dich wohl immer noch ausprobieren, was?« Er hatte recht. Ich hatte ja nur ihn gehabt. Danach haben wir uns wieder zusammengerauft.

Wir haben sexuell einiges zusammen ausprobiert. Stellungen sowieso, Spielzeug wie Handschellen, Dildos und Liebeskugeln und auch viele Orte. Auf einem Boot haben wir es mal gemacht, im Wald und im See. Telefonsex haben wir probiert, als er in München gearbeitet hat. Und Rollenspiele waren auch mal angesagt. Krankenschwester, Nonne, Rotkäppchen. Da mussten meine Faschingskostüme alle mal herhalten. Pornos fanden wir beide nicht anturnend, über das Gestöhne haben wir uns eher amüsiert. Ihn hätte ein Swingerklub mal gereizt. Dafür konnte ich mich aber nicht begeistern. Ich hätte Schiss, dass mich da jemand erkennt. Allein die Vorstellung, ich würde da einem Patienten begegnen. Nee.

In den ersten Monaten, in denen ich schwanger war, hatte ich eine richtige Abneigung gegen Sex, da haben wir auch viel gestritten, ab dem fünften Monat bekam ich aber ganz doll viel Lust, warum auch immer. Ich fand es total schön mit Babybauch, ihm war es, glaube ich, nicht ganz geheuer. Schon kurz nach der Geburt am 6. August 2007 saß ich wieder wie auf Kohlen. Wann gehen die blöden sechs Wochen nur rum. Ich will endlich wieder Sex haben, dachte ich oft. Ihm ging das gar nicht so. Er war bei der Geburt dabei gewesen und hatte alles von unten gesehen, ich ja nur von oben.

Der erste Sex war für uns beide erst mal anders als vorher. Ich hatte den Eindruck, dass alles enger war. Das hat er auch gesagt. Mit der Zeit gab sich das aber. Mit Baby war es allerdings schwierig, überhaupt Sex zu haben. Entweder man musste es richtig planen und das Kind am Wochenende mal an eine der Omas abgeben oder es ging nur mal schnell zwischendurch, wenn der Kleine gerade schlief.

Als ich nach einem Jahr wieder anfing zu arbeiten, lief es nicht mehr mit uns. Der Alltag klappte hinten und vorne nicht. Christian tat nicht viel im Haushalt, lag oft faul auf dem Sofa. Als ich ihn darauf ansprach, kam nur: »Ich brauche Zeit für mich.«

Er hatte auch ein Problem damit, dass ich mit meinen Mädels ab und zu wieder wegging. Ich bin ein sehr geselliger Typ, er daddelt lieber am Computer herum. »Na, wen hast'n heute kennengelernt?«, blaffte er, wenn ich mal spät nach Hause kam. Schlug ich ihm vor, dass wir beide ja mal zusammen weggehen könnten, wollte er das auch nicht.

Vor Kurzem habe ich mich von ihm getrennt. Er selbst schlug zwar vor, zweimal im Monat einen Familien-Sonnabend zu machen, beim zweiten Mal kam er aber schon nicht mehr. Als ich anrief, wo er bliebe, meinte er nur: »Och, das habe ich ja ganz vergessen.« Vielleicht packen wir es ja irgendwann wieder. Wenn nicht, tja, das Leben geht weiter.

Er war ein kleiner Macho

Isabelle, 18, angehende Erzieherin
(Erstes Mal mit 14)

An meinen ersten Freund habe ich nur schlechte Erinnerungen. Heute würde ich nicht mehr auf ihn reinfallen. Aber damals, mit 14, war ich noch zu unerfahren. Ich habe alle Anzeichen ignoriert. Ich war verliebt und saß monatelang auf meiner kleinen rosa Wolke. Der Absturz in die Wirklichkeit war dann umso härter. Kurz nach unserem ersten Mal hat er mich betrogen. Er war ein kleiner Macho, der ständig Bestätigung brauchte. Ich hab mich ganz schön von ihm verarschen lassen.

Ich komme aus einem kleinen Dorf in Thüringen. Meine Eltern waren immer ganz locker und offen bei dem Thema Sex. Sie sind auch schon mal nackt durch die Wohnung gelaufen, das war für mich ganz normal. Meine Mutti ist ja auch noch jung, erst 39, und für mich mehr wie eine Freundin. Mit ihr kann ich auch über Intimes reden. Das meiste über Sex habe ich allerdings aus der Schule. Die *Bravo* hab ich mir nur ab und zu gekauft und mich meistens über das, was da drinstand, amüsiert. Ein Mädchen wollte es sich zum Beispiel mal mit 'ner Möhre machen, hat aber ihr Jungfernhäutchen nicht durchbekommen. Das war schon ziemlicher Quatsch.

Bevor ich ihn kennenlernte, hatte ich nur ein paar kleine Liebeleien. Mit zwölf habe ich zwar in der Musikschule zum ersten Mal einen Jungen geküsst, aber das war mehr Kinderei. Er war in meiner Parallelklasse. Eine Freundin hatte mit ihm Kontakt, weil sie wie er oft in der Raucherecke stand. Ich fand ihn niedlich. Er hatte ganz viele Sommersprossen. Erst mal hab ich ihn eine ganze

Weile aus der Ferne angehimmelt, bevor ich meine Freundin fragte, ob sie mir nicht seine Handynummer besorgen könne. »Das mach mal schön selbst«, meinte sie nur. Sie hat mich schließlich mehr oder weniger zu ihm hingeschubst, damit ich ihn endlich frage. Er grinste und gab mir seine Nummer. Später erzählte er, dass er auch an mir interessiert gewesen war.

Als wir mal mit der Schule im Kino waren und er neben mir saß, fing es so ein bisschen an. Er legte seine Hand auf mein Bein, ganz vorsichtig. Das hat mir gefallen. Wir trafen uns immer mal wieder. In einer Disco hat er mich dann zum ersten Mal geküsst. Wir saßen nebeneinander, als er plötzlich seinen Arm um mich legte und fragte: »Wollen wir uns nicht mal küssen?« Ich habe nichts weiter gesagt, sondern es einfach getan. Richtig mit Zunge. Er konnte es ganz gut. Das war im Dezember 2004. Zu dem Zeitpunkt war ich schon total in ihn verliebt, und er auch in mich. So schien es jedenfalls. Zu Weihnachten schenkte er mir ein halbes Herz als Anhänger, mit seinem Namen drauf. Er hatte das Gegenstück mit meinem Namen.

Ende Januar durfte ich zum ersten Mal über Nacht bei ihm bleiben. Erst wollte meine Mutti das ja nicht so, aber sie hat's mir doch erlaubt. Da passierte aber noch nicht viel. Wir haben DVDs geguckt, gekuschelt und uns ein bisschen gestreichelt. Ein paar Tage später sprach meine Mutti mich an, ob wir nicht mal zum Frauenarzt gehen wollten wegen der Pille. Der Arzt hat ein paar komische Fragen gestellt, zum Beispiel: »Warst du schon mal schwanger?« Es war auch ein bisschen seltsam, dass meine Mutti danebensaß, aber alles in allem war's ganz okay. Ich wurde auch darüber aufgeklärt, dass ich die Pille erst einen Monat nehmen muss, bevor sie wirkt.

Unter Druck gesetzt hat er mich nie. Er hat immer gesagt: »Erst, wenn du willst.« Ich denke, er muss sein erstes Mal schon lange hinter sich gehabt haben. Geredet hat er darüber zwar nicht, aber ich wusste, dass er schon ein paar Freundinnen vor mir gehabt hatte. Es war klar, dass ich die vier Wochen, bis die Pille wirkt, abwarten würde, aber wir haben den genauen Zeitpunkt nicht geplant. Es ist einfach passiert. An einem schönen Frühlingstag Anfang März. Ich hatte bei ihm übernachtet. Nach dem Aufwachen hat er mich erst ein bisschen geküsst und gestreichelt. Dann ging's schnell schnell. Er war zwar vorsichtig, hat auch ein paarmal gefragt, ob's wehtut, aber besonders prickelnd war das Ganze nicht. Wie, das war's jetzt schon?, dachte ich, als er fertig war. Ich hatte mir das ganz anders vorgestellt. Ich hatte gehofft, dass er ein bisschen langsam an die Sache rangeht. Romantisch, mit Kerzen, das war so meine Vorstellung. Immerhin hat's nicht sehr wehgetan, nur ein bisschen. Und auch geblutet hat's nicht. Davon hatten einige Mädchen aus meiner Klasse erzählt.

Ich hätte lieber zusätzlich ein Kondom benutzt. Im Aufklärungsunterricht hatten wir mitbekommen, wie schnell man schwanger werden kann, und das hat mich zusätzlich abgeschreckt. Er hat das mit dem Kondom aber nicht hingekriegt. Als er probiert hat, es drüberzumachen, ist sein Penis wieder erschlafft. Das war immer so. Es hat nie geklappt bei ihm. Vielleicht auch, weil er's nicht wollte.

Geredet haben wir über das erste Mal nicht. Aber wir haben auch generell nicht sehr tiefgründig miteinander geredet. Ich habe lange nicht gemerkt, dass es im Grunde gar nicht passte mit uns. Ich hatte eine ganz dicke rosa Brille auf.

Erzählt habe ich keinem vom ersten Mal. Das war unter uns Freundinnen nicht so das Thema. Als mein Vati mich mal bei ihm abgeholt hat, fragte er mich auf der Heimfahrt: »Und, habt ihr schon?« »Ja«, hab ich nur gesagt. Das war mir dann doch ein bisschen peinlich. Er hat nur gegrinst, aber zum Glück nichts weiter gesagt. Mit meiner Mutter habe ich erst später mal darüber geredet. Sie war nicht gerade begeistert, dass wir's ohne Kondom gemacht haben.

Nur ein paar Wochen später hat er mich während einer Klassenfahrt betrogen. Er war mit seiner Klasse an der Ostsee, ich mit meiner in Hamburg. Die ganze Schule wusste es vor mir. Er hatte es der Freundin erzählt, die für mich nach seiner Nummer fragen sollte, und die hat es gleich weitererzählt. Mir sollte es aber keiner sagen. Ich erfuhr es Ende April, als ich mit ihm und ein paar Freunden in einer Disco war. Er war schon den ganzen Abend total komisch und hat kein Wort mit mir geredet. Ein Kumpel von mir ist schließlich auf meine Bitte hin zu ihm hingegangen und hat gefragt, was los sei. Es dauerte nicht lange, da kam er wieder. »Er ist fremdgegangen.« Ich konnte nicht weinen, nichts sagen, ich saß einfach nur fassungslos da. Und dass er auch noch zu feige war, mir das selbst zu sagen, war noch die Krönung. Ich bin kurz danach mit einer Freundin heimgefahren.

Doch obwohl er so mit mir umgesprungen war, waren meine Gefühle immer noch stark. Die kann man ja nicht so einfach abstellen. Deshalb haben wir noch mal geredet und kamen wieder zusammen. Ein paar Wochen später, im Mai, hat er mich wieder betrogen. Dieses Mal mit meiner besten Freundin. »Ich war's«, simste sie mir. Ich habe den Kontakt zu ihr sofort abgebrochen. Später, als wir wieder miteinander geredet haben, erzählte sie, dass sie zu ihm gesagt hätte: »Wenn du es ihr nicht innerhalb von einer Woche sagst, sag ich es!« Da war er wieder zu feige. Er war bei ihr übrigens auch der Erste, das muss er wohl toll gefunden haben.

Leider wollte ich immer noch nicht einsehen, dass ich es besser beenden sollte. »Machst du es noch mal?«, fragte ich ihn. »Nein«, sagte er. Nach ein paar halbherzigen Wochen war endgültig Schluss. Dann kam's aber erst richtig dicke.

Kaum getrennt, erzählte mir sein Kumpel, dass er damals an der Ostsee nicht nur einmal, sondern zweimal fremdgegangen sei. Mit zwei unterschiedlichen Mädchen! Da ist bei mir ein richtiger Hass auf ihn hochgekommen. Er hat mich ganz schön verarscht. Ich erfuhr in der Zeit auch, dass er dieser Freundin, die ihn für mich ansprechen sollte, erzählt hatte, was wir so im Bett machen. Und das tratschte die auch in der Schule herum. Wie man so was machen kann, kann ich überhaupt nicht verstehen. Er hatte totalen Quatsch über mich erzählt, zum Beispiel, dass ich irgendwelche Krämpfe im Bett gehabt hätte. Er war schon ein richtiges Arschloch.

Im Grunde hätte ich viel früher merken müssen, dass das mit ihm nichts ist. Ich habe mich im Bett mit ihm nie richtig wohl gefühlt. Wir konnten uns nicht richtig aufeinander einlassen. Das war alles sehr verklemmt, überhaupt nicht entspannt. Wir haben auch gar nicht so oft miteinander geschlafen, und auch nur, wenn er den Anfang gemacht hat. Meist lief es 08/15-mäßig ab, richtig auf mich eingegangen ist er nicht. Nur einmal hat er sich angestrengt und alles ein bisschen romantisch gemacht. Da hatte er Badewasser eingelassen, darauf Rosenblätter verteilt und überall Kerzen hingestellt. Das war noch vor seinem ersten Fremdgehen.

Heute bereue ich, dass ich mein erstes Mal mit ihm hatte. Ich kann nur jedem Mädchen raten, es ganz langsam angehen zu lassen und denjenigen erst länger kennenzulernen. Es war einfach zu schnell bei uns. Wir kannten uns ja noch gar nicht richtig.

Obwohl es so scheiße lief mit ihm, war die endgültige Trennung trotzdem erst mal schwer für mich. Ich hab ihm noch wochenlang hinterhergeheult, rannte oft mit verquollenen Augen durch die Gegend und konnte nicht viel essen. Wir haben uns zwar noch ein paar Mal getroffen, weil wir befreundet bleiben wollten, aber das hat natürlich nicht funktioniert. Kaum hatte ich einen neuen Freund, kam er dann plötzlich wieder an und wollte mich zurück. »Denkst Du noch an unsere guten Zeiten ...?«, simste er. Welche guten Zeiten?

Ich lernte meinen jetzigen Freund ein paar Monate später, im Oktober, kennen. Ich hatte ihn schon vorher immer mal gesehen. Er ist drei Jahre älter, groß, hat braune Haare, grüne Augen und ein tolles Lächeln. Als wir in einer Disco waren, in der er zufällig auch war, hat meine Freundin Julia ihn für mich angesprochen. Er hatte einen Kumpel dabei, und wir haben uns dann draußen zu viert unterhalten und Nummern ausgetauscht. In der nächsten Zeit sind wir ab und zu mal zu viert ins Kino gegangen.

Ich mochte ihn von Tag zu Tag mehr, fühlte mich total wohl mit ihm. Das war so ganz anders als bei meinem ersten Freund. Am 18. November hat er mich zum ersten Mal geküsst. Das war ein bisschen wie im Film. Wir waren mal wieder unterwegs, danach hat er mich heimgefahren, noch bis zur Haustür gebracht und mich dort einfach in den Arm genommen. Ich fühlte mich wie im siebten Himmel. Bei ihm bin ich mir hundertprozentig sicher, dass er mir nie fremdgehen würde. Er ist ganz anders. Er ist viel liebevoller, macht mehr für mich, kümmert sich rührend, wenn's mir schlecht geht. Ich hab mich auch von Anfang an mit seiner Familie richtig gut verstanden. Es passte einfach alles.

Wir haben erst ein bisschen gewartet, bevor wir miteinander geschlafen haben. Er ist ein zurückhaltender Typ, vom Sternzeichen auch Fisch. Ich war seine erste Freundin, er hatte vor mir noch nicht mal richtig geküsst. Ich fand das voll niedlich.

Weil er total aufgeregt war, ging im entscheidenden Moment zwar erst mal gar nichts. Das fand ich aber überhaupt nicht schlimm, im Gegenteil, es war irgendwie süß. Obwohl er's noch nie gemacht hatte, hat er das mit dem Kondom sofort hinbekommen. Es war mit ihm viel viel schöner, weil eine ganz andere Nähe da war. Wir haben danach auch noch ganz lang miteinander gekuschelt und geschmust.

Wir hatten ein besonderes Vertrauen zueinander, deshalb konnten wir schon bald darüber reden, was wir gerne mal ausprobieren würden. Das wäre mit meinem ersten Freund undenkbar gewesen. Er hat sich immer nette Sachen für mich ausgedacht. Einmal hat er einen Obstteller, flüssige Schokolade und Sahne vorbereitet. Damit haben wir uns gefüttert und am Körper rumgeschmiert. Ich habe ihm mal die Augen verbunden und ihm Handschellen angelegt. Mit Julia hatte ich vorher darüber geredet, wie man das am besten hinbekommt, damit man hinterher nicht alles alleine machen muss.

Leider hatte ich noch nie einen Orgasmus, weder bei meinem ersten noch bei meinem jetzigen Freund. Er ist deshalb schon total verzweifelt und traurig. Wir haben zwar schon hin und her überlegt und es mit verschiedenen Stellungen probiert, aber das bringt nichts. Ich werde wohl mal zum Frauenarzt gehen und fragen, was man da machen kann.

Mit ihm kann ich mir vorstellen, für immer zusammen zu sein. Jetzt ist es Liebe, beim Ersten war es nur Verliebtsein. Ich kann mit ihm über alles reden, mit ihm alles machen. Und weil er ein lustiger Typ ist, habe ich auch viel Spaß mit ihm. Dadurch, dass er wie ich Fisch ist, haben wir einfach ganz viel gemeinsam. Wir wollen zum Beispiel beide nicht heiraten. Das hat mir wohl meine Mutti vererbt. Sie wollte das auch nie. Kinder will ich aber schon.

Wenn's passt, dann passt's

Andreas, 15, Hauptschüler
(Erstes Mal mit 14)
Bruder von Natalie

Ich mag Mädels, aber manchmal nerven sie. Sie brauchen immer ihre Freundinnen, um etwas zu entscheiden. Sie wollen jeden Tag was mit einem unternehmen, so dass man nichts mehr mit seinen anderen Freunden machen kann. Und ungeduldig sind sie auch. Wenn man sich mal nicht gleich meldet, rufen sie alle drei Sekunden an. Man hat nie seine Ruhe.

Ich gehe in die 9. Klasse einer Münchner Hauptschule. Dreimal die Woche spiele ich Fußball im Verein. Ich habe noch eine ältere Schwester, Natalie, mit der ich mir ein Zimmer teile. Ich verstehe mich ganz gut mit ihr. Meistens jedenfalls. Manchmal nervt sie auch. Als sie mal krank im Bett lag, fing sie mit dem Thema Sex an. »Andi, hattest du schon dein erstes Mal?«, fragte sie. »Ja, hatte ich schon«, hab ich gesagt und bin gleich wieder aus dem Zimmer gegangen. Der Einzige, dem ich sonst davon erzählt habe, ist mein bester Kumpel. Er hatte es mit der Gleichen wie ich, nur später.

Zu meiner Mutter bin ich nie gegangen, wenn ich was wissen wollte. Das kann ich mir überhaupt nicht vorstellen. Irgendwann fing sie mal von sich aus an, aber eher so indirekt: »Was weißt du über Verhütung?«, »Pass bloß auf!« und so. Da bin ich auch einfach aus dem Zimmer gegangen. Ich hatte keinen Bock, darüber zu reden.

In der Schule hatten wir das Thema nur ganz kurz. Eine Stunde vielleicht, mehr nicht. Da wurde auch nur das Wichtigste erklärt zu Schwangerschaft und Verhütung. Kondome mussten wir nicht ausprobieren. Fand ich gut. Dabei hätten eh alle nur gelacht. Außerdem weiß man ja, wie die aussehen. Reicht doch, wenn man das beim ersten Mal ausprobiert. Die *Bravo* hab ich auch gelesen, vor allem die *Dr. Sommer*-Fragen. Und ins Internet geschaut. Da gibt's ja auch Aufklärungsseiten, wo man alles erfährt. Mit meinen Freunden habe ich mir übers Internet auch schon mal Pornos angeguckt. Da haben wir aber eher drüber gelacht.

Mit zwölf habe ich angefangen, mich so richtig für Mädels zu interessieren, mit 13 hatte ich meine erste Freundin. Mein bester Kumpel war mit ihrer Freundin zusammen, für ihn war es auch die erste. Wir haben die beiden in der Stadt kennengelernt. In einem Kleidergeschäft für Jungs und Mädels. Die waren beide cool drauf, lustig und schauten auch ganz gut aus. Sie hatten blonde Haare, waren nicht zu groß und nicht so schlank. Ich mag es nicht, wenn Mädchen zu dünn sind.

Mein Kumpel hat die beiden angesprochen und gefragt, ob sie mit uns noch was machen wollen. Er ist der Forschere und geht eher auf Mädels zu als ich. Wir haben uns erst mal unterhalten, wen wir mochten. Jeder fand eine andere gut. Das passte dann. Bisher sind wir uns noch nie wegen einem Mädchen in die Quere gekommen.

Wir sind zusammen aus dem Geschäft raus und mit denen in der Stadt rumgegangen, haben geredet, irgendwann Handynummern ausgetauscht. Meistens haben wir uns zu viert getroffen und was unternommen. Mehr als Küssen war mit ihr aber nicht, und es hat auch nur vier Wochen gedauert. Sie hat nicht mehr so viel Zeit gehabt, und dann war's halt wieder vorbei. Richtig verliebt war ich auch gar nicht.

Danach hatte ich noch einige Freundinnen, wie viele weiß ich nicht mehr. Aber das waren eh nur so Kindergartenbeziehungen mit Händchenhalten und Küssen. Mehr ist nicht gelaufen. Mehr wollte ich aber auch nicht. Da war noch nicht die Richtige dabei. Ich finde, das erste Mal ist eine Erfahrung, die man nicht mit irgendwem machen sollte. Für mich war klar: Das muss eine sein, die ich richtig lieb.

Ich habe sie beim Schlittschuhfahren kennengelernt. Sie war drei Jahre älter, 17, hatte blonde Locken und eine gute Figur. Sie war genau mein Typ. Wir sind ziemlich schnell zusammengekommen, zwei Wochen danach ist es schon passiert. Ich war in sie verliebt, sie in mich. Das passte halt.

Sie hat mir erzählt, dass sie schon ein paarmal Sex gehabt hatte. Ich fand's gut, dass sie mehr Erfahrung hatte. Dass ich mein erstes Mal noch nicht gehabt hatte, hab ich aber nicht gesagt. Sie hat mich nicht gefragt, und von mir aus hätte ich's auch nicht erzählt. Das wär mir peinlich gewesen.

Ich hab mir vorher nicht groß Gedanken gemacht, wie es sein könnte und hatte auch keine Angst, dass irgendwas schiefgehen oder ich was falsch machen könnte. Ich bin keiner, der viel nachdenkt, grübelt und so. Ich lasse alles auf mich zukommen. Wenn's passiert, passiert's. Außerdem haben die paar Jungen, die schon Sex gehabt hatten, erzählt, dass es cool wäre.

Geplant hatten wir es nicht. Wir lagen bei ihr auf dem Bett, guckten einen Film, und dann ist's halt auf einmal passiert. Wir haben uns Zeit gelassen, Vorspiel muss ja auch erst kommen. Dass wir's mit Kondom machen, war klar, sie hat die Pille nicht genommen. Es hat erst mal nicht gleich funktioniert, dann hat sie's mir erklärt. Das war mir ein kleines bisschen peinlich.

Danach lagen wir nebeneinander und haben den Film weitergeguckt. Geredet haben wir darüber nicht, wir waren beide müde. Sie sagte nur, dass es schön war und dass sie es sich so vorgestellt hat mit mir. Das fand ich natürlich gut.

Ich war schon stolz, dass ich's hinter mir hatte. Meinem besten Freund – dem, der später auch was mit ihr hatte – habe ich es noch am selben Tag erzählt. Ich hab gesagt, dass es schön war, dass es mir gefallen hat und dass alle beide gekommen sind. Denk ich mal. Es gibt natürlich auch Vortäuschung, aber sie hat ja gesagt, dass es ihr gefallen hat.

Zwei Tage später hab ich ihr gesagt, dass es mein erstes Mal war. »Dafür warst du nicht schlecht«, meinte sie. Ich wusste nicht, was ich darauf sagen sollte und hab aus Verlegenheit gelacht. Es ging dann nicht mehr lang mit uns, weil wir uns nur noch stritten. Sie hatte ihrer Freundin erzählt, dass ich mit ihr mein erstes Mal hatte, und die hat es weitererzählt. Da war ich ziemlich sauer und enttäuscht. Nach einer Woche habe ich Schluss gemacht.

Als wir schon getrennt waren, kam noch mal so ein Ding von ihr. Ich, ein Freund von mir, sie und noch ein anderer standen zusammen. Da sagte sie: »Stimmt ja gar nicht, wir haben nicht miteinander geschlafen.« Ich habe zu meinem Freund gesagt, dass es sehr wohl stimmt. Er hat mir auch geglaubt. War wohl die Rache von ihr, weil ich Schluss gemacht hatte. Für mich war's dann auch durch, und ich habe ihre Nummer in meinem Handy gelöscht.

Ein paar Wochen später war mein bester Freund mit ihr zusammen. Das habe ich aber nicht von ihm, sondern von einem anderen Kumpel erfahren. War zwar komisch, aber sauer war ich nicht. Ist sein Problem, wenn er sich auch auf so was einlassen will. Irgendwann hab ich ihn gefragt, ob sie's beide schon getan hätten. Er hat gesagt: »Ja, haben wir.« Mehr nicht. Genauer wollte ich es aber auch gar nicht wissen. Die beiden waren auch nicht lange zusammen. Sie sind auch im Streit auseinandergegangen. Wir haben jetzt beide nichts mehr mit ihr zu tun.

Zwei, drei Wochen später hatte ich die nächste Freundin, auch eine Blondine. Ich habe sie über einen Freund kennengelernt. Wir waren ein paar Monate zusammen, hatten aber auch oft Streit.

Sie erzählte Sachen über mich herum, die nicht stimmten. Das habe ich dann auch mit ihr gemacht.

Einmal bin ich auf einer Party fremdgegangen. Ich war mit Freunden in der Flughafendisco Nightflight. Sie hat mich angetanzt, wir haben miteinander geredet und uns halt auch geküsst. Dann haben wir unsere Nummern ausgetauscht und sind noch ein bisschen zusammen am Flughafen rumgegangen.

Meine Freundin hat das dann durch die Lokalisten herausgefunden. Das ist ein Freundschaftsnetzwerk im Internet, wo wir beide angemeldet sind und das Mädchen auch. Ich hatte ihr einen Kommentar unter ihr Bild geschrieben, der schon ziemlich eindeutig war. Dass meine Freundin da ja reinschauen kann, daran habe ich nicht gedacht. Sie hat mir sofort eine SMS geschrieben, was das solle. Ich hab zurückgeschrieben, dass ich nichts mit der hätte, mich rausgeredet. Wie's Jungs halt machen. Dann hat sie mir verziehen, und darüber war ich auch froh. Das war ja auch nichts mit dem anderen Mädchen, das ist halt so passiert mit dem Knutschen. Wir haben uns aber nach ein paar Monaten doch getrennt. Es ging nicht mehr. Das Vertrauen war weg. Sie hatte behauptet, ich hätte was Schlimmes gesagt über sie. Das hatte ihr wohl irgendjemand gesagt. Es stimmte aber überhaupt nicht. Darauf hatte ich keinen Bock mehr. Wenn ich wieder eine Freundin habe, dann muss es eine sein, die Vertrauen in mich hat und nicht den anderen mehr glaubt als mir.

Miteinander geschlafen haben wir nicht. So weit waren wir noch nicht. Es war immer ein Hin und Her bei uns, mal waren wir auseinander, dann wieder zusammen. Da hatte ich nie Lust zu. Ihr ging es, glaube ich, genauso.

Ich will auch nicht einfach so Sex haben und setz mich da nicht unter Druck. Ich sag mir: Wenn's die Richtige ist, kann's passieren. Wenn es nicht die Richtige ist, dann muss es nicht passieren. Wenn's passt, dann passt's.

Du, Michi, wir hätten gern unser erstes Mal ...

Natalie, 18, Zahnarzthelferin
(Erstes Mal mit 15)
Schwester von Andreas

In der fünften Klasse fing es an. Mit der *Bravo*, dem Schminken und den Jungs. Ein ganz cooles Schuljahr war das. Meine Freundin Marianna hat mich zum ersten Mal mit Kajal und Wimperntusche hübsch gemacht und mir auch Locken gedreht. Wir fingen an, uns für schöne Klamotten zu interessieren, blätterten oft in Versandhauskatalogen und überlegten, was den Jungs aus der Klasse gefallen könnte.

Von der vierten zur fünften Klasse, das war damals ein ganz großer Sprung bei mir. In der vierten waren Jungs überhaupt noch kein Thema.

Ich war immer froh, wenn ich daheim war und mit meinem Puppenhaus spielen konnte. Dann kam der Tag, als der Benedikt, ein Schulkamerad von mir, mein Barbiehaus sah und fragte, ob ich noch mit Barbies spielen würde. »Nee, das ist von meiner kleinen Cousine«, sagte ich. Das war mir ganz peinlich. An dem Tag habe ich es in den Keller gestellt.

Mit elf haben Marianna, Tamara und ich uns auch zum ersten Mal die *Bravo Girl* gekauft. Sobald eine neue rauskam, holten wir uns die. Wir fanden es toll, dass da immer viel übers Schminken und neue Frisuren drinstand. Ab und zu gab es auch mal ein Geschenk, zum Beispiel ein Lipgloss. Im Grunde habe ich alles, was ich weiß, aus der *Bravo Girl*. Die war für uns abgöttisch. In die normale *Bravo* haben wir zwar auch mal reingeblättert, aber so toll fanden wir die nicht. Wir fanden es eklig, dass die Jungs unten so behaart waren und fragten uns immer: Wie passt denn so was bei uns Mädchen rein?

Am spannendsten waren für uns die Problemsachen, die andere Mädels hingeschickt haben: »Wie sage ich ihm, dass ich nicht mit ihm schlafen will?« oder »Wie mache ich das am besten beim ersten Mal?«. Wir überlegten, wie das so ist, wenn man sich auszieht vor einem Jungen und ob die Mädchen in den Geschichten sich da nicht geschämt haben. Wir hätten das voll peinlich gefunden. Keine konnte sich damals vorstellen, Sex zu haben. Wenn der auf mir drauf liegt, wie bekomm ich da überhaupt noch Luft? Der ist doch schwer, und ich bin so klein …?, fragte ich mich. Oder: »Der kann doch da auch gar nicht so gerade rein?«

Für uns war klar, dass wir das nur machen, wenn wir einen festen Freund haben. Ich habe mir immer gedacht, dass es irgendwo auf der Welt den Jungen schon gibt, mit dem ich mein erstes Mal haben werde, und ich wusste, dass ich in den auch verliebt sein wollte.

In der Fünften hatten wir auch zum ersten Mal Sexualkunde. Die Basics wussten wir zwar durch die *Bravo*, aber man hat natürlich noch viel anderes erfahren. Einmal schauten wir ein Filmchen. Da sah man einen Jungen und ein Mädchen, die verliebt waren und sich geküsst haben. Es ging mehr um die Gefühle, wie der Körper dabei spielt, viele essen ja dann nichts mehr. Die Jungs fanden es voll cool, wie der Junge das Mädchen geküsst hat. Wir Mädchen haben uns ein bisschen geschämt, so ein Kicherschämen war das.

Zu der Zeit waren alle Mädels in einen Jungen verschossen, den Matze. Der hat auf einem Bolzer an der Schule immer mit seinen Freunden Fußball gespielt. Ich weiß nicht, was die so toll an ihm fanden. Er hatte kurze braune Haare, braune Augen, war gar nicht so schlank. Er sah eigentlich aus wie ein kleiner Teddybär. Er hat erst mit meiner Freundin Marianna was angefangen, danach waren es irgendwie mehrere andere.

Der Erste, der mir voll gut gefallen hat und in den ich mich auch verliebt habe, war der Marco. Groß und blond war der mit braunen Augen. Als er mal bei uns in die Klasse reingeschaut hat, weil er jemanden suchte, hab ich ihm von hinten auf die Schulter geklopft: »Hallo Marco!« Er drehte sich um und schaute mich ganz verblüfft an: »Wie siehst du denn heut' aus? Du siehst ja voll gut aus!« Es war der Tag, an dem ich zum ersten Mal geschminkt in die Schule kam. Ich war ganz glücklich und sagte zu Marianna: »Du musst mich jetzt jeden Tag schminken!« Ich hatte Kajal, Lidschatten und Wimperntusche drauf und eine schicke rote Hose an.

Kurz danach war ich mit ihm zusammen. Meine Freundinnen hatten ihn in der Schule gefragt, ob er mit mir gehen will. Ich hatte mich nicht getraut, selbst zu fragen. Geküsst haben wir uns aber nicht, das war alles noch ziemlich unschuldig. Meiner Mama habe ich das auch nicht erzählt. Als sie mich mal in der Früh in die Schule gefahren hat und am Pausenhof rausließ, stand er schon da. Das war mir vor meiner Mama so peinlich, dass ich gar nichts zu ihm gesagt habe, sondern einfach hinter ihm her getapst bin. Nach einer Woche habe ich zu ihm gesagt, dass ich nicht mehr will.

Eine ganze Weile hatte ich keinen Freund mehr. Ich wollte, aber irgendwie auch nicht. Dann kam in der sechsten Klasse der Matze, der, auf den die ganzen Mädchen abgefahren sind. Er hatte so einen besonderen Charme, hat den Mädchen immer Komplimente gemacht. Als ich gerade beim Reiten war, ein Tagesausflug vom Stadtjugendamt war das, kam eine SMS von Tamara: »Der Matze hat sich in dich verknallt.« In mich, die Einzige, die ihn nicht toll fand!

Einen Tag später dachte ich mir: Och, du kannst ja mal zum Bolzer gehen und gucken ... Ich habe mir zwei Zöpfe gefloch-

ten, eine graue Sweatshirtjacke angezogen und bin ganz selbstbewusst hingegangen. Als ich auf der Schaukel saß, kam er zu mir:
»Ja, ich bin in dich verliebt.« »Das sagst du ja nur so.« »Nein,
wirklich.« Alle Mädchen redeten auf mich ein, ich solle es doch
mit ihm probieren, er sei doch so toll. Warum eigentlich nicht,
ich hab ja keinen Freund und kann's ja mal mit ihm versuchen,
sagte ich mir und verabredete mich mit ihm am Bolzer. Ich fand
ihn dann auch immer toller. Nach ein paar Wochen wollte er
aber nicht mehr. Ich war zwar ein bisschen traurig, aber gleichzeitig war es auch okay.

Als Tamara und ich kurz danach wieder auf dem Bolzer waren, kam Matze an: »Wir spielen jetzt mal ein Spiel …«, sagte er,
nahm eine Kastanie und zielte damit auf einen Mülleimer. »Für
jede Kastanie, die ich in den Eimer treffe, bekomme ich von euch
einen Kuss auf den Mund.« Natürlich hat er alle reingetroffen,
ungefähr zwölf Stück. Wir haben ihn auch geküsst, und es hat
voll Spaß gemacht. Er stand irgendwie auf jedes Mädchen und
hat auch jede verarscht. Das war einfach der Matze.

Ein Jahr drauf, mit 13, da war ich in der siebten Klasse, kam
ich wieder für zwei Wochen mit ihm zusammen. Als sich meine
beste Freundin Jessica in ihn verliebte, sagte ich ihr, dass er voll
blöd sei. Ich wollte sie warnen, sie kannte ihn ja nicht so wie ich.
Dann bin ich aber selbst wieder auf ihn reingefallen. Als Jessica
während des Sommers im Schullandheim war, haben wir uns geküsst. Es war ganz, ganz gemein von mir, sie so zu hintergehen,
hab ich auch nie wieder in meinem Leben gemacht.

Wir waren nachmittags an der Isar, saßen dicht nebeneinander
und tranken Sangria. Es war das erste Mal, dass ich Alkohol
trank. Plötzlich beugte sich Matze zu mir rüber und gab mir einfach ein Bussi auf den Mund. Er küsste und küsste mich … Ich
konnte es aber gar nicht genießen, weil ich die ganze Zeit über
nachdachte: Mache ich irgendwas falsch? Wie er das wohl fin-

det? Wo muss die Zunge hin? Als Jessica wieder da war, hat mir Matze vor ihr mal an den Po gelangt. Da erzählte ich es ihr. Sie war natürlich total sauer. Matze machte aber deutlich, dass er von ihr nun mal nichts wollte. Zu mir sagte er: »Ich will was von dir. Deswegen bin ich mit dir zusammen.«

»Kann ich heute bei Matze schlafen?«, fragte ich eineinhalb Wochen später meine Mama. Sie: »Wieso bei Matze? Wer ist das?« »Ein guter Kumpel«, sagte ich. »Die Anja ist auch da, der Michi und der Thomas und der Dominik. Das wird voll lustig.« Dass die drei Jungs bei ihm geschlafen haben, stimmte, allerdings war ich das einzige Mädchen. Das hab ich natürlich nicht gesagt. Kaum war ich da, fragten Matzes Eltern, ob ich das denn dürfe und riefen bei meiner Mama an. Die war geschockt. »Wie, das einzige Mädchen? Natalie hat gesagt, dass die Anja auch da schläft ...?« »Nee, die schläft nicht hier.« Meine Mama war ziemlich sauer und wollte erst, dass ich heimkomme. Matzes Vater beruhigte sie aber, und so durfte ich bleiben.

Er meinte zu mir: »Natalie, wenn irgendjemand versucht, dich anzufassen, dann komm ins Schlafzimmer. Du brauchst dich nicht zu schämen, ich schlag' sie alle um!« Wir guckten erst alle zusammen Fernsehen. Ich fand es richtig cool, mit den vier Jungs den Abend über zusammen zu sein und hab mich auch richtig gut mit allen verstanden. Und aufregend fand ich es, weil es das erste Mal war, dass ich bei einem Jungen geschlafen habe. Die drei haben auf dem Boden geschlafen, ich lag mit Matze im Bett.

Als alle eingeschlafen waren, küssten und streichelten wir uns. Das ging ewig, stundenlang. Dann machte er seine Hose auf, und ich hab ihm einen runtergeholt. Da ich nicht wusste, wie das geht, habe ich einfach meine Hand dahin gelegt. Plötzlich war sie voll, und es war ganz warm. Ich hab es mit Tempos abgewischt und mir im Bad die Hände gewaschen. Hinterher erzählte einer der Jungs, dass er die ganze Zeit wach war und es mitgekriegt hätte.

Das Küssen und Petting ging noch ganz lang weiter. Hoffentlich geht die Nacht nicht rum, dachte ich. Ich fand's toll. Die Zeit verging leider wie im Flug, auf einmal war es halb sieben. Ich musste aufstehen, weil ich zur Schule musste. Die anderen schliefen weiter, sie hatten an dem Tag ihre Klassenfahrt nach Italien. Matzes Mutter machte mir Müsli, und ich frühstückte noch mit seinem kleinen Bruder zusammen.

Kaum war ich aus der Wohnung raus, kamen mir schon die anderen Mädels entgegen. Da ich aus Matzes Richtung kam, fragten sie sofort: »Hast du bei ihm geschlafen?« »Ja!«, sagte ich. Ich war stolz darauf. Nur eine meinte: »Ihhh, dass du so was schon machst!« Die fand das nicht so toll, weil sie nicht so war. Die hat sich auch von Jungs nicht küssen lassen. Die anderen fanden es aber sehr interessant.

Für Jessica hatte ich inzwischen einen anderen Jungen gefunden. Auf dem 18. Geburtstag von Thomas, er war der Älteste aus der Clique, hab ich ihr Matzes Kumpel Dennis vorgestellt. Er gefiel ihr auch, und als die zwei ein bisschen was getrunken hatten, haben sie sich ständig geküsst.

Matze war mit seiner Klasse an dem Abend aus der Toskana zurückgekommen. Ich wunderte mich, dass er mir gar keine Bussis gab. Er war überhaupt ganz komisch zu mir. Ich unterhielt mich mit einem anderen Mädel, Maria, darüber, das mir anbot: »Ich kann ja mal testen, ob er dir fremdgehen würde.« Ich: »Wie willst du das machen?« Sie: »Ich geh hin und versuch, ihn zu küssen.« Ich: »Ich weiß nicht.«

Sie tanzte ihn einfach an, und dann tanzte er mit ihr. Dann hat er sie immer mehr angemacht, sie auch begrabscht. Das war ganz heftig für mich. Plötzlich waren sie verschwunden. Ein Freund von mir, Peter, kam kurz darauf zu mir und sagte: »Der Matze küsst grad die Maria.« Sie hatten sich hinter einen Vorhang verzogen. Als ich sie küssen sah, hab ich den Matze weggeschubst und ihm eine geschmiert. Er guckte mich nur an, dann bin ich raus und habe geweint. Er kam zu mir, sagte, er hätte halt keine Gefühle mehr für mich, und es würde ihm leidtun. Dann strich er mir über die Wange und meinte: »Aber ich verspreche, dass wir irgendwann wieder zusammenkommen.« Richtig mies war das. Am nächsten Tag im Freibad ging Jessica zu ihm hin und fragte, ob er es nicht noch mal mit mir versuchen wolle. »Nein«, sagte er, »ich hab mich in die Maria verliebt, die hat mir schon den ganzen Abend gefallen.« Da war ich fix und fertig. Im Café eines Freizeitheimes direkt neben dem Schwimmbad habe ich mich an dem Tag mit Jessica betrunken. Es war unser erster Rausch.

In gleichen Sommer lernte ich im Ferienlager auf Korsika Sandra kennen. Sie kam auch aus München. Als wir zurück waren, trafen wir uns oft. Einmal unterhielten wir uns übers erste Mal. Wir fanden, dass wir es endlich hinter uns bringen sollten, wir waren ja beide schon 14. Das Problem war nur, dass wir keinen Freund hatten. Dann kam uns eine Idee, im Nachhinein eine Schnapsidee, aber damals fanden wir sie gut. Jessica war mit ihrer Familie gerade im Weihnachtsurlaub in Italien. Sie hatte mir aber ihren Wohnungsschlüssel dagelassen, damit ich mit Sandra dort mal schlafen und Filme anschauen konnte. Meiner Mama hatte ich das nicht erzählt, Jessica ihren Eltern auch nicht. Wir hatten also die Wohnung, fehlte nur noch ein Junge. Wer würde es mit uns machen? Wir überlegten. Der Michi! Wir wussten, dass er mit vielen Mädchen schlief. »Der schläft bestimmt auch mit uns, wenn wir ihn fragen«, meinte Sandra.

Wir hatten es richtig durchgeplant. Erst sollte ich es machen und am nächsten Tag Sandra. Alles sollte ganz toll sein. »Was kaufen wir für Unterwäsche?«, fragte ich Sandra. »Am besten rote Seidenunterwäsche«, meinte sie. Wir wollten uns noch schönen Schmuck kaufen, das Bett schön beziehen, Kerzen aufstellen und Lichterketten besorgen. Und Musik und DVDs mitbringen, was Romantisches. Wir hatten sogar eine Einkaufsliste gemacht. Es war uns dann aber alles zu teuer. Das Einzige, was ich gekauft habe, war eine Perlenkette. Die hatte ich auch um.

Wir riefen also Michi an. »Du, Michi, wir hätten gern unser erstes Mal«, sagte Sandra. Er hat das ganz cool gesehen und war gleich einverstanden. Er war damals 15. Ich traf ihn an der U-Bahnstation Münchener Freiheit und fuhr mit ihm zu Jessicas Wohnung. Er hatte einen Film dabei, einen Beach-Film mit Jessica Alba. Die haben da ständig miteinander geschlafen. Ich lag ganz steif neben ihm auf dem Bett. Dann fing er an, mich anzugrabschen und ist mir immer zwischen die Beine gegangen, wie das halt so ist. Dann haben wir uns geküsst, er hat mich ausgezogen, ich hab ihn ausgezogen. Ich hab mich ganz schlecht gefühlt dabei.

Als wir miteinander schlafen wollten, habe ich mich so verkrampft, dass gar nichts mehr ging. Da war er sauer und meinte, ich solle ihm wenigstens einen blasen. Ich wusste zwar nicht, wie das geht, hab es aber doch gemacht. Auf einmal hatte ich alles im Mund und habe mich total erschrocken. Das war so widerlich. Ich bin sofort auf die Toilette, wo ich alles ausgespuckt und mir den Mund ausgewaschen habe. Als er weg war, habe ich mich ganz schlimm gefühlt. Voll eklig.

Sandra hat es am nächsten Tag gar nicht so weit kommen lassen, sie hat sich von ihm nur fingern lassen. Sie meinte: »Es hat total wehgetan. Danach konnte ich gar nicht mehr gehen.« Das war alles nicht so, wie wir es geplant hatten. Heute lachen wir drüber.

Weil ich auf meiner Schule nicht mehr mit den Lehrern klarkam, habe ich nach der achten Klasse, mit 15, die Schule gewechselt und auf der neuen das Jahr noch mal gemacht. Für die Jungs dort war ich natürlich Frischfleisch. Ich fand sie alle toll, die waren total hübsch. Vor allem die in der neunten. So was Großes und Hübsches gab es auf meiner alten Schule nicht.

Tom und Marc haben mir besonders gefallen. Über Marc haben die Mädchen aber ganz schlecht geredet: »Der will die Mädchen immer nur ficken«, sagten sie. Erst war ich vier Wochen mit Tom zusammen, dann merkte ich aber, dass mir der Marc viel besser gefiel und hab mit Tom Schluss gemacht. Immer, wenn mich Marc dann sah, sagte er auf Englisch: »Ex-Flame vom Tommy«.

Dann kam der 13. April. Eigentlich sollten mir an dem Tag die Mandeln rausgenommen werden. Da meine Blutwerte aber zu schlecht waren, konnte ich nicht operiert werden und deshalb doch mit Jessica auf die Hausparty von Franz gehen. Er feierte seinen 18. Geburtstag. Marc war auch da.

Ich entdeckte ihn auf der Terrasse. »Was machst du hier?«, fragte ich. »Das könnte ich dich jetzt auch fragen«, meinte er und grinste. Das kann ja was werden heute Abend, dachte ich. Später saß ich gut angetrunken im HipHop-Raum neben ihm. Auf einmal legte er seine Hand in meinen Schoß und küsste mich. Das Erste, was ich dachte, war: Mmm, hat der schöne Lippen. Und wie er küssen konnte!

Dann kam die Jenny, sie war so eine Schlampe, und machte mich ständig an. Die wollte nur mit ihm ficken. Er meinte aber zu ihr: »Verpiss dich mal.« Er hatte nur Augen für mich an dem Abend. Ich wusste natürlich, was er wollte.

Wir landeten später in einem Zimmer mit einem großen Doppelbett. Dass schon jemand drin lag – ein anderes Mädchen war mit einem Freund von Marc am Rummachen –, hat uns nicht gestört. Wir waren ja schon angetrunken. Er zog mich aus und hielt mir unter der Decke seinen Schwanz immer so hin. Plötzlich ging die Tür auf und Jessica kam rein: »Jessica, bring mal ein Kondom her«, rief er ihr zu. Sie holte auch eins.

Ich verkrampfte mich aber wieder so, dass nichts ging. Er war schon voll genervt und wollte dann auch, dass ich ihm einen blase. Ich war aber noch so schockiert vom ersten Mal, so richtig geschädigt, dass ich das nicht machen wollte. »Da hab ich schlechte Erfahrungen mit«, meinte ich. Ich nahm seinen Schwanz zwar in den Mund, und er fand das auch endgeil, ich hörte aber gleich wieder auf. Das hat er auch respektiert.

Als Jessica noch mal ins Zimmer kam, sagte er zu ihr: »Ich hab Hunger, bring mir mal eben was zu essen.« Sie hob ein Toastbrot auf, das auf dem Boden lag, schmiss es nach ihm und ging wieder. Ich schlief in seinem Arm ein, und es war toll. Er war total lieb, hat mir in der Nacht immer wieder über die Backe gestreichelt, und ich bin immer wieder aufgewacht. »Ich beobachte dich die ganze Zeit. Es ist so süß, wie du schläfst«, sagte er dann. Er war wirklich ganz süß.

In der Früh um sieben wurde ich wach. Das Erste, was ich dachte, war: »Um Gottes willen, was hab ich heute Nacht gemacht?« Das kam auf einmal so über mich. Ich weiß auch nicht, plötzlich schämte ich mich. In der Schule hab ich dann erst mal nicht mit ihm geredet und versucht, ihn nicht zu beachten. Ein paar Tage später habe ich ihn aber doch angerufen, ich hielt es nicht mehr aus. Er gab mir seine MSN-Nummer, unter der man chatten kann, und wir schrieben uns. Weil wir damals zu Hause noch keinen Anschluss hatten, bin ich jeden Tag ins Internetcafé gegangen. Immer, wenn »Mister Ice-T ist online« da stand, war ich ganz glücklich. Wir haben gechattet bis zum Umfallen.

Ich hatte einigen Mädels in der Schule erzählt, dass ich was mit Marc gehabt hatte. Ich hatte da gar nicht groß drüber nachgedacht, ich war halt so glücklich. Kurz danach mailte er mir, in seinem Alter wäre es nicht so, dass man direkt rumerzähle, wenn man etwas mit jemandem gehabt hatte. Das wäre voll kindisch von mir. Scheiße, dachte ich da. Wir haben rumdiskutiert, ich meinte, dass es doch gar nicht so gemeint sei. Ich hätte es doch nur einer Freundin erzählt, und das würde ich ja wohl noch dürfen.

Wir schrieben uns weiter, trafen uns auch mal zum Spazierengehen. Ich war hin und weg von dem Jungen, ich war ganz verliebt. Eines Tages, inzwischen war es Mai, kam er in der Pause zu mir, ich hatte gerade einen Lolli im Mund. Er stellte sich vor mich, zog mir den Lutscher aus dem Mund und sagte: »Willst du heut' Nachmittag zu mir kommen?« »Ja, kann ich machen«, sagte ich. Ich freute mich total. »Ich ruf dich nach der Schule an«, sagte er und steckte mir den Lutscher wieder in den Mund. In dem Moment gingen einige Mädels an uns vorbei und guckten groß. Ich war stolz, er war ja ein ganz Hübscher.

Als ich zu Hause war, war ich ganz kribbelig. Ich duschte noch schnell. Ich muss, nachdem ich im Bad war, eigentlich immer die Fliesen wieder trocken wischen. Das habe ich an dem Tag vor lauter Aufregung aber ganz vergessen. Dann rief er an. Sie würden mich mit dem Auto abholen und vor der Tür warten. Sein Freund hatte schon den Führerschein.

Der Kumpel hat uns kurz darauf bei Marcs Wohnung rausgelassen. Als ich hinter ihm die Treppe hochging, hab ich mir ganz viele Gedanken gemacht. Ob ich die Schuhe ausziehen oder anlassen sollte, wie ich seiner Mama gegenübertrete ... Sie saß mit seiner Schwester in der Küche, die gerade zu Besuch war. Sie ist schon 32 und Lehrerin. Ich mochte seine Mama auf Anhieb, und sie hat mich auch sofort in ihr Herz geschlossen. Bis zuletzt mochten wir uns sehr.

Wir waren dann in seinem Zimmer und haben einen Film angeguckt. Ich weiß nicht mehr, wie der hieß. Ein kranker Psycho-Film war das. Als er zu Ende war, hat er mich geküsst. Dann haben wir uns gegenseitig ausgezogen und miteinander geschlafen. Das kam dann einfach so. Wir haben kein Kondom benutzt. Ich wusste, dass es gefährlich ist, aber ich habe mich geschämt, ihn zu bitten, eins zu nehmen. Es war auch irgendwie raus aus meinem Kopf. Hoffentlich mache ich nichts falsch! Das war in dem

Moment wichtiger. Ein Vorspiel gab's nicht, es ging gleich los. Reingestürmt ist er aber nicht, er hat es schon langsam gemacht. Es hat deshalb auch nur ein bisschen wehgetan. Als es dann ging, hat es nur noch etwas gereizt. Geblutet hat es gar nicht. Er hatte relativ schnell einen Orgasmus. Ich zwar nicht, und darüber habe ich auch voll lange nachgedacht, aber es war schon schön. Ich hab mich nicht schlecht gefühlt. Vielleicht ging es ja dieses Mal, weil ich verliebt war.

Er gab mir danach gleich Tempos, damit nichts unten rausläuft. Wir lagen noch ein bisschen zusammen und haben gekuschelt, dann musste ich auch schon wieder los. Er hat nichts mehr dazu gesagt, ich auch nicht. Ich hab am Anfang sowieso immer ganz wenig bei ihm geredet, ich hab einfach meinen Mund nicht aufbekommen.

Zusammen waren wir danach nicht. Ich war in ihn verliebt und habe noch öfter mit ihm geschlafen, aber von ihm kam erst mal nicht so viel. Es wurde erst besser, als ich in den Sommerferien mit Jessica, sie ist Italienerin, für sechs Wochen nach Sizilien geflogen bin. Ich habe mich nur zweimal gemeldet. Da hat er gemerkt, dass er mich vermisst. Als ich zurückkam, fragte ich ihn, ob ich nur eine Freundin für ihn wäre. Da meinte er: »Ach nein, du bist doch mein kleiner Bebyengel. Du bist meine Freundin.« Er hat das »Baby« immer ausgesprochen wie »Beby«. Das klang total süß bei ihm.

Zwei Jahre waren wir ein Paar, und es war – bis auf die letzten Monate – auch immer sehr schön mit ihm. Ich habe sehr gern mit ihm geschlafen. Nach einer Weile wusste er genau, welche Knöpfe er drücken musste, und ich wusste es bei ihm. Auch das Blasen klappte immer besser. »Ich zeig es dir. Du machst bei mir eine Ausbildung«, sagte er mal lächelnd. Wir haben irgendwann gar nicht mehr »blasen« gesagt, sondern es hieß nur noch »Ausbildung«. Am Ende konnte ich es perfekt. Wir haben auch alle möglichen Stellungen probiert, und manchmal spielten wir »Stein, Schere, Papier«. Wer verlor, musste dem anderen einen Wunsch erfüllen. Das war eigentlich immer lustig.

Wir haben auch öfter zusammen gekifft. Er brachte mir bei, wie man einen Joint baut. Einmal bauten wir uns einen ganz großen und rauchten den. Er hatte extra noch gesagt: »Mach nicht so schnell, sonst wird dir schlecht!« Wurde es auch. Während wir Mühle spielten, ging's mir schon nicht mehr so gut. »Geh ans Fenster!«, meinte er. Wenn es mir schlecht ging, war er immer sehr besorgt um mich. Das war ganz süß. Ich hab mich dann übergeben, und er meinte: »Ich hab doch gesagt, langsam, ich hab immer recht.« Das hat er oft gesagt: »Ich hab immer recht, Beby.« Und es war echt so, letztendlich hatte er immer recht.

Als er mit härteren Sachen anfing, veränderte er sich immer mehr. Er ging immer öfter alleine weg und hatte neue Freunde. Er sagte, er würde sich für mich schämen, weil ich so jung aussehen würde. In der letzten Zeit sagte er oft zu mir, dass ich Scheiße labern würde und das Maul halten solle. Er könne mit mir über nichts reden, weil ich keine Ahnung hätte, wie's im Leben abgeht. Mit seiner Musik konnte ich nichts anfangen. Er hörte richtig krass Elektro, wie Sven Väth oder DJ Karotte. Einmal sagte er, ich solle mir ein paar DJs anschauen, mir die merken, und er würde mich abfragen. Das habe ich aber nicht gemacht.

Es hat sich zum Ende hin alles sehr, sehr traurig entwickelt. Wenn wir drinnen zusammen waren, war er der liebste Mensch und tat alles für mich. Wenn wir aber draußen waren oder er mit seinen Freunden unterwegs war und ich war mal dabei, dann war er voll das Arschloch. Er hat dann auch nie meine Hand genommen. Zu Hause, da war er immer er selbst, aber draußen war er wie ausgewechselt. Ich weiß, dass er mich geliebt hat. Aber Drogen haben halt die Macht. Ich selbst habe diese Drogen nie ausprobiert und werde es auch nicht machen. Es ist echt schade um ihn. Eigentlich kommt er aus einer super Familie. Die Eltern würden alles für ihn tun.

Als ich das letzte Mal bei ihm war, haben wir beide geweint. Ich lag in seinen Armen, die ich so geliebt habe. Ich habe da reingepasst wie ein Puzzlestück, das in einem Puzzle noch fehlt. Wir waren beide voll traurig, aber es hat einfach nicht mehr funktioniert. Es hätte funktionieren können, aber er hat Freunde und Freundin getrennt. Er zog ja nur noch mit diesen Freunden rum. Und wenn ich ausnahmsweise mal dabei war, hat er immer gesagt, dass ich meinen Mund ja nicht aufmachen soll. Aber was sollte ich auch mit denen reden? »Tut mir leid, Marc, aber ich kenne die Leute nicht. Ihr redet darüber, wie toll es war, am Wochenende wegzugehen, aber da kann ich nicht mitreden, ich war ja nicht dabei«, sagte ich zu ihm.

Ich habe inzwischen mit drei anderen Jungs geschlafen, aber das war alles nichts. Bei keinem hatte ich einen Orgasmus. Einer ist schon nach zehn Minuten gekommen, mein letzter Freund sogar nach drei, und der zweite war immer so grob. Katastrophe!

Ich denke noch oft über Marc nach. Ich trauere ihm schon noch ein bisschen hinterher. Es passte so viel. Wir konnten über alles reden. Ich hab sogar vor ihm gepupst und er vor mir. Wir haben uns gar nicht mehr geschämt. Es war schon wie bei einem alten Ehepaar.

Eigentlich will ich wieder so jemanden haben wie ihn, vom Aussehen und vom Stil her. Meine Freundinnen sagen auch immer, ich würde mir Kerle aussuchen, die irgendwas von ihm haben. So wie der Marc privat zu Hause war, so wünsche ich mir, dass ein Mann überall ist, auch draußen. Sanft müsste er sein.

Wie ein Schuss ins Herz

Denny, 16, Hauptschüler
(Erstes Mal mit 13)

Als ich zwölf war, hat meine Mutter immer zu mir gesagt: »Pass auf, komm mir bloß nicht mit Enkelkindern an!« Heute sagt sie: »Du weißt ja jetzt, wie schnell es passieren kann. Lass dir nichts von den falschen Frauen andrehen!« Ich versteh bis heute nicht, wie es dazu kommen konnte. Wir hatten doppelt und dreifach verhütet, mit Pille und Kondom. Mehr kann man doch gar nicht machen. Das Ultraschallbild hab ich noch. Die Aufnahme ist vom 7. Juli 2006. Als ich sie gesehen habe, ist mir schlecht geworden. Ziemlich schlecht. Da hat sich alles gedreht. Ich bin jetzt immer noch nicht drüber weg, dass es weg ist. Vielleicht ist mir Sex auch deshalb nicht so wichtig. Ich brauch's nicht unbedingt.

Ich habe sie im Oktober 2004 auf dem Spielplatz in meinem Bremer Viertel kennengelernt, auf dem ich damals mit Kollegen jeden Tag abhing. Ich war zwölf, sie 13. Sie wohnte noch nicht lange in der Gegend. Ein Nachbar kam mit ihr und ihrer Schwester eines Tages auf unseren Spielplatz. Ich habe gar nicht so auf die beiden geachtet, weil ich gerade mit zwei Freunden beim Basketballspielen war. Ich bin ihr gleich aufgefallen. Der Nachbar kam dann zu mir rüber: »Du, das Mädchen will einiges über dich wissen. Wie alt du bist, ob ich dich kenne und so. Kann ich der das sagen?« »Mir ist das egal, mach was du willst«, sagte ich nur. Am nächsten Tag hat er ihr das dann erzählt und kam auch gleich an: »Ich glaub, die will was von dir. Die ist voll in dich verschossen.« »Kann ich nichts dran ändern«, meinte ich nur. Mir war das eigentlich gleichgültig.

Wenn ich am Spielplatz war, war sie meist auch da und guckte immer zu mir rüber. Nach einer Woche kam sie mit 'ner Freundin zu mir und fragte, ob ich nicht mit ihr zusammen sein wolle. Ich hab sie erst mal nur angeguckt und gesagt: »Da brauch ich noch mal Zeit. Das werd ich mir noch überlegen.« Ich fand die Situation lustig, weil sie sich mehr geschämt hat als alles andere. Wir verabredeten uns für den nächsten Tag, und da sind wir dann ein bisschen durch den Park gelaufen und haben geredet. Sie war kleiner als ich und nicht gerade die Schlankeste. Aber für mich ist nicht die Figur wichtig. Ich finde, es muss von der Chemie her stimmen, nicht unbedingt vom Körperbau.

Weil wir Handynummern getauscht hatten, hat sie immer mal bei mir angerufen und gefragt, ob ich nicht Zeit hätte. Ich hatte aber erst mal keine Lust. Nach einer Woche trafen wir uns dann mal zum Schwimmen. Danach hab ich sie auf ein Eis eingeladen, und sie fragte ganz direkt, ob ich nicht mit ihr zusammenkommen wolle. Man kann's ja mal probieren, dachte ich und sagte zu ihr: »Von mir aus ist das kein Problem.«

Nach drei Tagen haben wir uns schon das erste Mal geküsst. Richtig mit Zunge. Im ersten Moment war's ungewohnt, weil ich nicht wusste, was ich tun sollte, aber dann ging's. Sie hatte es auch noch nicht gemacht. Die erste Woche war ich nur mit ihr zusammen, weil sie mich gefragt hatte. Ich war damals noch nicht wirklich interessiert an einer festen Beziehung. Dann kam's aber auf einmal voll, wie ein Schuss ins Herz. Das hat mich selbst verwundert. Es passte mit ihr. Sie war genauso drauf wie ich. Wir konnten über alles miteinander reden. Ich habe ihr meine, sie hat mir ihre Probleme erzählt. Ich war dann auch erst mal nur am Schwärmen bei meinen Freunden.

Nach einem halben Jahr haben wir unsere Eltern gefragt, ob wir mal beim anderen pennen dürften. Meine Mum war ganz entspannt, hat aber immer gesagt: »Pass aber auf, ja!« Ihre war strikt dagegen. Dann hab ich meine Mom dazwischengeschaltet, weil ich weiß, wenn die Eltern miteinander reden, sehen sie's meist ein bisschen lockerer. Die Mütter haben sich übers Telefon dann lang unterhalten. Da ging's vor allem darum, ob wir aufpassen.

Meine Mutter hat immer gesagt: »Warte ab, bis du wirklich bereit ist«, »Mach's nur, wenn du's willst« und »Bring mir keine Enkelkinder nach Hause.« Meistens hab ich nur gelacht, manchmal hab ich nur gesagt: »Ja, ja.«

Ich hab mich natürlich auch vorgestellt, aber vor allem mit ihrer Mom geredet. Ihr Stiefdad war da eigentlich nicht so interessiert dran. Der saß neben uns und hat sich ins Fäustchen gelacht. Ich saß da wie auf'm Beichtstuhl und wurde in der großen Runde, ihre beiden Geschwister waren auch da, gefragt, wie's bei mir in der Familie läuft und solche Sachen.

Sie hatten zwar ein Haus, aber wegen der Geschwister – ich bin Einzelkind – waren wir nicht wirklich ungestört. Es konnte immer mal sein, dass die Tür aufging, während man gerade voll in Fahrt dalag, die eine Schwester reinkam und was von der anderen wissen wollte. Und dann unterhielten die sich auch erst mal. Ihre Mom kam auch schon mal rein und mein Exschwager auch. Er war damals mit ihrer Schwester zusammen, deshalb nenne ich ihn so.

Immer, wenn es mir finanziell möglich war – zu der Zeit bekam ich so 20 Euro Taschengeld im Monat –, habe ich ihr was ausgegeben oder sie mit einer Kleinigkeit überrascht. Ich habe Ketten und Blumensträuße gekauft, bin mit ihr zum Schwimmen gefahren, Eis essen gegangen, hab sie ins Kino eingeladen. Ab und zu habe ich auch mal mein Zimmer romantisch hergerichtet, weil ich sie überraschen wollte. Ich habe Herzen aus Kerzen aufgestellt und Blumensträuße dazwischengelegt. Oder auch einfach mal das Bett komplett mit Rosenblüten übersät. Wenn ich bei ihr zu Hause auf sie gewartet hab, habe ich auch schon mal ihr

Badezimmer komplett ausdekoriert. Mit Kerzen überall und Rosenköpfen in der Badewanne.

Irgendwann hat sie mich aber so komplett geärgert, dass ich keinen Bock mehr darauf hatte. Das war, als es nach eineinhalb Jahren mit den ganzen Streitigkeiten losging. Sie war auf eine andere Schule gekommen, auf der sie nicht klarkam, fing mit diesem asozialen Ghettoslang an und machte jeden für irgendwas an. Bei mir hat sie ständig aus 'ner Mücke einen Elefanten gemacht. Wenn ich mal fünf Minuten zu spät kam, hat sie sich immer gleich tierisch aufgeregt.

Bevor ich selbst Sex hatte, hatte ich keine Lust, mit Kumpels über so was zu reden. Mit 13 hatte ich einen drei Jahre älteren Freund, mit dem ich immer Playstation gespielt habe. Der hatte eine feste Freundin, seine erste, und fing immer mal an zu erzählen, was er mit der gemacht hat. »Das ist eklig, Mann. Ich will davon gar nichts wissen«, hab ich nur gesagt. Das war damals noch eher so: »Eee, lass mich.« Als ich meine Erfahrung gesammelt hatte und auch schon ein bisschen mit meiner Freundin experimentiert hatte, sind wir schon eher mal ins Gespräch gekommen. Ich rede darüber aber eigentlich nicht viel.

Wir haben lange nur Petting gemacht. Erst nach über einem Jahr haben wir zum ersten Mal miteinander geschlafen. Ich hab immer zu ihr gesagt: »Ich hab's nicht eilig. Ich richte mich nach dir« und »Ich stell mich auf deine Einstellung ein, wann du willst und frag dann noch ein paarmal nach«. Das habe ich auch gemacht. Ich habe mehrmals gefragt, ob sie sich auch wirklich sicher wäre. Ich war mir selbst ja auch nicht sicher. Dann hatten wir aber auf dem Geburtstag, auf dem es passierte, Alkohol getrunken und waren nicht mehr so die Nüchternsten. Es war mit 16 Leuten in einem Raum, aber die haben alle gepennt.

Die Pille hat sie schon genommen. Ihre Mom hatte irgendwann ja mitgekriegt, dass wir schon zugange waren, und ist mit ihr zum Frauenarzt gegangen. Ich hatte aber auch Kondome dabei. Das war für mich ganz klar, weil ich selbst ein TroPi bin, trotz Pille entstanden. Die ersten paar Male bin ich noch mit rotem Kopp in die Drogerie gegangen, dann ging's aber. Später habe ich auch schon mal Muddern gefragt, ob sie mir was mitbringen könnte, wenn sie wieder einkauft. Meist wenn ich gerade kein Geld hatte.

Es war am 20. Januar 2006. So was merk ich mir. Dass noch andere im Raum waren, war schon komisch, aber wir waren ja auch nicht nüchtern. Erst wollten wir zwar nach oben gehen, aber dort waren die Zimmer auch alle belegt. Da lagen die ganzen Weiber. Als wir es gemacht haben, habe ich überhaupt nicht mehr an die anderen gedacht. Sie schon, das hat sie nachher gesagt.

Wir haben erst rumgeknutscht, dann ging's ganz langsam los. Es hat zwei Stunden gedauert. Ich wollte es nicht larifari machen. Ich wollte auch nicht so aussehen, als ob ich's eilig hätte oder unter Druck stehe. Das Kondom zu benutzen, war kein Problem. In der Schule hatten sie uns das gezeigt, und ab und zu hatte ich's auch im Fernsehen mal gesehen. Da dachte ich mir, so wie ich's gesehen habe, tue ich's jetzt einfach drauf. Hat auch funktioniert. Weil ich Schiss hatte, dass ich ihr wehtun könnte, hab ich bestimmt alle zwei Sekunden nachgefragt, ob alles in Ordnung sei. Ich hab mir mehr Sorgen um sie gemacht als um mich selbst.

Ich hatte zwar vorher schon mal einen Orgasmus. Das Gefühl mit jemandem zusammen ist aber ganz anders. Interessanter, aufregender, mit mehr Leidenschaft. Direkt danach waren wir erst mal still und sind schnell eingepennt. Wir waren ja auch fertig von der Nacht.

Beim Frühstück am anderen Morgen durften wir noch nichts sagen, weil alle da waren, die Eltern auch. Die sollten das ja nicht unbedingt gleich mitkriegen. »Komm, lass mal 'ne Runde drehen und ein bisschen schnacken«, hab ich irgendwann zu ihr gesagt.

Ich hab sie gefragt, ob sie das denn auch wirklich wollte, wie's ihr dabei ging und danach, wie sie sich jetzt fühlt. »War ganz in Ordnung«, meinte sie und guckte mich mit 'nem breiten Grinsen an. Mehr hat sie nicht gesagt. Sie wollte nicht ins Detail gehen. Sie hat sich noch ein bisschen geschämt. Ich war aber auch nicht viel besser zu der Zeit. Für mich war das erste Mal eine wichtige Erfahrung. Es ist ja irgendwo auch eine Vorbereitung aufs spätere Leben. Man entdeckt seinen eigenen Körper, lernt sich selbst besser kennen.

Die ersten Wochen war ich zurückhaltend und hab immer gewartet, bis sie angefangen hat. Dann bin ich aber aus mir herausgekommen und habe auch mal von mir aus den Anfang gemacht. Als es nach einer Zeit langweilig wurde, hat man mal über Experimente nachgedacht und darüber geschnackt. Da konnten wir ganz gut drüber reden. Bei so was bin ich eigentlich ganz offen, und sie war's auch. Irgendwann war's so weit, dass man gar nicht mehr zu bremsen war – bis sie schwanger wurde. Ich war 14, sie gerade 15.

Es fing damit an, dass sie ständig schlechte Laune hatte. Dann ging das Kotzen los. Als sie sagte, sie würde ihre Tage nicht mehr kriegen, wäre schon eine Woche drüber, meinte ich, sie solle mal lieber zum Frauenarzt gehen. »Nee, ich warte noch 'ne Woche«, sagte sie. »Mach, was du willst. Ich würd zum Arzt gehen«, meinte ich nur. Sie hat es dann immer weiter aufgeschoben.

Ich hab mir in der Zeit totale Gedanken gemacht, war gestresst, hatte schlechte Laune und hab Freunde für Sachen angemacht, für die sie gar nichts konnten. Die fragten natürlich, was mit mir los wäre. Den meisten erzählte ich, ich hätte Ärger zu Hause und in der Schule. Die, denen ich's gesagt hab, haben erst mal blöd geguckt, meinten: »Wenn sie schwanger ist, überleg dir gut, was du tust, ob du das Kind behältst oder dir deine Zukunft verbaust.« Zu dem Zeitpunkt war ich mir nicht sicher. Immerhin war es ein Leben, das ich in die Welt gesetzt hatte. Das will man ja auch nicht einfach so in die Tonne treten. Erst als ich drohte, alles auffliegen zu lassen, ist sie zum Arzt gegangen. Wir haben es erst meiner Mom erzählt, weil wir dachten, dass sie ein bisschen legerer reagiert als ihre. Sie war aber auch ganz schön sauer: »Ich hab dir doch gesagt, du sollst aufpassen!«

Weil sie allein Angst hatte, ist ihre Mutter mit zum Frauenarzt gekommen. Ich wollte nicht mit. Da hätte ich psychisch einen Zusammenbruch gekriegt – deshalb bin ich später auch zur Abtreibung nicht mitgegangen –, stattdessen saß ich die ganze Zeit zu Hause und hab gewartet, bis sie endlich vom Arzt zurückkommt und anfängt zu erzählen. Das war der Horror für mich. Irgendwann klingelte es endlich. Sie war voll verheult. Da war mir alles klar. Sie kam in mein Zimmer und hat sich gleich neben mich gesetzt. Ich hab nur den Kopf geschüttelt. Unsere Eltern haben uns erst mal allein gelassen, damit wir reden konnten. Sie hat die ganze Zeit weiter geheult, mir ging's aber auch nicht viel besser. Wir waren ja beide total mit den Nerven runter. Erst mal hat ja keiner gewusst, was jetzt gemacht werden sollte. Ich habe dann aber zu ihr gesagt: »Wenn du es jetzt kriegen willst, ist die Zukunft im Arsch.« Nach zwei Stunden haben wir uns darauf geeinigt, das Kind nicht zu bekommen. Wir hätten beide die Schule abbrechen müssen, Kohle fürs Kind zum Verpflegen hätten wir auch nicht gehabt. Wer weiß, wie das geendet wäre.

Sie kam einen Tag nach der Abtreibung zu mir. Ich habe versucht, sie zu trösten, aber ihr ging's schlecht. Zwei Wochen hat sie dann Depression geschoben, heulte oft, die Schule lief noch beschissener als vorher schon. Schließlich sagte ich zu ihr, dass es so nicht weitergehen könnte. Man kann sich ja nicht in die Ecke setzen und das Leben verkommen lassen. Sie hat sich dann auch wieder gefangen und bekam wieder Spaß am Leben. Viel Sex hatten wir nach der Sache allerdings nicht mehr. Für mich war das wie ein Schlag vor'n Kopf. Ich hatte Angst, dass so was wieder passieren könnte.

Es ging dann aber auch mit den ganzen Streitereien los. Sie wurde immer zickiger. »Wenn du jetzt nicht herkommst, dann mach ich Schluss«, sagte sie mal. »Wenn du so anfängst, dann mach, was du willst«, meinte ich nur. »So geht's nicht. Das ist keine Beziehung.« Nach jedem Streit kam von ihr: »Ich mach Schluss.« Dann musste ich mich wieder ranhalten, weil das sonst gar nichts mehr gebracht hätte. Ich musste wieder ankommen, sie trösten, mit ihr schnacken. In der Zwischenzeit wurde das mit dem Ghettoslang auch immer schlimmer. Am Anfang, als es losging, konnte ich sie immer noch zurückhalten. »Hör auf mit dem Scheiß«, hab ich zu ihr gesagt, »wenn du so mit mir redest, brauchst du dich nicht mehr mit mir treffen.« Jetzt wurde es aber immer extremer, und sie fing auch an, Leute auf der Straße grundlos anzumachen.

Als sie im Sommer mit einigen Freunden im Frankreich-Urlaub war, ist sie mit einem, den ich auch kannte, fremdgegangen. Er hat mir das erzählt, ihre Schwester auch. Als ich ihr das Messer auf die Brust gesetzt hab, fing sie auf einmal an: »Du bist doch auch nicht viel besser. Du hast doch mit der und der…« Das stimmte aber überhaupt nicht. Die nächsten vier Wochen hatten wir gar nichts miteinander zu tun, dann kam sie wieder an, und ich war so doof, mich wieder rumkriegen zu lassen. Zwei Monate ging's noch, dann gab's wieder Ärger, und ich hab endgültig Schluss gemacht. Das war im Oktober 2006.

Eine Woche später habe ich das nächste Mädchen kennengelernt. Prompt gab's erst mal wieder Stress mit meiner Ex. Sie kam mit einer Freundin bei mir an und machte den großen Larry. Was mir einfallen würde, jetzt einfach mit einer anderen zusammenzukommen. Dann gab sie mir eine Backpfeife und dem Mädchen auch. Auf das Niveau wollte ich mich aber nicht runterziehen lassen und sagte ganz ruhig zu ihr: »Hier ist die andere Seite. Schlag doch zu.« Darauf zog sie ab. Vier Monate hat sie aber noch mit der Stänkerei weitergemacht. Um uns auseinanderzubringen, hat sie angefangen, im Park Scheiße über mich zu erzählen von wegen, dass ich jeden Tag Schlägereien am Laufen hätte und ständig klauen würde, all so was. Ich muss zugeben, dass ich in der Zeit aber auch nicht anders war, auch Dinge über sie erzählte, um gegenzustinken. Irgendwann drohte ich ihr: »Wenn du nicht aufhörst, Scheiße über mich zu labern, sag ich ein paar Leuten Bescheid, die dir dann Scheiße bringen.« Ich kannte einige Mädchen, die gern mal zuschlagen. Ich weiß, das war von mir aus auch Scheiße. Aber irgendwann hat sie's wirklich gelassen.

Mit der Zweiten war's auch nicht das Wahre. Sie war nicht die Treueste. Als wir mal mit ein paar Leuten bei meinem Exschwager waren und ein bisschen Party gemacht haben, fing sie an, mit einem Macker rumzuflirten und sogar mit dem rumzuknutschen, während ich danebensaß. Mich hat sie gar nicht mehr beachtet. Ich wollte sie ansprechen, aber sie guckte mich nur an und drehte sich gleich wieder zu dem Kerl um. Okay, viel Spaß heute Abend noch, dachte ich nur, stand auf und ging. Ich hab das nicht in meinen Kopf reingekriegt, was sie da abgezogen hat. Sie selbst hat nicht mehr viel dazu gesagt.

Weil sie zu der Zeit mehr Stress als sonst mit ihrer Mutter hatte, hab ich mir gesagt, ich versuch's noch mal zwei Wochen lang. Sie hat immer mal ordentlich eine gelangt bekommen, so dass sie schon mal mit 'nem blauen Auge rauskam. Zu der Zeit war's besonders schlimm, weil die Mutter mit der Trennung von ihrem Freund wohl nicht zurechtkam. Ich drohte ihr mit Jugendamt, wenn sie ihre Tochter noch mal schlagen würde. Das hat sie aber nicht beeindruckt.

Mit dem Mädchen, mit dem ich jetzt zusammen bin, bin ich eigentlich so ziemlich zufrieden. Sie wurde auch schon oft verarscht, war auch mal mit meinem ehemaligen besten Kollegen zusammen. Ich habe sie übers Internet, über MSN, kennengelernt. Ich bin eigentlich selten online. Als ich das an einem Wochenende mal war, hatte mich irgendeine Person angeschrieben, meinte: »Ich kenn dich. Du kennst mich auch, sehr gut sogar. Du grüßt mich sogar manchmal auf der Straße, und du lächelst mich auch immer an, wenn du mich siehst ...« Als ich den letzten Satz las, wusste ich, wer's war. Sie war das erste Mädchen, in das ich verschossen war. Das war in der Grundschule, da war ich neun. Damals wollte sie leider nichts von mir.

Als wir uns trafen, sagte sie, ich sei der bestaussehende Junge, den sie kennen würde. Ich bin nicht so ganz der Meinung, aber gut. Man hat mit sich selber ja immer ein bisschen mehr Kritik als mit anderen. Ich hab schnell gemerkt, dass ich sie immer noch ziemlich gern hatte. Beim zweiten Treffen fragte ich sie schon, was sie davon halten würde, wenn sie's mal mit mir probieren würde. »Ich werd's mir überlegen«, antwortete sie. »Wir müssen uns erst mal richtig kennenlernen. Damals in der Grundschule war das ja noch Kindergarten.«

Sie ist eine Hübsche und sehr Nette. Sie hat lange blonde Haare, ist schlank, vom Klamottenstil ein bisschen punkig, schrill von den Farben her, aber ordentlich. Sie ist kein Stück eingebildet, kann's aber sein, wenn sie will und dann richtig. Mir gegenüber ist sie aber sehr natürlich. Sie ist auch kaum geschminkt. Ich steh nicht so drauf, wenn ein halbes Kilo Schminke im Gesicht landet. Noch steig ich nicht ganz durch ihr Verhalten durch, aber ich kenn sie ja noch nicht lange. Zu ihren Eltern ist sie für meinen Geschmack manchmal ein bisschen frech: »Nu, bleib mal leger«, sag ich dann schon mal.

Zurzeit lässt sie die Schule ganz schön schleifen. Ich sag jeden Tag, sie soll ihren Arsch bewegen und lernen. »Ich will später nicht mit 'ner dummen Frau zusammen sein.« Da lacht sie nur:

»Ist mir schon klar, aber dumm bin ich nicht.« Sie weiß noch nicht, was sie werden will. Ich hab mir ja mit 15 schon so langsam meinen Plan zurechtgelegt. Ich will Kfz-Mechatroniker lernen. Sie weiß noch nicht mal, welche Richtung.

Sex hatten wir noch nicht. Was das angeht, bin ich eher zurückhaltend. Ich warte lieber und richte mich nach dem Mädchen, wann sie will. Übernachtet habe ich schon bei ihr. Allerdings musste ich mich dafür auch erst mal wieder von den Eltern ausquetschen lassen. Drei Stunden haben wir geredet, bis nachts um drei. Dann war auch der Dad überzeugt und ich hab mich ganz vorzüglich bedankt. Ein bisschen schleimen muss man ja. Den Eltern ging's darum, dass sie an den Tagen, wenn sie bei mir übernachtet, nicht noch bis in die Puppen draußen rumrennt. Sie wissen ja, dass ich auch mal länger raus darf. Ich hab sie aber beruhigt, dass ich sie, wenn ich später noch mal zu einem Kollegen gehen sollte, vorher sicher bei mir zu Hause abliefere.

Ob ich mal Kinder haben will, weiß ich nicht. Ich weiß, wie es mit Kindern ist. Ich habe hier in der Nachbarschaft öfter auf die kleinen Gören aufgepasst, und ich habe in der Schule bei einem Babyprojekt mitgemacht, »Babybedenkzeit«. Da bekommt man für ein paar Tage eine Puppe, die wie ein echtes Baby mehrmals am Tag einfach losschreit und die man dann versorgen muss. Ich hab zweimal mitgemacht. Mit 13 wollte ich erst gar nicht, aber die ganzen Weiber haben mich einfach in die Liste mit reingeschrieben. Ich habe es beim ersten Mal nur zwei Tage gemacht, dann die Puppe wieder abgegeben. Beim zweiten Mal wollte ich's eigentlich durchziehen, aber leider hat das Baby versagt. Irgendwas mit dem Sensor war kaputt, so dass es in einer Tour durchschrie. Ich konnte zwei Tage nicht schlafen. Dann hat's mir gereicht und ich hab's in Decken eingewickelt unters Bett gepackt. Am anderen Tag hab ich's abgegeben. Die Erfahrung hat mich erst mal abgeschreckt.

Hauptsache, ich habe es hinter mir

Yvonne, 19, angehende Hauswirtschafterin
(Erstes Mal mit 16)

Vor der Konfirmation geht bei uns gar nichts. Ich komme aus einem kleinen Dorf in der Nähe von Bremerhaven. Erst, wer konfirmiert ist, darf bei uns losziehen und Party machen. Das ist ein ungeschriebenes Gesetz hier, und das haben mir meine Eltern auch ganz klar gesagt. Auch bei meinem kleinen Bruder und seinen Freunden war das noch so. Wenn ich vorher auf eine Feier durfte, lief das kindergeburtstagsmäßig ab: Um acht ging's los, um zehn war's zu Ende, die Eltern haben zugeguckt, und Alkohol gab's schon mal gar nicht.

Ich habe allerdings schon vorher mal was getrunken, mit zwölf, das war aber auch nur einmal. Auf dem Boden der Scheune von Renatas Eltern hatten wir einen geheimen Raum, wo wir uns mit unserem Mädchenclub, den wir gegründet hatten, regelmäßig trafen. An dem Abend waren wir zu viert und haben eine von uns, die wegziehen musste, verabschiedet. Dabei haben wir Sekt getrunken. Später kamen noch fünf Jungs dazu. Die hatten von unserem Treffen gehört und wollten uns besuchen. Sie sind heimlich, über eine Leiter – ein bisschen wie bei Romeo und Julia – zu uns hochgeklettert.

Wir haben Flaschendrehen gespielt, und meine Freundin und noch ein anderes Mädchen hatten mit einem von den Jungs dann auch ihren ersten Zungenkuss. Ich fand den Jungen eklig, er war total betrunken und hat nur Mist erzählt. Ich war damals aber auch noch nicht so weit, jemanden küssen zu wollen. Weil ich ein schlechtes Gewissen hatte, habe ich die Geschichte leider meinen Eltern gestanden. Dann durfte ich erst mal gar nicht mehr weg.

Für mich war es immer schwierig, jemanden kennenzulernen. In meiner Realschulklasse waren damals nur drei Jungs, und die fand ich total blöd. Auf andere bin ich von mir aus nicht zugegangen. Ich war ein ruhiger, zurückhaltender Typ und brauchte immer etwas Zeit, um aufzutauen.

Auch im Konfirmandenunterricht waren dann keine so Tollen dabei, und nach der Konfirmation war auch erst mal noch nichts mit Jungs. Dann hätte ich zwar weggehen dürfen, ich habe es aber nicht gemacht, weil meine beste Freundin Renata noch nicht durfte. Vom Vater aus schon, aber die Mutter wollte es nicht. Obwohl die selbst mit 14 losgezogen ist. Renata ist später noch ganz schlimm geworden. Sie hat sich immer mal Jungs mit nach Hause genommen und hat auch mal mit dreien in ihrem Bett übernachtet. Solange sie noch nicht wegdurfte, haben wir uns zu dritt freitagsabends bei einer von uns auf ein Baguette getroffen, gequatscht und Musik gehört.

Ein Jahr später, mit 15, habe ich mich mit einem Mädchen aus meiner Klasse angefreundet, mit der ich viel unternommen habe. Nach einem Werder-Spiel fing alles an. Wir waren mit zwei anderen Mädels dort und sind danach noch zu Dana, sie hatte sturmfrei. Später kam der Freund eines Mädchens mit einigen Kumpels dazu. Weil ich müde war, bin ich irgendwann ins Bett gegangen. Einer – ein ganz Hübscher, aber eigentlich vergeben – ist später zu mir hochgekommen. Er wollte auch ein bisschen schlafen. »Hast du was dagegen, wenn ich mich dazulege?«, fragte er. Ich sagte, nee.

Kaum lag er neben mir, fing er an zu fummeln. Erst war ich ein bisschen geschockt. Ich hätte nicht damit gerechnet, dass er so was macht. Wenn man eine Freundin hat, ist man ja eigentlich treu. Irgendwo hab ich mich aber auch gefreut. Wenn der trotzdem eine andere küsst, ist das ja schon was Schönes, hab ich so gedacht. Ich musste ja irgendwas ausgestrahlt haben. Wir haben gekuschelt und geknutscht. Ich fand's zwar nicht besonders, aber ich fand's auch nicht schlecht. Irgendwann bin ich eingeschlafen und erst wieder wachgeworden, als meine Freundin reinkam und meinte: »Dein Vater ist da und will dich abholen.« Das passte mir natürlich gar nicht, aber da war nichts zu machen. Ich hab nur noch schnell »Tschüss« gesagt und bin gegangen.

Dana und ich sind danach öfter mal auf irgendwelche Partys gegangen, ich habe dort aber keine interessanten Jungs kennengelernt. Wenn ich andere küssen und knutschen sah, kam ein bisschen die Sehnsucht hoch, auch endlich einen Freund zu haben. An Sex habe ich gar nicht gedacht. Ich hab mir immer gewünscht, abends mit einem Jungen, den ich sehr mag, einzuschlafen und morgens wieder in seinen Armen aufzuwachen. Das fand ich total schön.

Im Herbst des gleichen Jahres traf ich dann den Jungen wieder, mit dem ich geknutscht hatte. Es war gerade »Markt« bei uns. Das ist so was wie ein Rummel mit zwei großen Karussells, ein paar Fressbuden und Ständen mit T-Shirts. Er kam auf mich zu und meinte: »Lass uns mal reden.« Ich hab mir nichts weiter dabei gedacht und bin mit ihm gegangen. Als wir abseits der Buden waren und uns keiner mehr sehen konnte, fing er an, mich zu küssen. Es war nicht so, dass ich ihn plötzlich ganz toll fand, aber ich fand das Ganze einfach spannend und hab deshalb stumpf mitgemacht. Die Freundin hatte er damals immer noch. Dann war wieder lange Zeit nichts – bis zum Osterfeuer 2006. Inzwischen war ich 16.

Ich war wieder mal mit Dana unterwegs, und wir hatten ein bisschen was getrunken. Sie war genau das Gegenteil von mir. Sie hat alles genommen, was nicht bei fünf auf dem Baum war. Sie hat mit den Jungs nicht geschlafen, das nicht, aber sie hat öfter mal mit einem rumgeknutscht.

Auf diesem Osterfeuer fand ich plötzlich einen Jungen ganz toll, den ich schon lange kannte. Bis zu dem Tag hat er mich aber gar nicht interessiert. Er war zusammen mit meinen beiden Brüdern bei der Feuerwehr. Ich fand den immer viel zu alt. Er ist fünf Jahre älter, war damals 21. Besonders hübsch war er eigentlich auch nicht. Als wir uns so unterhielten, dachte ich aber: Mensch, der ist ja gar nicht so langweilig wie ich dachte ... Er hat mich ständig geärgert und auch gekitzelt. Das war so eine Kabbelei, flirten würde ich noch nicht mal dazu sagen.

Mein kleiner Bruder hat mir ein paar Tage später seine ICQ-Nummer besorgt. Er hat sich nichts dabei gedacht, als ich ihn fragte, weil ich den ja auch schon lange kannte. »Hallo, wie geht's dir? Ich war ja ein bisschen betrunken an dem Tag ...« Ungefähr so fing meine erste Mail an. »Das war aber süß«, kam zurück. Irgendwann fing er an, immer mal eine Bemerkung über Sex zu machen, im Stil von »Ich hab die und die flachgelegt«. Das fand ich eklig und fies. Ich war ja an ihm interessiert. Es wäre wohl besser gewesen, wenn ich da einfach aufgehört hätte, aber ich war naiv und dumm, dachte, wenn du jetzt tust wie ein guter Kumpel, dann findet der dich bestimmt klasse und verliebt sich doch noch. Also mailte ich ganz cool: »Und wie war's?« »Sie war so erregt, dass ihre Nippel so groß waren wie Kirschen«, kam zurück. Das war ekelhaft.

»Willst du nicht zu mir kommen?«, mailte er im Juni. Viel wusste ich zu dem Zeitpunkt immer noch nicht über ihn. Sein Name, sein Alter und dass sein Hobby die Feuerwehr war. Wo er arbeitete, hat mich eigentlich gar nicht interessiert. Das war auch immer nur so ein oberflächliches »Und, was hast du heute gemacht?«-Mailen. Wir haben uns dann für den Tag des WM-Eröffnungsspiels, am 9. Juni, abends um halb acht verabredet. Er hatte sturmfrei. Ich war pünktlich, aber er war nicht da. Da hätte ich eigentlich sauer sein und nach Hause gehen müssen. Da ich ihn aber toll fand und unbedingt kennenlernen wollte, bin ich ein bisschen spazieren gegangen und später noch mal zum Haus zurück. Jetzt war er da. Er sagte, er hätte mir im Chat noch eine Nachricht hinterlassen, dass er doch keine Zeit hätte. Er bat mich dann aber trotzdem rein.

Wir haben uns erst mal auf die Couch im Wohnzimmer gesetzt und ein bisschen durch die Kanäle gezappt. Dabei haben wir rumgealbert, uns gekitzelt, mal saß er auf mir, mal ich auf ihm. »Nur schwule Männer sind richtig nett«, kam irgendwann im Fernsehen. Das griff ich auf und meinte herausfordernd zu ihm: »Na, hast du gehört? Nur Schwule sind richtig nett!« Das war das Signal. Er beugte sich zu mir rüber und gab mir einen Kuss. »Komm, lass uns mal hoch in mein Zimmer gehen …« Dort zogen wir uns aus, kuschelten, redeten zwischendurch, und er fummelte. Ich fühlte mich total unwohl, das war mir ja auch alles komplett fremd.

In meiner Fantasie hatte ich es mir so schön ausgemalt. Dass ich anfange ihn zu küssen und auszuziehen, dass alles ganz entspannt abläuft. Es war aber völlig anders. Ich war total schüchtern und passiv, hab alles einfach mit mir machen lassen. Was machst du hier eigentlich?, dachte ich. Ich habe mich gefühlt, als würde ich neben mir stehen. Irgendwann hat er untenrum rumgefummelt, mir dabei aber wehgetan und wieder aufgehört. Ich hatte nur ganz leise »Au!« gemacht, weil ich nicht wollte, dass er weiß, dass ich mein erstes Mal noch nicht hatte. Ich dachte, wenn er das weiß, denkt er, ich sei doof. Er hatte mein Stöhnen aber gehört und meinte: »Oh, Entschuldigung, das wollte ich nicht.« Das fand ich ganz süß und dachte: Ach, das ist ja ein ganz Lieber. Wir haben danach noch ein bisschen gekuschelt, dann hat er mich nach Hause gebracht.

Er mailte ein paar Tage später noch mal, dass es ihm leidtue und fragte: »Hattest du denn dein erstes Mal noch nicht?« Wenn er das sowieso schon ahnt, kann ich jetzt auch ehrlich zu ihm sein, dachte ich und mailte ihm: »Nein, hatte ich noch nicht.« »Das macht ja nichts«, antwortete er. Freitag drauf trafen wir uns wieder. Da ist aber nicht viel passiert. Ich hatte es nicht dazu kommen lassen, dass er mich auszog.

Kurz danach stand der Feuerwehrball an, der einmal im Jahr stattfindet. Ich hatte mir Mut angetrunken und wollte von ihm wissen, warum wir noch nicht zusammen seien. Er wollte nicht mit mir reden, blockte ab und schubste mich ein paar Mal sogar weg. Irgendwann bin ich total frustriert nach Hause gegangen. Mit dem rede ich kein Wort mehr!, schwor ich mir und dachte: Scheiß-Feuerwehr, da geh ich nicht mehr hin! Ich war ein paar Mal dort gewesen, weil ich eigentlich vorgehabt hatte, dort einzutreten. Offiziell, weil meine ganzen Verwandten da waren. Inoffiziell, weil ich ihn so öfter hätte sehen können.

Ein, zwei Monate war Funkstille, dann kam plötzlich wieder eine Mail: »Was hältst du davon, wenn wir uns treffen …?« Inzwischen hatte ich meinen Realschulabschluss und war auf einer Hauswirtschaftsschule bei uns in der Gegend. Der ist doch in dich verliebt, war mein erster Gedanke. Ich wollte es einfach glauben. Wir verabredeten, uns ein paar Tage später auf einem Dorffest zu treffen. Beim Chatten am gleichen Tag kamen wir wieder auf das Thema Sex: »Na, hast du inzwischen geübt?«, fragte er mich. »Nein, ich hatte immer noch keinen Sex und mir ist inzwischen auch egal, mit wem ich das habe. Hauptsache, ich habe es hinter mir.« »Dann kannst du ja eigentlich auch mit mir …«, meinte er. Ich: »Okay.« Er: »Schön! Ich freu' mich schon auf gleich.« Auf dem Fest hat er mich gleich hinter ein paar Autos gezerrt und abgeknutscht.

Es war alles geheim, das wollte er so. Keine Ahnung, warum. Ich fand's zwar ein bisschen seltsam, aber es hat mich nicht gestört. Ich dachte mir, na ja, vielleicht will er das in der Anfangszeit noch nicht. Ich hatte immer noch die Hoffnung, dass das mit uns richtig was wird. »Der verarscht dich hoch drei«, war Danas einziger Kommentar zu der Geschichte. »Ach Quatsch«, sagte ich nur. Das wollte ich natürlich nicht hören.

Wir sind nach dem Fest zu ihm, und da habe ich gleich die Initiative ergriffen und ihn ausgezogen. Ich hatte vorher gegoogelt, was Jungs alles anmacht: »Blas ihm einen!«, »Zieh dich sexy an!«, »Mach den Anfang!« Das Erste hab ich dann aber nicht gemacht.

Ich war – ehrlich gesagt – erst mal ein bisschen geschockt, als er so nackt vor mir saß mit seinem komischen Teil da. Er war natürlich schnell scharf und hat einen Ständer gekriegt. Das fand ich in dem Moment ganz furchtbar. Dann hat er mich ausgezogen und wollte auch gleich richtig Gas geben. Mir war wieder alles irgendwie unangenehm. Vor allem habe ich mich nicht getraut, ihm zu sagen, dass ich die Pille noch nicht nahm und er ein Kondom benutzen musste. Da ich aber auch nicht schwanger werden wollte, habe ich ihn immer wieder runtergeschoben, wenn er auf mir drauf lag, und gestammelt: »Ähm, eh, nee, das geht nicht.« Irgendwann meinte er: »Was ist denn los?« Ich: »Ich will's nicht sagen.« Er hat's dann begriffen, zog eine ganze Packung Kondome unter seinem Bett vor und hat sich eins draufgemacht. Das fand ich sehr gut, denn ich hätte es nicht hingekriegt.

Dann legte er sich auf mich drauf und fing an. Es tat sehr schnell tierisch weh. Aber ich war ja auch überhaupt nicht erregt. Ich hab ihn zwar immer wieder runtergeschubst, aber er hat trotzdem weitergemacht. Es ging ihm dann nur noch um sich selbst. Schließlich hab ich ihn noch mal runtergeschubst, und das war's auch. Das fand er nicht so witzig. »Ich muss morgen arbeiten. Du musst nach Hause«, meinte er plötzlich ganz stumpf zu mir. Das kam mir ein bisschen spanisch vor, denn es war Samstag.

Ich war total traurig, dass er mich wegschickte. Dabei hätte ich ja eigentlich wütend auf ihn sein müssen, weil er nicht gleich von mir runtergegangen ist. Aber ich war ja so verknallt. Zu Hause rief ich gleich Dana an und erzählte ihr alles, worauf sie sagte: »Hör auf, lass das mal! Das hat keinen Wert.« Ich habe ihn aber in Schutz genommen: »Ach, eigentlich ist er ja nicht so schlimm. Eigentlich …« Dabei gab's gar kein eigentlich.

Es dauerte nicht lange, dann ging das gleiche Spielchen wieder los. Er mailte: »Willst du nicht heute zu mir kommen …?« Wir guckten einen Film, dann hat er sich angekuschelt, fing an mich auszuziehen, rumzufummeln – bis wir dieselbe Situation hatten wie beim letzten Mal: Es tat wieder weh, ich schubste ihn wieder weg. Dieses Mal ist er aber gar nicht mehr runtergegangen. Er ist erst runtergegangen, als er fertig war. Es hat sauwehgetan. Wir haben danach nicht mehr geredet. Ich packte schnell meine Sachen zusammen und bin total fertig nach Hause. Dann war die Beziehung oder das, was es mal werden sollte, beendet.

Obwohl ich sehr enttäuscht von ihm war, bin ich ihm noch ein bisschen hinterhergelaufen und mailte ihm noch eine ganze Weile. Meine Freundin meinte, es sei Schwachsinn, dass ich ihm überhaupt noch schreiben würde, aber ich wollte es immer noch nicht wahrhaben. »Ach, so schlimm war's ja gar nicht«, meinte ich zu ihr.

Als ich mich vor Kurzem entschieden habe, die Geschichte meines ersten Mals zu erzählen, habe ich ihn über den Chat – nach zweieinhalb Jahren – noch mal angeschrieben. Da haben wir dann zum ersten Mal über alles gesprochen, und ich konnte die Geschichte endlich abhaken. »Warum grüßt du denn nie zurück, wenn wir uns sehen?«, fragte ich in meiner ersten Mail. Wir laufen uns ab und zu noch über den Weg, weil er in der Nähe wohnt. »Liegt es daran, dass wir mal was zusammen hatten?« »Nein, das ist unterbewusst«, mailte er und kam dann von selbst auf damals zu sprechen: »War es denn so schlimm mit mir?« »Ehrlich gesagt, ja«, schrieb ich, worauf er sich entschuldigte. Er wollte wissen, wieso ich trotzdem immer wieder zu ihm gekommen sei. Logische Frage, hätte ich wahrscheinlich auch gefragt. Dann habe ich ihm gestanden, dass ich in ihn verliebt gewesen war. Das sei ihm nicht bewusst gewesen. Er hätte mich süß gefunden, schrieb er, aber mehr auch nicht.

Mit meinem jetzigen Freund, er ist 23 und Zimmermann, habe ich über meinen ersten Freund geredet. Er meinte, der sei ein Arschloch. Allerdings war er am Anfang auch nicht viel besser. Ich habe ihn bei einem Fußball-Hallenturnier, mit 17, kennengelernt. Er war der Trainer meines kleinen Bruders. Er war lustig drauf, hat viele Witze erzählt. Mein Erster hat das Leben immer sehr ernst genommen, bei dem musste immer alles durchgeplant sein. Mein neuer Freund war ein ganz anderer Typ, viel lockerer. Wir tauschten Handynummern aus und simsten uns am selben Tag noch. So fing's an.

Einmal waren wir zusammen zu Karneval unterwegs. Als ich am anderen Morgen gegen 7 Uhr gerade aufgestanden war, kam eine SMS, ob ich nicht zu ihm kommen wolle, ihn ein bisschen pflegen, ihm ginge es nicht gut. Er war gerade erst nach Hause gekommen und total betrunken. »Kannst dich selber pflegen«, simste ich zurück. Am gleichen Tag kam noch eine SMS hinterher: »Ich meine es schon ernst. Du kannst gerne mal vorbeikommen ...« »Okay«, schrieb ich, »Du musst mich aber abholen.« Er wohnte ein bisschen weiter entfernt, in einem anderen Dorf.

Als wir bei ihm waren, haben wir auch relativ schnell angefangen zu knutschen. Obwohl ich ihn noch nicht so toll fand, wollte ich das irgendwie ganz gerne. Kann ja auch nichts schiefgehen, solange du dich nicht auszieihst, sagte ich mir. Das habe ich an dem Tag auch nicht zugelassen. Er wollte mir eigentlich an die Hose, aber ich habe abgeblockt, weil ich dachte: Daran scheitert eine Beziehung, wenn man sich von Anfang an so freigibt.

Ein halbes Jahr später meinte er mal, er wäre am Anfang nur mit mir zusammengewesen, weil er mit mir bumsen wollte. Das war natürlich erst mal ein harter Schlag nach dem ganzen Scheiß mit dem Ersten, aber dann dachte ich mir, wenn es wirklich nur darum gegangen wäre, wäre er jetzt nicht mehr mit mir zusammen.

Als ich wieder zu Hause war, kam eine SMS von ihm, dass es sehr schön gewesen sei und ob ich nicht noch mal wiederkommen möchte. Am nächsten Tag kam ich mit meinem Roller gerade von einem Praktikum in Bremervörde und hätte ihn besuchen können. Ich wollte aber nicht bei ihm klingeln, weil er noch bei seiner Mama gewohnt hat, das hab ich mich irgendwie nicht getraut, also simste ich: »Mein Roller ist kaputt, kannst du mal herkommen?« Das hat er auch gemacht. Dass der Roller nicht kaputt war, hat er gar nicht gemerkt. Vielleicht wollte er es auch gar nicht merken. Wir haben auf der Straße dann noch geknutscht.

Zwei Wochen später wollte er mit mir schlafen, aber ich wollte erst mal noch nicht. Ich hatte Angst, dass es wieder so wehtut. Es war die nächsten zwei Wochen dann auch schwierig für ihn. Er musste sich bei mir sehr vorsichtig vortasten. Und je länger ich dann nackt bei ihm im Bett lag, umso ängstlicher war ich. Deshalb fragte er mich schließlich eines Abends ganz direkt, was ich für ein Problem mit ihm hätte, was los sei. Da bin ich dann mit meinem verkorksten ersten Mal rausgerückt. Es tat ihm furchtbar leid, dass das bei mir so gelaufen war.

Von unserem ersten Mal ein paar Wochen nach dem Gespräch weiß ich nur noch wenig, weil ich an dem Tag viel getrunken hatte. Wir waren auf einer Party und übernachteten bei einem gemeinsamen Freund. Ausgenutzt hat er die Situation aber nicht. Ich weiß noch, dass er mich vorsichtig gefragt hat. Wie es dann war, weiß ich nicht mehr.

Das dritte Mal war wieder nichts Besonderes. Er hat sich zwar Mühe gegeben, war sehr vorsichtig und fragte zwischendrin auch mal, ob alles in Ordnung sei und ob's wehtue, aber so wie ich mir das immer vorgestellt hatte, war's wieder nicht. Ich dachte ja, dass es total geil ist und man danach sehr aufgewühlt ist – wie man es im Fernsehen immer so sieht. Die Wirklichkeit sah aber so aus, dass er schnell eingeschlafen ist, während ich dalag und ernüchtert dachte: »Ja und das war's jetzt?« Irgendwann fand ich den Sex aber ganz nett, mit ihm hatte ich auch meinen ersten Orgasmus.

Als wir ein halbes Jahr zusammen waren, bin ich schwanger geworden. Das Problem war, dass ich trotzdem meine Tage bekam. Irgendwann hatte ich Fieber und mir war schlecht. Der Arzt tippte auf eine Grippe. Als das Antibiotikum nicht wirkte, meinte er, ich sei vielleicht schwanger. Ich hab ihn nicht für voll genommen, denn ich nahm ja die Pille. Als der Test positiv war, ich war schon in der zwölften Woche, ging's mir erst mal richtig schlecht. Ein Kind, jetzt schon, mit 17!, das war viel zu früh. Ich hatte vorgehabt, noch was auszuprobieren, ein bisschen zu leben.

Mein Freund und ich haben uns aber entschieden, das gemeinsam durchzustehen. Am 14. Mai 2008 ist der Kleine per Notkaiserschnitt auf die Welt gekommen. Danach hat sich die Beziehung erst mal ein bisschen verändert. Der Kleine hat nicht durchgeschlafen, wir waren oft müde, und dann durfte ich ja acht Wochen keinen Sex haben. Da ist mein Freund auch etwas grummelig geworden.

So wie ich es mir immer ausgemalt habe, ist es mit dem Sex heute immer noch nicht. Ich weiß nicht, ob's an ihm liegt oder nicht. Irgendwann hätte ich gerne noch mal einen anderen Mann, um vergleichen zu können. Das findet er natürlich nicht so witzig. Aber er hatte ja schon viele Freundinnen, auch einige dieser

Bums-Beziehungen. »Vielleicht kannst du das deshalb auch nicht verstehen«, habe ich mal zu ihm gesagt. Ich hatte ja gerade mal zwei Männer. Beim ersten war's total verkorkst und beim zweiten ist es, na ja, mal schön und mal nicht.

Rauf, runter, fertig und tschüss

Franziska, 21, Verkäuferin
(Erstes Mal mit 16)
Bekannte von Sascha

Mit jedem Mann wird's schöner«, hat meine Mutter immer gesagt. Bei mir stimmt das auch: Der erste war der schlimmste, der siebte war der geilste. Nach dem ersten Mal dachte ich: »Das ist Sex? Was um Himmels willen ist daran denn schön?«

Es war verkrampft, eklig, ganz schrecklich. Ich hatte es mir komplett anders vorgestellt. Kerzen, Rosen, Musik – das war so der Rahmen, den ich mir gewünscht hatte. Ich stellte mir vor, dass er mich überall zärtlich streichelt, alles sehr behutsam macht und ganz, ganz langsam in mich eindringt. Ich dachte, dass ich unten liege, was anderes konnte ich mir damals überhaupt nicht vorstellen, und für mich war auch klar, dass ich's kann, dass alles ganz einfach und problemlos geht.

Als ich 15 war, kam eine Freundin zu mir und erzählte, dass sie beim ersten Mal oben gesessen hätte und er ihr dabei rausgeflutscht sei. »Häh, wie geht das denn? Das muss man doch merken!«, war mein Kommentar. Nach meinem ersten Mal kam ich kleinlaut zu ihr: »Moni, mir ist genau das Gleiche passiert.« Einfach alles war anders als in meiner Vorstellung. Es lief überhaupt nicht locker ab. Ich war total unsicher, wusste nicht, was ich machen sollte, und konnte mich überhaupt nicht entspannen. Mir gingen tausend Sachen durch den Kopf: »Was passiert hier mit mir?« und »Oh Gott, oh mein Gott, was macht er da?« und »Wie sehe ich aus?«

Obwohl ich in vieler Hinsicht frühreif war, habe ich mir mit dem Sex mehr Zeit gelassen als alle meine Freundinnen. Mit elf habe ich zum ersten Mal einen Jungen mit Zunge geküsst und angefangen, vor der Schule zu rauchen. Mit zwölf hatte ich den ersten Vollrausch. Nur Sex war mir lange nicht geheuer. Immer wenn ein Junge Petting unterrum machen wollte, hab ich abgeblockt. Als ich 14 war, hatten es schon fast alle aus meiner Hauptschulklasse gehabt. »Nur, weil die anderen es machen, musst du's nicht auch machen!«, hat meine Mama immer gesagt. Ich hatte zwar überlegt, mit der Pille anzufangen, hatte mich aber nicht getraut, damit zu meiner Mutter zu gehen. Mit 14, nee, das kannst du Mama nicht antun, dachte ich mir.

Mit meiner Mutter konnte ich über alles reden. Sie hat auch immer zu mir gesagt: »Wenn irgendwas ist, sprich mit mir!« Mein Stiefvater meinte mal, wenn jemand mich anfassen würde, solle ich ihm sofort Bescheid sagen. Dem würde er die Zunge und jeden einzelnen Finger abschneiden.

Beim Thema Sex sind alle aus unserer Familie ganz locker. Mit meiner Tante hab ich mal über Orgasmen geredet. Meine Großeltern, sie leben in Rostock, lassen auch manchmal so was los: »Tschüss, wir müssen noch mal nach oben ...« »Ich will das gar nicht wissen«, sag ich dann. Als ich mal aus Neugier gefragt habe: »Macht ihr das denn wirklich noch ...?«, bekam ich zu hören: »Na klar!!« Kann ich mir gar nicht vorstellen. Meine Oma ist 64. Ich mag auch nicht darüber nachdenken, dass meine Mama Sex hat. Das finde ich ganz komisch.

Ich bin Stefan mit 15 begegnet. Erst war ich mit einem aus seiner Clique zusammen, den ich in einer Discothek in Neumünster kennengelernt hatte. Stefan war lange nur ein guter Kumpel. Erst nach neun Monaten habe ich mich in ihn verliebt. Heute kann ich nicht mehr verstehen, was ich an ihm fand. Er war acht Jahre älter, total spackig dürr und als Fremdgänger bekannt. Wenn ich heute an ihn denke, krieg ich 'ne Gänsehaut. Aber wenn man verliebt ist, ist man ja blind.

Dass er verlobt war, hat mich nicht gestört. Ich glaube auch gar nicht, dass er ernsthaft verlobt war. Für mich bedeutet verlobt, wenn einer dem anderen einen Antrag macht und man ein Jahr später heiratet. Bei denen war es wohl eher so, dass sie aus einer Laune heraus Ringe gekauft hatten.

Unser erster Kuss war bei uns im Flur, beim Tschüss-Sagen. Er hatte mich nach Hause gefahren, dann saßen wir noch eine Weile im Wohnzimmer, tranken Kaffee und unterhielten uns. Ich erzählte ihm von meinem leiblichen Vater, der mich am nächsten Tag mit in den Urlaub nach Kroatien nehmen wollte. Als ich ihn zur Tür brachte, blieben wir noch kurz stehen, schauten uns an – und küssten uns. Ganz klassisch nach der 90/10-Regel: Der Mann beugt sich 90 Prozent vor, die Frau kommt ihm zu 10 Prozent entgegen. Wie das in Liebesfilmen oft ist.

Es war magisch!! Ich hatte auf einmal ein Kribbeln im Bauch und weiche Knie. Ich finde, beim Küssen merkt man, ob die Chemie stimmt. Wenn man nichts spürt, dann ist da auch nichts. Man muss alles um sich herum vergessen. Es muss das Bein hochgehen, wie im Film. So war das bei ihm. Ich dachte zwar auch: Was tust du?, weil er ja eine Freundin hatte. Aber das war nur ein Moment. Ich war ja längst bis über beide Ohren verliebt. Ich fand seine braunen Augen toll, seinen Charme, seinen Witz. Bevor wir zusammen waren, fand ich ihn auch betrunken noch witzig. Danach nicht mehr.

Ein paar Tage später sagte er zu meiner Freundin in der Disco: »Ich habe mich in sie verliebt.« Meine Freundin nur: »Na endlich! Franzi ist auch in dich verliebt. Wirst du dich jetzt trennen?« Er sagte »Ja«. Allerdings hat er noch ganze neun Monate mit der anderen zusammengewohnt. Als er mir nach Kroatien »I miss you« mit einem Teddy simste, hab ich mich zwar gefreut, aber da habe ich, ehrlich gesagt, noch nicht wirklich geglaubt, dass es was wird mit uns. Er war mit seiner Freundin ja schon acht Jahre zusammen. Kaum war ich aus dem Urlaub zurück, kam er aber bei mir vorbei und sagte mir noch mal selbst, dass er sich in mich verliebt habe. Dann küssten wir uns und waren von da an zusammen.

Ich wollte immer warten bis zu meinem ersten Mal. Drei Monate, hab ich immer gesagt. Es waren dann drei Tage. Am 16. April ist es passiert. Weil er mit seiner Ex noch zusammengewohnt hat, war das an dem Tag eine ganz komische Situation. Wir hatten alle gefeiert, sie war auch mit, und kamen zu ihm nach Hause. Es war klar, dass ich bei ihm übernachten würde. Und es war auch klar, dass sie ebenfalls dableiben würde. Mein bester Kumpel, der scharf auf sie war, ging gleich zu ihr in die Stube und unterhielt sich mit ihr. Mein Freund und ich verzogen uns ins Schlafzimmer. Dort hatten wir später auch Sex. Das hat sie mitbekommen und nebenan geweint, im Nachhinein war das natürlich heftig.

Er fing an, mich zu küssen, wir fummelten rum, dann meinte ich: »Ich will jetzt!« Die Pille nahm ich inzwischen schon. Gleich als ich 16 wurde, war ich zu meiner Mutter gegangen: »Mama, ich glaube, es wird Zeit.« Sie war erst mal nicht so begeistert. Sie wollte ja nicht, dass ich schon Sex habe, ich glaube, sie hätte es besser gefunden, wenn ich gewartet hätte, bis ich 18 bin. Um mich ein bisschen abzuschrecken, sagte sie deshalb: »Wer Ostern mit den Eiern spielt, hat Weihnachten die Bescherung.« Mit anderen Worten: »Pass bloß auf, dass nichts passiert.«

»Bist du sicher, bist du wirklich bereit?«, fragte er. Ich: »Jetzt oder nie!« Ich hatte in dem Moment wirklich das Gefühl, wenn ich's heute nicht mache, dann wahrscheinlich nie. Meine Mutter hat später erzählt, dass es bei ihr genauso war. Weil ich angetrunken war, war ich an dem Abend ein bisschen lockerer. Ich fand's dann aber doch so schrecklich, dass ich danach erst mal drei Wochen lang keinen Sex mehr hatte.

Es war null romantisch, seine Ex lag im Nebenzimmer und als er eindrang – nichts. Ich dachte ja, ich würde innerlich explodieren wie ein Vulkan, aus dem die Lava rausläuft. Und was war? Gar nichts. Erst mal hat er mich nach oben gesetzt, und da saß ich dann. Ich war unsicher und hab mich total unwohl gefühlt. Das hat er aber nicht gemerkt. Er konnte mein Gesicht ja nicht sehen, weil es stockdunkel war. Das war allerdings auch gut so, denn mit Licht wäre ich noch unentspannter gewesen. Wir haben es viermal probiert, aber er war immer nur kurz drin, ist ständig wieder rausgeflutscht. Weil's auch total wehtat, hab ich irgendwann gesagt: »Ich will das so nicht mehr.«

Zwischendrin hab ich ständig überlegt, was ich tun muss. Wie muss ich mich bewegen? Wohin mit den Händen? Muss ich stöhnen? Ah-ah-ah, mmmmm, jaaaaa? Das kam mir aber total blöd vor. Ich fand's ja auch überhaupt nicht schön, als er in mir war. Es zwickte und war total unangenehm. Ich hab mich gefühlt wie: Hol ihn wieder raus! Mach es rückgängig! Ich will das alles nicht! Bevor wir eine andere Stellung probieren konnten, ist er auch schon gekommen. Als er plötzlich rumstöhnte und auf einmal ganz schweißgebadet war, hab ich mich nur noch geekelt. Dann lief die Suppe plötzlich unten wieder raus, alles klebte auf der nackten Haut, und man roch es auch noch. Ekelhaft! Da war ich restlos bedient.

Kaum war er fertig, kam zur Krönung noch der Satz: »Na, wie war ich?« »Richtig gut, ich hab auch ganz viel Vergleich«, meinte ich nur. Rein, raus, fertig, aus. Großer Sport. Das ist Sex? Oh Gott! Was ist daran schön?, dachte ich. Ich hab mich danach ganz schmutzig gefühlt, total schmutzig, und hab mich bei ihm sofort geduscht. Zuhause hab ich dann gleich noch mal geduscht.

Kurz danach ist er ins Bad gegangen. Dafür musste er durchs Wohnzimmer, wo seine Ex und mein Kumpel übernachtet hatten. Die haben alles mitgekriegt, weil das Bett gequietscht hat. »Boah Mensch, das hat aber geknallt. Jetzt musst du unserem Dorf einen ausgeben. Du hast Franzi geknackt«, sagte mein Kumpel zu ihm. Er hatte eigentlich bei mir der Erste sein wollen, aber ich war immer unantastbar für alle gewesen. Als ich später auch ins Bad ging, hörte ich seine Ex schluchzen. In dem Moment war mir das aber egal.

»Mama, ich hatte Sex, und es war total eklig«, war das Erste, was ich zu meiner Mutter sagte. »Na, was musst du auch mit den Eiern spielen«, sagte sie trocken, meinte dann aber noch: »Willkommen unter den Frauen!« Ich glaube, ihre beste Freundin war an dem Tag auch da. Sie sagte zu mir: »Jetzt hast du wieder ein einschneidendes Erlebnis weg.« Das ist es ja auch. Das hat man nur einmal.

Im Nachhinein hätte ich doch lieber warten sollen, um ein bisschen reifer zu sein. 16 oder 18, das macht ja keinen großen Unterschied. Ich hatte danach jedenfalls erst mal keinen Bock mehr auf Sex. Hätte ich bloß einen One-Night-Stand gehabt, dann hätte ich jetzt nicht das Problem, ständig Nein sagen zu müssen, dachte ich oft. Er hat es aber respektiert, dass ich nicht wollte.

Das zweite Mal war bei mir. Es war besser, weil ich wusste, was auf mich zukommt. Romantisch war's aber immer noch nicht. Wir hatten ab da jedes Mal Sex, wenn wir uns sahen, am Anfang täglich.

Während meiner zweieinhalbjährigen Beziehung hatte ich allerdings nie einen Orgasmus. Obwohl ich mich irgendwann auch gehen lassen konnte. Es hat aber nie gereicht. Aus heutiger Sicht auch kein Wunder. Es hat ja nie lange genug gedauert. Es war immer nur rauf, runter, fertig und tschüss. Ich fragte meine Mama mal, wie sich ein Orgasmus anfühlt. Sie meinte, bei ihr wäre das ein Hammergefühl, aber es sei bei jedem anders. Es könnte auch sein, dass es nur ein kleines Kribbeln sei. Aber noch nicht mal das hatte ich bei ihm. Es hat ein paar Männer gedauert, bis ich endlich einen Orgasmus hatte. Alleine hab ich's noch nie gemacht. So nötig hatte ich's noch nie.

Als meine Freundinnen nach einem Jahr zu mir sagten: »Der betrügt dich!«, wollte ich das nicht hören und hab abgewiegelt. »Nein, bestimmt nicht!« Als ich ihn ganz direkt darauf ansprach, fragte er mich, ob ich fremdginge, wenn ich ihm so was vorwerfen würde. Nach eineinhalb Jahren hatte ich es dann schwarz auf weiß: Seine Ex und er hatten Buch geführt, wo alles drin stand. Ich hatte es gefunden, als ich nach Fotos von mir suchte, die ich ihm mal geschenkt hatte. Sie waren plötzlich weg. »Ild noch immer«, hatte er in das Buch geschrieben für »Ich liebe dich noch immer« und auf einer anderen Seite »Letzte Nacht war schön«. Ich sah das Datum – da war er schon mit mir zusammen! Meine Fotos fand ich an dem Tag auch: Seine Ex hatte sie durchlöchert und hinten drauf »Schlampe« geschrieben.

Ich habe sofort meine Sachen gepackt und bin gegangen. In dem Moment kam er gerade von der Arbeit. »Verpiss dich bloß!«, zischte ich wütend. Er gab sich ahnungslos. »Was ist denn los?«, fragte er. »Ich hab euer Buch gefunden!« Er: »Aber das stimmt doch alles gar nicht!« »Du kannst mich mal!«, meinte ich nur. Dann bin ich abgehauen. Ich war fertig, hab gezittert.

Eigentlich hätte ich sofort Schluss machen müssen. Mir war klar, dass ich ihn nicht mehr liebte. Alles war nur noch Gewohnheit, da war keine Leidenschaft mehr, nichts. Ich habe es aber verdrängt, weil ich panische Angst vor dem Alleinsein hatte und weil ich mir auch nicht vorstellen konnte, mit einem anderen Mann von vorne anzufangen. Mit dem Kennenlernen, mit dem Sex. Mit einem neuen Mann hat man ja wieder ein erstes Mal.

Obwohl ich Schmerzen im Herzen hatte, habe ich alles, was dann noch kam, ertragen. Er hat ungeniert geflirtet, einmal direkt vor meinen Augen mit meiner besten Freundin. Er muss mit vielen was gehabt haben. Bei einem Mädchen weiß ich es sicher. Sie hat's mir selbst erzählt. Sie hatten was, als ich auf einer Klassenfahrt war. Meine Mutter und meine Tante hatten von Anfang an zu mir gesagt, dass er nicht der Letzte bleiben wird. »Doch, doch, wird er«, hab ich immer widersprochen. Tja.

Der Auslöser für die Trennung war dann ein Praktikum in einem Autohaus, das ich im Juli 2005 gemacht habe. Ich hab mit den Jungs dort geflirtet und bin richtig aufgeblüht. Es tat mir gut, begehrt zu werden, zu spüren, dass ich noch Chancen auf dem Markt hatte. Durch die Zeit mit meinem Freund war ich zum totalen Mauerblümchen geworden. Ich hatte während der Beziehung aufgehört zu rauchen und dadurch 25 Kilo zugenommen. Zuletzt durfte ich mir von ihm anhören: »Du bist eigentlich 'ne fette Sau geworden.«

Abends saß er immer am Computer. Wenn ich meinte: »Schatz, ich geh ins Bett«, kam: »Du gehst schon ins Bett? Warte mal, ich komme …« Ab ins Bett, ein bisschen geknutscht, rein, raus, fertig, wieder zurück an den Computer. Morgens um sechs, wenn ich aufstand, ging er ins Bett. Noch im Juli bin ich ausgezogen. Dann drehte er allerdings erst noch mal auf. Er erzählte meiner Mutter, er wolle zu *Nur die Liebe zählt*. Er wolle Flugzeuge in den Himmel schicken mit riesigen Transparenten, auf denen stehen sollte »Ich liebe dich«. Ich hab nur zu ihr gesagt: »Wenn er das macht, bring ich ihn um.« Hat er zum Glück auch gelassen.

Vier Monate nach unserer Trennung habe ich meinen zweiten Freund kennengelernt, einen Halbitaliener. War aber auch nichts. So steril und leer wie seine Wohnung war, so war er auch vom Inneren her. Er hat mich immer gedrängt, einen Orgasmus zu kriegen, das hat er auf Teufel komm raus versucht. Durch Stellungswechsel, mit der Hand, mit dem Mund. Oral ist aber überhaupt nicht mein Fall. Mir ging es irgendwann auf die Nerven, dass er das so unbedingt wollte. Er hat immer rumgemacht und mich vollgequatscht, alles so auf Krampf: »Ist das so in Ordnung? Kannst du so einen bekommen?« Unter dem Druck konnte ich mich nicht gehen lassen. Schließlich meinte er: »Im Bett klappt das nicht mit uns, du kriegst ja keinen Orgasmus. Dann lass uns lieber Freunde bleiben.« Das hat aber auch nicht geklappt.

Nach dem Halbitaliener hatte ich noch fünf Männer, und der Sex wurde von Mal zu Mal besser. Mit dem dritten hatte ich zwei Quickies. Das war noch nicht der Rede wert. Mit dem vierten hatte ich Sex im Auto. Der Oberknaller! Ich kannte den schon ganz lange, aus der Schule. Ich fragte ihn auf einer Party: »Kannst du mich nach Hause fahren?« Darauf er: »Dafür krieg ich was.« Ich: »Alles klar, komm.« Obwohl's total unbequem war, war's trotzdem gut. Er wollte sich zwar noch mal mit mir treffen, aber das kam für mich nicht in Frage. Er hatte ja eine Freundin. »Wenn du solo bist, kannst du dich gerne wieder bei mir melden«, meinte ich nur.

Beim fünften hatte ich meinen ersten Orgasmus. Er war 26 und hatte schon zwei Kinder. Wenn der mich nur streichelte, war ich schon klitschnass. Wenn wir Sex hatten, bin ich dreimal gekommen. Der war auch ein ganz schöner Akrobat, hat mich immer hin und her geschmissen. Der sechste, ein Türke, hat mir die Sterne vom Himmel geholt. Er war drei Jahre jünger und hat mich nach Strich und Faden verwöhnt. Herzen aus Rosenblüten aufs Bett gelegt, toll gekocht, mich ständig überrascht. Im Bett hat er darauf geachtet, dass ich immer zuerst was davon hatte. Er war meine große Liebe. Leider waren wir nur fünf Monate zusammen. Seine Eltern hatten es rausbekommen. Sie wollten die Beziehung nicht.

Unter der Trennung habe ich sehr lange gelitten. Ein Animateur, auch ein Türke und drei Jahre älter, hat mir das Leid wieder genommen. Wir haben uns in Side kennengelernt, wo ich mit meiner Mama im Urlaub war. Weil ich noch so verletzt war, hatte ich mir eigentlich vorgenommen: Ich trinke keinen Alkohol, ich lerne niemanden kennen, ich hab keinen Sex. Dann war ich dort und hab jeden Tag was getrunken, viele Leute kennengelernt und hatte Sex. Wir waren in einer Disco, als ich plötzlich Lust auf ihn bekam. Ich war ein bisschen angetrunken. So habe ich immer am liebsten Sex, weil ich dann hemmungsloser bin.

Mit ihm war's der Hammer, denn er ist noch mehr auf mich eingegangen als alle anderen. Auch wenn er gekommen ist, hat er weitergemacht. Er ist auch nicht gleich aufgestanden. Wenn ich noch mal wollte, haben wir's halt noch mal gemacht. Mit ihm war es auch ein bisschen härter, da war mehr Tempo, mehr Druck. Deshalb war's interessanter und geiler. Wegen ihm bin ich sogar noch mal nach Side gefahren.

Zurzeit bin ich Single und rundum zufrieden. Alles läuft prima. Gerade habe ich einen Job als Verkäuferin bekommen. Ich wohne mit einer Freundin zusammen, mit der ich mich supergut verstehe. Wir gehen viel feiern. Ich flirte, werde viel angesprochen und genieße es. Auf der Suche bin ich nicht. Aber wer weiß, gerade wenn man nicht auf der Suche ist, passiert ja was …

Ich muss nach Hause ...

Sascha, 19, angehender Rollladentechniker
(Erstes Mal mit 15)
Bekannter von Franziska

Von dem, was in den Medien über Sex berichtet wird, was man tun und lassen sollte, lasse ich mich nicht beeinflussen. Das beziehe ich nicht auf mein Leben. Ich lese zwar die *BILD*-Zeitung, die *Bravo Sport* und das *Bravo HipHop Special*, und da kommt das Thema natürlich drin vor, ich lese mir aber nur die Sachen durch, die mich interessieren: Sport, Musik, Klamotten. Und wenn ich Fernsehen gucke, ist das meistens nur Fußball.

Einfach mal so mit einem Mädchen zu schlafen, das ist nichts für mich. Es gibt ja Typen, die das für ihr Ego brauchen – ich nicht. Ich möchte verliebt sein. Dass ich mein erstes Mal mit einem besonderen Mädchen haben würde, war immer klar. Wir waren zweieinhalb Jahre zusammen, und sie ist immer noch meine einzige große Liebe. An unser erstes Mal werde ich mein Leben lang denken. Ich weiß noch das Datum, es war am 27. November 2005. Es war zwar nicht so toll, weil ich unsicher war und sie mir das Gefühl gegeben hat, irgendetwas falsch gemacht zu haben. Aber es war schon eine ganz besondere Erfahrung. Im Nachhinein würde ich sagen, dass ich mich dadurch ein kleines bisschen erwachsener gefühlt habe. Man wird groß sozusagen.

Ich lebe mit meinen vier jüngeren Geschwistern bei meiner Mutter in der Nähe von Neumünster in Schleswig-Holstein. Meine Eltern haben sich getrennt, als ich elf war. Von ihnen kam in Sachen Aufklärung nicht so wirklich was. Erst als ich mein erstes Mal schon hinter mir hatte, ist meine Mutter auf mich zugekommen. Ich hatte es meiner Schwester erzählt – mit der kann ich über alles ziemlich gut reden – und die hat es gleich meiner Mutter weitererzählt, da hab ich mich natürlich nicht so drüber gefreut.

Mein bester Freund hatte sein erstes Mal ein Jahr früher als ich, mit 14. Als er davon erzählte, konnte ich es erst nicht glauben, weil 14 ja ziemlich jung für Sex ist. Er wirkt auf mich heute immer noch nicht richtig reif. Weil er aber sagte, mit wem es war und diejenige es auch bestätigt hat, habe ich es dann geglaubt. Viel hat er nicht erzählt. Nur dass es ein komisches Gefühl gewesen sei und sie gesagt hätte, dass es wehtue. Er meinte aber, dass es ihm Spaß gemacht hätte und dass er es gerne öfter machen würde.

Das möchte ich auch, war mein erster Gedanke. Ich kam mir ein bisschen wie ein Trottel vor, weil ich's noch nicht gemacht hatte. Aber ich hatte auch noch nicht die Richtige gefunden. Ich hatte zwar immer mal eine Freundin, aber die Richtige war einfach nicht darunter gewesen. Und da ich lange eher der passive Typ war, der gewartet hat, bis jemand auf ihn zukam, hat es sowieso immer ein bisschen gedauert, bis ich ein Mädchen kennengelernt habe.

Ich habe sie auf der Party meines Freundes Tom, Ende Oktober 2005, zum ersten Mal gesehen und fand sie sofort toll. Sie ist etwas größer als ich, hat dunkelblonde längere Haare und eine gute Figur, nicht dick, aber auch nicht dünn. Sie war nie so wirklich zufrieden damit, ich schon. Ein Kollege, den ich im Moment nicht mehr so mag, hat immer so ein bisschen an ihr rumgezappelt. Der war auch ziemlich verliebt in sie. Sie saß in einer Ecke und las in einem Buch. Sie war nicht so eine, die Alkohol trank. Er hat sie ein bisschen geärgert, ihr das Buch ständig aus der Hand genommen. Ich habe immer mal zu ihr rübergeguckt, aber sie hat mich an dem Abend nicht beachtet. Das kam alles erst einen Tag später.

Wir hatten beide bei Tom übernachtet. Als ich morgens mit ihm am Frühstückstisch saß – sie schlief noch –, habe ich ihm gesagt, dass ich sie toll finde. Ich war kaum zu Hause, als er anrief: »Johanna findet dich auch ganz toll und möchte dich kennenlernen …« Ich bin sofort wieder zu ihm hin, aber da war sie schon weg. Später kam ihr Bruder noch mal vorbei und meinte: »Johanna kommt gleich.« Dabei grinste er mich vielsagend an. Da kribbelte es bei mir im Bauch, und ich bekam ein bisschen Angst. Kaum war sie dann da – nichts. Totenstille. Alle, drei Jungs und sie, saßen wie die Hühner auf der Stange auf der Couch und guckten starr auf den Fernseher. Das war eine ganz komische Atmosphäre. Erst in den nächsten Tagen entwickelte es sich.

Wir trafen uns zufällig bei einem der Jungs wieder, und da habe ich sie einfach angesprochen und gefragt, was sie denn eigentlich so macht. Es stellte sich heraus, dass die Realschule, auf die sie ging, direkt neben meiner Schule lag. Ein paar Tage später fiel sie mir in der Pause auch auf, die beiden Schulen hatten einen Schulhof zusammen. Ich fragte sie, ob sie Lust hätte, mit mir eine zu rauchen. Wir hatten eine Ecke auf dem Hof, wo wir inoffiziell rauchen konnten, uns aber nicht erwischen lassen durften. Die Unterhaltung war ganz entspannt, die Aufregung nicht mehr ganz so groß bei mir.

Am Wochenende war bei Tom wieder ein bisschen was los. Sein Haus war damals unser Treffpunkt, da es sehr zentral lag. Dort sahen wir uns wieder. Sie hatte mit ihrer Freundin dort übernachtet, und ich auch. Am nächsten Morgen nahm ich mir vor: Heute sprichst du sie an, ob sie mit dir gehen möchte. Das müsste der 3. November gewesen sein. Angesprochen habe ich sie allerdings dann doch nicht, dazu fehlte mir der Mut, ich habe es mit Briefchen gemacht. Ich setzte mich draußen auf eine Mauer, schrieb Briefchen und rief, wenn ich fertig war, nach Tom, der ihr meine Botschaften brachte. Sie schrieb ihre Antwort drauf, die Tom dann wieder zu mir brachte. Das war eine ganz lustige Situation.

»Ich finde dich toll« und »Würdest du etwas mit mir anfangen?«, stand auf meinen Zetteln. Sie hat mich erst ein bisschen zappeln lassen – das Spielchen hat ein paar Stunden gedauert –, dann kam die Antwort: »Ja, ich möchte mit dir gehen.« Ich war total glücklich, bin kurz zu ihr hochgegangen, sagte: »Ich komme gleich wieder!«, und schnappte mir Toms Fahrrad. Damit bin ich erst mal zum Sportplatz gefahren, um die überschüssige Energie, die ich hatte, Freuden-Energie sozusagen, loszuwerden.

Als ich wiederkam, war ich erst mal ein bisschen außer Atem, habe mich unten im Wohnzimmer zu Tom auf die Couch gesetzt und mit ihm eine DVD geguckt. *Himmel und Huhn*, eine Art Zeichentrickfilm, das weiß ich noch. Ja, und dann kam sie irgendwann runter und setzte sich neben mich. Ich grinste sie an, sie nahm meine Hand, und dann hat sich das alles entwickelt. Wir küssten uns – das war mein erster richtiger Kuss. Tom saß daneben und hat sich für mich gefreut. Von da an haben wir uns jeden Tag gesehen. Wir haben uns eigentlich die ganze Zeit, in der wir zusammen waren, täglich gesehen. Zweieinhalb Jahre lang.

Dass wir zusammen waren, machte schnell die Runde. Als wir unsere Sportwoche mit Fußballturnieren in der Halle hatten, das war auch noch im November, riefen meine Kumpels auf dem Feld: »Johanna, Johanna, Johanna!« Ich guckte immer umher: »Häh, wo ist sie denn?« Sie wollten mich nur ein bisschen ärgern. Zu dem Zeitpunkt war ich ja der Einzige aus der Gruppe, der eine Freundin hatte. Auch die Jungs aus meiner Klasse – besonders die, die immer einen auf dicke Hose machten und prahlten, dass sie jedes Mädchen kriegen könnten – klopften mir auf die Schulter: »Cool, Mann.« Das war ein tolles Gefühl. Ich war ja kein Aufreißer-Typ und auch keiner von den Coolen, die mit Nike-Turnschuhen und Ed-Hardy-T-Shirts rumliefen. Ich fiel eher durch andere Sachen auf.

Ich habe mit Kumpels mal Milchpakete über den Schulhof geschmissen. Wenn die vor jemandem aufplatzten, war der voller Milch. Dafür mussten wir die Schulordnung abschreiben. Ich bekam auch mal Sozialstunden aufgebrummt, weil ich mit einem Kumpel durch die Läden gegangen war und alles eingesteckt hatte, was nicht niet- und nagelfest war. Es ging darum, den anderen zu zeigen, dass man keine Angst hat. Mit Mitte 16 habe ich aufgehört, Scheiße zu bauen. Auch wegen Johanna. Sie war etwas älter als ich und schon ein bisschen erwachsener. Da dachte ich mir, dass ich mit dem Kinderkram mal aufhören sollte.

Was Sex betraf, hatte sie auch noch keine Erfahrung. Das hatte mir ihre Freundin nach einer Woche erzählt. Ich solle vorsichtig sein, weil sie ängstlich sei, meinte sie. Nach drei Wochen, am 27. November, hatten wir unser erstes Mal. Wir hatten vorher schon ein bisschen gefummelt, mehr aber nicht. Es war nicht geplant, es passierte einfach. Sie war an dem Wochenende bei mir. Meine Schwester war zwar auch zu Hause, aber da ich dicke Wände habe, hat sie nichts mitgekriegt. Am Sonnabend hab ich noch so bei mir gedacht, vielleicht klappt es ja heute Abend. Nachdem wir eine DVD geguckt hatten, sind wir aber gleich eingeschlafen.

Sie ist am Sonntag vor mir aufgewacht. Kaum war ich wach, merkte ich schon, dass sie mich anguckte. »Ist was?«, fragte ich. Keine Reaktion. »Alles in Ordnung?« Wieder nichts. Ich hab ewig gefragt, sie hat mich aber nur angeguckt. Das ging mindestens zwanzig Minuten so. Erst fand ich's lustig, aber nach 'ner Zeit störte es auch. Gesagt hat sie mir bis heute nicht, was da war, was sie gedacht hat. Ich wurde immer irritierter, hatte schon Angst, dass sie vielleicht Schluss machen will. Wie es dann genau dazu kam, weiß ich gar nicht mehr. Sie war auf jeden Fall diejenige, die den ersten Schritt gemacht hat und anfing, rumzufummeln …

Ich hatte ein bisschen Angst davor. Dass das Kondom reißen könnte. Dass ich zu früh komme. Oder dass es ihr nicht gefallen könnte. Für sie war's dann auch nicht so toll, weil sie Schmerzen dabei hatte. Das hat sie mir aber erst ein halbes Jahr später gesagt. Ich habe zwischendrin immer mal gefragt, ob alles in Ordnung sei. Dann hat sie zwar Ja gesagt, aber ich war trotzdem unsicher. »Mach ruhig weiter, ich kriege das schon irgendwie hin«, sagte sie schließlich. Da war ich zwar nicht so begeistert von, weil ich ihr ja nicht wehtun wollte, aber ich habe dann vorsichtig weitergemacht. Als wir fertig waren, sagte sie nur: »Ich muss nach Hause«, stand auf und zog sich an.

Das war wie ein Schock. Jetzt fand sie's doch nicht gut, vielleicht lacht sie sogar über dich, dachte ich. Da sie auch nichts mehr weiter dazu sagte, war ich total verunsichert und fühlte mich ziemlich scheiße. Als sie weg war, kam wieder die Angst hoch, dass sie Schluss machen könnte. Ein halbes Jahr war das erste Mal ein absolutes Tabuthema bei uns. Erst dann rückte sie damit raus, dass sie's nicht so toll gefunden hätte wegen der Schmerzen. Sie sagte es auch nur, weil ich sie ganz direkt gefragt hatte, warum sie damals einfach gegangen war.

Von einer Freundin, die mit ihr in eine Klasse ging, erfuhr ich drei Tage später, dass Johanna in der Klasse herumerzählt hatte, sie sei keine Jungfrau mehr. Ich habe sie in diesen drei Tagen komischerweise nicht gesehen. Wir sind eigentlich immer im gleichen Bus gefahren, aber in der Zeit war sie nicht da. Keine Ahnung, wo sie war. Als ich mal bei ihr zu Hause anrief, sagte ihre Mutter, dass sie leider nicht da sei. Mittwoch nach der Schule traf ich sie dann im Bus wieder und sprach sie an: »Stimmt es, dass du es in der Klasse erzählt hast und wenn ja, warum?« »Das stimmt«, sagte sie, »die meisten meiner Freundinnen hatten es schon, und da ich nicht die Einzige sein wollte, die außen vor ist, habe ich es eben erzählt.« Einerseits verstand ich das, andererseits aber auch nicht.

Nachmittags rief ich sie an, und dann haben wir das Gleiche gemacht wie jeden Tag: Fernsehen geguckt. Wir waren meist bei ihr, weil sie nur einen Bruder hat. Da hatten wir mehr Ruhe als bei mir. Wir haben auch oft Fußball gespielt. Sie stand immer im Tor, was für mich nicht schlecht war, weil ich so ein bisschen trainieren konnte. Ich hab natürlich nie so doll geschossen, weil ich Angst hatte, sie zu treffen.

Die Stimmung an dem Nachmittag war erst mal nicht besonders, weil ich nicht gerade begeistert war, dass sie es rumerzählt hatte. Zum Abend hin legte es sich aber, da wurde ich wieder lockerer. Am nächsten Tag in der Schule war wieder alles ganz normal. Ich hatte gute Laune, sie hatte gute Laune.

Ich habe es nur einer Person erzählt: meiner Schwester. Sie hatte es drei Wochen vor mir und sie hatte es mir auch erzählt. Darüber habe ich mich erst mal gewundert, weil es ja nicht etwas ist, über das man so einfach redet. Es ist ja etwas sehr Persönliches. Sie hat nicht gesagt, mit wem es war, nur, dass es nicht so schön gewesen sei. Ich habe auch nicht weiter nachgefragt. Man weiß ja nie, wie peinlich es dem anderen ist. Eine der ersten Sachen, die meine Schwester von mir wissen wollte, war, ob wir ein Kondom benutzt hätten.

Nach eineinhalb Wochen hat mich meine Mutter auf mein erstes Mal angesprochen. »Komm mal mit«, meinte sie. Im Wintergarten fragte sie mich aus. Wie es denn kam, wie es war, alles mögliche. Ihre erste Frage war: »Habt ihr verhütet?« Das ist wohl bei jeder Mutter so. Aber das ist ja eigentlich auch das Wichtigste. Im ersten Moment war's mir nicht peinlich, dass sie mit mir reden wollte, als aber die Frage kam, wie's denn genau war, schon. Da blockierte ich ein bisschen und erzählte nur, dass es nicht so schlecht, aber auch nicht so gut war. Sie meinte noch, ich solle aufpassen. Hätte ich mal.

Wir haben nur einmal nicht verhütet, und da ist sie gleich schwanger geworden. Das war ein Jahr nach unserem ersten Mal, Ende 2006. Wir sahen keinen anderen Ausweg als Abtreibung. Es war die schlimmste Zeit meines Lebens. Es ist nicht so, dass ich jeden Tag dran denke. Aber manchmal, wenn ich in meinem Zimmer sitze und so was im Fernsehen sehe, denke ich schon drüber nach, wie es gewesen wäre, wenn sie's behalten hätte. Vielleicht wären wir ja noch zusammen.

Das zweite Mal hat ein bisschen gedauert, das war erst nach rund drei Wochen. Dieses Mal habe ich den ersten Schritt gemacht. Wir waren bei ihr. Ihre Mutti war arbeiten, ihr Bruder war bei Tom. Ich fing an sie zu küssen, und dann kam es von ganz alleine. So wie es ja meistens ist. Das zweite Mal war anders, schöner, fand ich. Für sie war's wahrscheinlich auch schöner. Genau weiß ich's aber nicht, weil wir über die ersten Male nie gesprochen haben. Eigentlich haben wir auch erst gegen Ende, als wir schon zwei Jahre zusammen waren, über den Sex geredet. Da hatten wir dann eine riesige Vertrauensbasis aufgebaut. In der ersten Zeit war das ja noch nicht so.

Wir haben mindestens jedes zweite Wochenende miteinander geschlafen. Mal habe ich, mal hat sie den ersten Schritt gemacht, und wir haben auch immer mehr ausprobiert. An meinem 16. Geburtstag, da waren wir viereinhalb Monate zusammen, meinte sie, wir könnten ja mal was anderes probieren, zum Beispiel andere Orte. Daraus wurden dann auch sehr, sehr viele.

Das Verrückteste war kurz nach meinem Geburtstag auf dem Parkplatz einer Disco. »Irgendwie hab ich Lust. Lass uns mal rausgehen«, meinte sie irgendwann an dem Abend. Ich hab sie erst mal ganz ungläubig angeguckt. Auf dem Parkplatz fing sie dann auch gleich an, mich zu küssen, fummelte an meiner Hose herum, und dann kam es von ganz alleine. Das war schon sehr, sehr verrückt.

Ich kann mich auch noch an den Geburtstag eines Klassenkameraden erinnern, auf dem wir beide waren. Die Party war in einem Sportlerheim. In einem kleineren Haus daneben, das etwas abseits lag, waren die Duschen. Sie kam auf die Idee, da reinzugehen. Weil man die Tür nicht abschließen konnte, steckten wir einen Keil davor. Das war dann zwar aufregend, aber schon sehr unbequem. Wir waren auch mal in einem Feld und in der Umkleidekabine eines Schwimmbades, allerdings im Winter. Wir wollten uns eigentlich nur ans Wasser setzen, irgendwann wurde es uns aber zu kalt und wir sind in die Umkleide. Da war's dann aber auch ziemlich kalt.

Sie ist schwanger geworden, weil sie ein einziges Mal vergessen hat, die Pille zu nehmen. Ich hatte ihr zwar gesagt, sie solle sich die Pille danach holen, und das wollte sie auch. Ihre Mutti hat aber abgewiegelt und meinte, Johanna sei bestimmt nicht schwanger. Als ihre Tage ausblieben, hat sie einen Schwangerschaftstest gemacht. Er sah erst negativ aus, und ihre Mutter warf ihn in den Müll. Johanna hat ihn aber wieder rausgeholt und noch mal draufgeguckt: »Mama, ich bin doch schwanger.« Sie kam sofort zu mir. Ich war total platt und aufgelöst. Erst war sie nicht sicher, was sie machen sollte. Wir sind damals ja beide noch zur Schule gegangen und hätten nicht so wirklich für ein Kind sorgen können. Wir wären komplett abhängig gewesen von unseren Eltern.

Es war eine komplizierte Zeit. Ihre Mutti hatte erst zu ihr gesagt, sie solle es mir gar nicht erzählen, weil ich aggressiv sei. Sie hatte wohl Angst, dass ich Johanna schlagen könnte oder so, weil sie die Pille vergessen hatte. Johanna wollte zwar nicht, dass ich sie nach der Abtreibung in der Klinik besuche, ich habe es aber trotzdem gemacht. Als sie wieder zu Hause war, rief sie mich sofort an, ich solle zu ihr kommen. Dann hat sie erst mal Schluss gemacht. Keine Ahnung, warum. Sie sagte nur: »Das muss jetzt so sein.«

Ich hab dann ewig bei ihr angerufen und versucht, dass es wieder so wird wie vorher. Nach zwei Wochen hat es auch geklappt. Zum Glück. Danach hatte ich das Gefühl, dass uns das noch mehr zusammengeschweißt hat. Es stand ja plötzlich etwas im Raum, was uns ein Leben lang verbinden würde.

Ich hatte es niemandem erzählt, noch nicht mal meiner Mutter. Johanna hatte zu ihr nur gesagt, dass sie etwas am Eierstock hätte, was da nicht hingehöre. Meine Mutter erfuhr es erst, als sie mit mir in der Klinik war. Sie muss es sich irgendwie zusammengereimt haben. Ein paar Tage später kam sie auf mich zu und fragte, warum wir ihr das denn nicht erzählt hätten. »Ich hätte dir schon nicht den Kopf abgerissen.« Genau davor hatte ich Angst gehabt. Damit das nicht noch mal passiert, habe ich danach drauf geachtet, dass Johanna die Pille nimmt, habe sie erinnert, nachgefragt. Wir haben uns ja fast jeden Tag gesehen.

Anfang 2008 haben wir uns getrennt. Bei mir kam immer mehr die Eifersucht hoch. Sie ist ein Mädchen, das gerne und oft auf Partys geht. Das war mir aber zu viel. Dann verliebte sie sich in einen Freund von mir, hat es mir aber fünf Wochen lang verschwiegen. Sie fragte immer mal nach ihm: »Kommt Peter auch …?« Das war mir schon aufgefallen. Der größte Schock war aber, als ich in eine Disco nachkam, wo sie mit ihrer Freundin und Peter war, und sie so tat, als würde sie mich nicht kennen. Sie guckte mich an, guckte Peter an und sagte in meine Richtung: »Was will der denn hier?« Ein paar Tage war erst mal Funkstille, dann bin ich zu ihr hin und habe Schluss gemacht.

Zwei Monate lang habe ich nichts mehr von ihr gehört, sie auch nicht gesehen und dann erfahren, dass sie nicht mehr mit Peter zusammen ist, sondern mit seinem besten Freund. Irgendwann ist sie in den Drogensumpf abgerutscht, nimmt jetzt Ecstasy und solche Sachen. Das hat sie mir selbst erzählt, wir mailen ab und zu noch. Ich habe zwar versucht, sie davon abzubringen, »Hör auf mit dem Scheiß und geh zur Suchtberatung!«, aber das macht sie nicht.

Während meines berufsvorbereitenden Jahrs, das ich nach der Hauptschule gemacht habe, habe ich ein paar Monate später, im Sommer, wieder ein Mädchen kennengelernt. Nach zwei Wochen habe ich aber Schluss gemacht, Sex hatten wir nicht. Ich habe gemerkt, dass ich noch zu sehr an Johanna hing. Das tue ich auch heute noch. Solange sie Drogen nimmt, kommt sie für mich aber nicht in Frage. Sie hat inzwischen wieder einen neuen Freund, der auch Drogen nimmt. Mit dem hab ich mich auch schon ganz gut mit zwei Fäusten unterhalten. Er kam mal in der Disco an und meinte, ich hätte Johanna dazu gebracht, Drogen zu nehmen. Er legt sich zwar ab und zu noch mal mit mir an, aber da scheiß ich mittlerweile drauf.

Im Moment bin ich mit meinem Leben zufrieden, wie es ist. Ich muss nicht unbedingt wieder eine Freundin haben. Meine Woche ist auch so durchgeplant, vor allem die Wochenenden. Freitags gehe ich mit Kollegen in die Disco. Samstag steht Fußball an: Um zwölf geht's ab zum Spiel auf den Platz, nachmittags gucke ich Bundesliga. Und sonntags gehe ich mit meinem kleinen Bruder, der ist elf, zum Fußball, weil ich noch Jugend-Schiedsrichter bin.

Ich hab Männer konsumiert
wie Drogen

Patricia, 20, arbeitslos
(Erstes Mal mit 13)

Ich habe mich beim Sex noch nie so richtig gehen lassen können. Ich versuche, dabei immer perfekt auszusehen. Hoffentlich findet er mich nicht hässlich, geht mir immer durch den Kopf, weil ich denke, dass nur mein Äußeres es wert ist, geliebt zu werden, aber nicht meine inneren Werte. Ich habe schon mit rund vierzig Männern geschlafen, ich hatte oft Sex unter Drogen, ich habe mich nie wirklich wohl gefühlt. Es waren viele Quickies dabei, Dreier, einmal Gangbang.

Als ich fünf war, trennten sich meine Eltern. Von da an lief irgendwie alles aus dem Ruder. Mein Vater hat zwar mit einem Anwalt um mich und meinen zwei Jahre jüngeren Bruder gekämpft, aber ohne Erfolg. So sind wir bei meiner Mutter aufgewachsen. Sie fing an zu trinken, weil sie wohl mit der Trennung nicht klarkam und hat uns oft geschlagen. Ich kann mich nur an ein einziges Mal erinnern, dass sie mich in den Arm genommen hat. Und das war auch nur, weil es ihr leid tat, dass sie mich mal wieder angeschrien und fertiggemacht hatte.

Mein Papa war dagegen der total gesunde Mensch für mich. Er hat uns nie geschlagen. Wenn wir bei ihm waren – jedes zweite Wochenende –, dann war alles schön. Er hat Ausflüge an die See und in den Wald mit uns gemacht und uns abends immer aus *Der Zauberer von Oz* vorgelesen. Ich hatte sein Foto unter meinem Kissen liegen, hab nachts oft geweint und gebetet, dass es eine Möglichkeit geben möge, zu ihm zu kommen. Vielleicht wäre einiges anders gelaufen, wenn ich bei ihm aufgewachsen wäre.

Wir haben schon früh einen Fernseher im Zimmer gehabt und alles Mögliche geguckt. Wenn meine Mutter den Fernseher ausgeschaltet hat, haben wir ihn einfach wieder angemacht. Ich habe manchmal die ganze Nacht durchgeguckt und bin zum Teil auch übers Fernsehen aufgeklärt worden. Als ich mit sechs mal im Film gesehen habe, wie zwei Sex hatten, wollte ich das nachmachen und habe Spielchen mit meinem Bruder gespielt. Wir haben uns nackt aufeinander gelegt und uns gerieben. Einmal dachten wir, Mama ist weg, da können wir's machen. Da kam sie aber auf einmal mit einer Kamera um die Ecke.

Mit acht habe ich bei meiner Mutter im Nachtschrank einen Vibrator entdeckt. Als ich sie fragte, was das sei, meinte sie: »Das ist nichts für kleine Kinder, das ist nur was für Erwachsene.« Daraufhin reizte mich das natürlich erst recht. Ich weiß nicht mehr genau, wie ich darauf kam, wofür man den benutzt. Einmal habe ich mitgekriegt, wie sie das Ding unter ihrer Decke hatte – die Vibration hat man ja gehört –, da habe ich es mir wohl irgendwie zusammengereimt.

Ich habe es dann auch selbst mal probiert. Eingeführt habe ich ihn aber nicht, ich habe ihn nur an die Muschi gehalten. Einmal erwischte mich meine Mutter und hat mich ziemlich ausgelacht dafür: »Hat dir das Spaß gemacht?« Ich kam mir gedemütigt vor und dachte: Wieder was falsch gemacht. Sie hat dann immer gleich die ganze Familie angerufen und das rumerzählt. Das war bei allem so, egal, was ich gemacht hatte. Sie hat auch allen erzählt, wenn ich wieder geklaut hatte. Das ging los, nachdem mein Vater weg war.

Schon beim ersten Mal wurde ich von den Bullen erwischt. Ich wollte Weihnachtszeug für zu Hause haben, meine Mutter hatte ja nur wenig Geld.

Durch den Vibrator habe ich mit acht auch meinen ersten Orgasmus bekommen. Ich hatte ihn an meine Muschi gehalten und dabei Fernsehen geguckt. Irgendwann wurde es immer angenehmer und angenehmer und schöner. Ich habe auch noch ein bisschen gerieben – und dann kam's. Ich habe das danach natürlich auch öfter gemacht. Mit neun oder zehn hat mich mal der Freund meiner Mutter erwischt. Ich saß vorm Fernseher im Schlafzimmer, als der Kerl reinkam und sich vor den Computer setzte. Er hörte den Vibrator, ging zu meiner Mutter, die sofort kam und die Decke wegzog. Das war mir natürlich unheimlich peinlich. Ich habe es dann nur noch gemacht, wenn sie nicht da war. Meine Mutter hat den Vibrator zwar danach weggeschlossen, aber ich habe den Schlüssel immer gefunden. Später habe ich mir selbst einen Vibrator gekauft.

Ich habe mich schon sehr früh für Jungs interessiert. Ich kann mich erinnern, dass wir in der Grundschule »Küssefangen« gespielt haben. Wenn man von jemandem gefangen wurde, musste man den küssen. Das waren aber nur so Mutti-Küsschen mit gespitzten Lippen. In der ersten Klasse, mit sechs, hatte ich auch schon einen Freund, Robert hieß er. Mit ihm war ich auch bis zur fünften zusammen. Außer Küssen war aber nichts. Meine Mama kann sich noch erinnern, dass ich sie mal gefragt habe: »Mama, da sind zwei Jungs. Der eine riecht gut, der andere sieht gut aus. Welchen soll ich nehmen?« Sie: »Den, der gut riecht.« Ich habe aber den genommen, der gut aussah – Robert.

Der nächste interessante Junge kam in der sechsten Klasse, ich war elf. In den war ich richtig verliebt. Er war aber nur zwei Wochen mit mir zusammen. Er hatte sein Herz an eine meiner Freundinnen verloren, was ich aber auch verstehen konnte, denn die war wirklich toll.

Mit zwölf habe ich angefangen, mich zu schminken, habe mir die Augenbrauen abrasiert und hatte immer wieder andere

Haarfarben. Ich weiß nicht genau, warum ich das gemacht habe. Meine Mama hat sich auch immer geschminkt. Das sah schön aus, und da wollte ich das halt auch.

Im gleichen Jahr bin ich zu meinem Vater gezogen. Meine Mutter hatte einen neuen Mann kennengelernt, bei dem sie leben wollte. Er wohnte in der Nähe von Hamburg. Ich durfte mir aussuchen, ob ich zu Papa will oder mit ihr mitziehe. Für mich war ganz klar, dass ich zu Papa gehe. Das wollte ich ja schon immer. Außerdem wollte ich ja auch meine alten Leute in Berlin nicht verlassen, und mit einem Schulwechsel wär ich auch nicht klargekommen. Obwohl mein Papa Hellersdorf eigentlich hasste, ist er wegen mir dann dorthin gezogen. Mein Bruder kam nicht mit. Er wollte nicht. Meine Mutter hatte ihn doch noch rumgekriegt.

Nach dem Umzug zu meinem Vater habe ich Peter kennengelernt, mit dem ich mein erstes Mal hatte. Er war 19, ich 13. Er und seine Kumpels hingen am Kaulsdorfer See ab, als ich gerade mit zwei Freundinnen da war. Er kam ein bisschen aus der rechten Szene, war aber nicht mehr so sehr rechts. Er war groß und hatte breite Schultern. Als die Jungs uns gewunken haben, sind wir hin zu denen. Peter sagte später mal, bei ihm hätte es schon an dem Tag am Strand gefunkt. Wir tauschten Nummern aus und trafen uns nach einem Monat dann wieder.

Mein Vater hatte es schwer mit mir in der Zeit. Anfangs habe ich ja auch noch geklaut. Ich war durch die Erziehung meiner Mutter ziemlich geschädigt. Ein richtiges Arschloch war ich damals. Es hat mir nie leidgetan, wenn ich jemandem was angetan hatte. Als er mich mal wieder von den Bullen abholen musste, sah ich ihn zum ersten Mal weinen. Da beschloss ich: Ab jetzt klau ich nicht mehr, und hab auch damit aufgehört. Durch meinen Vater hab ich viel gelernt. Im Endeffekt hat er mich wieder etwas geradegebogen, wofür ich ihm dankbar bin. Trotzdem konnte er nicht verhindern, dass ich abgerutscht bin.

Meinen ersten Blackout durch Alkohol hatte ich mit 13, im selben Sommer, in dem ich Peter kennenlernte. Im Babylon fing es an. Das war ein Jugendclub in Hellersdorf, in dem freitags und samstags auch Disco war. Dort trafen sich viele Underground-Crews, Gruppen, die Wände besprühen, Musik machen oder andere Sachen. Ich bin da schon mit zwölf hin, als ich noch bei meiner Mutter wohnte. Eines Tages bin ich nach dem Babylon mit meiner Freundin Miriam zu Peters Freund Axel, und da haben wir Wetttrinken gemacht. Richtig ekliges Zeug haben wir getrunken, Traubenschnaps war das, glaube ich. Mit Miriam war ich auch immer klauen, harte Sachen, Wodka zum Beispiel, die wir dann mit ins Babylon nahmen. Wir wollten Spaß haben und Party machen, dazu gehörte eben auch Alkohol.

Die Jungs wussten nicht, dass ich erst 13 bin. Ich hab die angelogen. Ich hab gesagt, ich sei 15. Miriam – sie war 16 – hat gesagt, sie sei 17, und das haben die auch geschluckt. Bei Axel haben wir uns dann richtig die Kante gegeben. Die anderen haben auch gekifft, aber das habe ich noch nicht gemacht. Ich war nur auf Alkohol. Irgendwann hatte ich einen Filmriss. Morgens wachte ich neben Miriam und Peter auf. Sie erzählten, dass ich alles vollgekotzt hätte. Miriam meinte, Peter hätte total lieb auf mich aufgepasst. Da dachte ich: »Oh, der ist ja toll!«

Ich konnte damals nicht Nein sagen. Ich wollte gar nicht mit Peter zusammen sein, weil er eigentlich gar nicht mein Typ war, aber Miriam meinte: »Komm, geh doch mit ihm. Sei doch mit ihm zusammen. Der ist doch so lieb, und der hat sich auch voll in dich verschossen.« Ich wollte und brauchte Aufmerksamkeit, er gab sie mir, also sagte ich: »Ja, okay.« Erst war ich zwar nicht verliebt, aber die Liebe hat sich mit der Zeit entwickelt. Er hat immer auf mich aufgepasst, sich um mich gekümmert. Das hat mich sehr berührt.

Weil ich irgendwie doch ein Scheiß-Gefühl hatte, weil ich ihm das falsche Alter gesagt hatte, hab ich dann mal mit meinem Vater darüber geredet.

»Wir rufen ihn an und reden mit ihm«, schlug er vor. Auf einem Platz in Hellersdorf-Mitte traf ich Peter und sagte es ihm. Ich hab mich schlecht gefühlt und die ganze Zeit geheult. Er fand es scheiße, dass ich nicht ehrlich zu ihm war, und meinte, hätte ich ihm das von Anfang an gesagt, wäre er nicht mit mir zusammengekommen. Sexuell war zu dem Zeitpunkt zwar noch nichts zwischen uns gewesen, aber Gefühle waren halt schon im Spiel. Mein Vater stand abseits. Er ist später dazugekommen und hat mit Peter geredet. Mein Vater hat immer zu mir gesagt, er schreibt mir nicht vor, mit wem ich abhänge, aber er möchte meine Freunde gerne kennenlernen. Peter fand ihn gut, er hatte ein richtig cooles Bild von ihm.

Wir waren vier Jahre zusammen, mit vielen Höhen und Tiefen. Von sich aus hat er nie was versucht, er hat mich nie angefasst. Dass er gewartet hat, bis ich zu ihm komme, fand ich total cool. Durch ihn hat das aber mit den Drogen angefangen. Mit 13 habe ich mein erstes Ecstasy-Teil bekommen – noch bevor wir das erste Mal Sex hatten. Er hat mir die Pillen angeboten, als wir bei ihm zu Hause waren. Er hat mit einem Freund zusammengewohnt, der auch Drogen nahm. »Möchtest du mal?«, fragte er. »Was ist das? Wie lange ist man von so einem Teil drauf?«, wollte ich wissen. »Vier Stunden.« Da dachte ich, na, dann kann das ja kein Ecstasy sein. In der *Bravo* hatte ich gelesen, dass man von einer Pille 36 Stunden drauf ist. Erst mal hab ich ein bisschen Optik geschoben. Ich bekam eine andere Wahrnehmung. Die Gefühle waren intensiver, ich spürte mich mehr, und die Straßenlaternen hatten so einen schönen, bunten Schein. Später hab ich davon aber gekotzt. Wir haben danach fast jedes Wochenende Party gemacht.

Weil ich irgendwann nur noch bei Peter sein wollte, bin ich einfach öfter von zu Hause abgehauen, ohne meinem Vater zu sagen, wo ich bin. Da er auch nicht wusste, wo Peter wohnt, war er dann immer total fertig. Einmal hat er die Polizei eingeschaltet, die mich dann auch nach Hause gebracht hat. Aber anstatt mich zu schlagen – damit hatte ich gerechnet, weil ich es ja von meiner Mutter gewöhnt war, Schläge zu bekommen –, nahm er mich in den Arm. Das hat mich in dem Moment zwar echt berührt, aber so eiskalt, wie ich damals war, bin ich am selben Abend schon wieder abgehauen. »Mach dir keine Sorgen, mir geht es gut«, schrieb ich auf einen Zettel. Doch diesmal rief Peter meinen Vater an. Ich hab ihn verflucht dafür, heute bin ich ihm dankbar. Ich hatte damals die Idee, mit Peter einfach abzuhauen, ganz weit weg, nach Bayern. Nur noch er und ich und vielleicht ein Kind. Familie. Heile Welt.

Als mein Vater mich holen kam, waren wir gerade am Kaulsdorfer See. Scheiße, was mach ich jetzt?, dachte ich, als ich ihn sah. Ich wollte weg. Ich wollte niemanden, der mir sagt, was ich zu tun und zu lassen habe. Ich wollte machen, was ich will. Mein Papa hatte mir schon gesagt, wenn ich wieder abhaue, würde er mich in die »Krise« stecken. Die »Krise« ist eine Vorstufe zum Heim. Eine Einrichtung für schwer erziehbare Kinder, die zu Hause Probleme haben. Ich bin drei Monate dort gewesen. Ich hatte da zwar mehr Regeln als zu Hause, aber es war trotzdem schön. Wenn ich am Wochenende bei Peter übernachten wollte, musste mir mein Papa immer eine Erlaubnis schreiben. Das hat er auch immer gemacht. Von den Drogen, die ich mir dort regelmäßig eingeworfen habe, wusste er ja nichts.

Während der Zeit in der »Krise« lernte ich einen Jungen kennen, mit dem ich eigentlich mein erstes Mal haben wollte, damit ich vor Peter nicht so blöd dastehe. Ich hab's aber doch nicht gemacht. Ich hab mit dem nur ein bisschen rumgeknutscht, das war's. Ich hab mich damals ziemlich geschämt, noch Jungfrau zu sein. Ich fand das uncool. Auf der Gesamtschule, auf der ich war, war es in meinem Alter einfach cool, Sex zu haben, zumindest in meiner Welt. Ich war ja in einer Clique von Coolen, die die Streber fertiggemacht haben. Manche Mädchen haben zugegeben, dass sie noch keinen Sex hatten. Ich habe aber schon mit zwölf behauptet: »Ich hatte es schon.«

Ich hab mit Peter immer Spielchen gespielt, mich auf ihn draufgesetzt, meine Bluse auf und wieder zu gemacht, ihn heiß gemacht. Er war dann natürlich immer ein bisschen bockig und zickig von wegen: erst heiß machen und dann liegenlassen, aber ich fand das immer süß. Nach drei Monaten wollte ich es dann endlich hinter mich bringen. Vor allem wollte ich endlich mal einen Orgasmus mit einem Jungen haben.

Wir waren an dem Wochenende bei ihm. Dass es mein erstes Mal war, habe ich ihm nicht gesagt. Wir saßen auf dem Bett, küssten uns, fummelten ein bisschen. Viel Vorspiel war nicht, ich war früher nie so der Vorspiel-Mensch. Ich habe mich dann einfach auf ihn gesetzt, damit ich die Kontrolle habe. Ich bin der totale Kontrollfreak. Wenn jemand anders die Macht hat, geht das gar nicht. Da ich gehört hatte, dass es wehtut, dachte ich mir auch, dass ich es so besser steuern könnte.

Ich war zwar vorsichtig und habe langsam gemacht, es hat aber trotzdem verdammt wehgetan. Hoffentlich ist es irgendwann vorbei!, ging mir es durch den Kopf. Wenn ich denke, dass es beim Kinderkriegen vielleicht noch schlimmer wehtut, graut's mir davor. Peter hat mich machen lassen. Irgendwann haben wir uns umgedreht, so dass er auf mir war. Er ist gekommen, ich nicht. Ich hatte bis heute noch nie einen inneren Orgasmus beim Sex. Als er ihn rausgezogen hat, ist das Gummi bei mir steckengeblieben. Ich bin aufs Klo, hab es rausgezogen und weggeschmissen. Das war's.

Im Endeffekt habe ich doch bereut, es so früh gemacht zu haben. Ich habe mich danach gefühlt, als ob ich irgendwas verloren hätte. Es war so, als hätte ich etwas vergessen. Ich habe danach die ganze Zeit meine Tasche kontrolliert. Es war alles noch da, aber ich hatte trotzdem das Gefühl, dass etwas verschwunden war. Ich habe etwas vermisst. Irgendwas war innerlich passiert.

Mit 16 hat ein Therapeut durch Reden und Nachfragen dann etwas in mir ausgelöst, und da kam dieses Gefühl, das ich durch mein erstes Mal verloren hatte, plötzlich wieder: ein Gefühl von Unschuld und Unbeschwertheit.

Als ich meinem Vater erzählte, dass ich mein erstes Mal hatte, hat er ganz vernünftig reagiert. »Okay, dann müssen wir jetzt mal zum Frauenarzt wegen der Pille.« Das haben wir auch gemacht. Wir waren bei der Ärztin, bei der meine Mutter war. Sie hat mich auch sofort erkannt. Weil ich vor der Untersuchung total Angst hatte, ist mein Papa sogar mit reingegangen und hat Händchen gehalten.

Peter habe ich erst Monate später gesagt, dass ich mit ihm mein erstes Mal hatte. Er wollte es mir nicht glauben. Wahrscheinlich hatte er vor mir nur Mädchen gekannt, die bei ihrem ersten Mal dalagen wie ein Brett. Bei seinem ersten Sex war er auch 13, sie war 16.

Wir hatten danach fast jeden Tag Sex, manchmal auch mehrmals. Beim zweiten Mal hat es noch wehgetan, erst beim dritten Mal ging's. Wir haben viel ausprobiert, alle möglichen Stellungen. Auch verschiedene Orte. Wir hatten mal bei McDonald's Sex, mal im Wald, und wenn wir auf einer Party waren, sind wir zwischendurch auch mal schnell aufs Klo.

Mit Ende 13 bin ich schwanger geworden. Ich hatte die Pille zwischendurch provozierend abgesetzt, weil ich mir dann doch ein Kind wünschte. Peter habe ich nichts davon gesagt. Als ich

meine Tage nicht mehr bekam, habe ich noch zwei Monate ab-
gewartet, dann bin ich zu meinem Vater gegangen. »Papa, ich
glaube, ich bin schwanger.« Er war natürlich angepisst, vor allem, als er hörte, dass ich so lange gewartet hatte. »Wir gehen
morgen sofort zum Frauenarzt«, meinte er.

Ich war in der zehnten Woche. Da war ich dann doch erst mal
fertig und heulte. Peter hatten wir inzwischen auch Bescheid
gesagt. Es stand schnell fest, dass ich abtreiben würde. »Entweder du treibst ab oder du kommst in ein Mutter-Kind-Heim«,
sagte mein Vater. Da ich nicht in ein Heim wollte, sondern bei
meinem Vater bleiben, weil ich mich bei ihm zu Hause fühlte,
habe ich gesagt, okay, ich treibe ab. Dazu kam es aber nicht.
Kurz danach habe ich es verloren. Ich habe ja in der ganzen
Zeit konsumiert, Ecstasy, Speed, Alkohol. Eines Morgens bin
ich aufs Klo und sah in meinem Tanga eine festere Flüssigkeit
mit einem Tropfen Blut mit drin. Ich kam ins Krankenhaus in
Köpenick, wo ich ausgeschabt wurde. Die haben mich total
blöd angeguckt, weil ich noch so jung war. Ab da habe ich die
Pille wieder genommen und hatte fürs Erste nur noch einmal im
Monat Sex. Ich hatte total Schiss, dass ich wieder schwanger
werden könnte.

Mit Peter war zwischendurch dann immer mal wieder eine
Pause, einmal ein halbes Jahr. In diesen Single-Zeiten hab ich mit
anderen geschlafen.

Ich habe Sex mit Liebe verwechselt. Ich dachte, die Aufmerksamkeit, die ich da kriege, ist Liebe. Dabei wollten die mich nur
ficken, und das war's dann. Ich glaube, ich hatte bisher rund
vierzig Männer. Einmal, ich hatte gerade mal wieder mit Peter
Schluss gemacht, dachte ich mir, wenn ich jetzt mit jemand anderem schlafe, geh ich auf jeden Fall nicht mehr zurück zu ihm,
dann kann ich damit abschließen. Ich rief einen Kumpel an: »Ey,
wollen wir nicht Party machen …« Das lief dann auf Feiern und

Ficken raus. »Wollt ihr mich massieren?«, hab ich zu den Jungs gesagt. »Nur, wenn du mit uns einschläfst«, meinten die. Dann hatten wir Gangbang. Da hatte ich Sex mit acht Männern. Ich war total kaputt an dem Tag und dachte, ich lass es einfach über mich ergehen. Am nächsten Morgen bin ich nach Hause, hab geheult, mich selbst gehasst und mich auch geritzt. Das hatte ich vorher schon oft gemacht. Einmal habe ich mir Peters Namen in den Arm geritzt.

Endgültig Schluss gemacht habe ich mit Peter, als ich mich in einen anderen verknallt habe, Steve. Mit dem bin ich richtig abgestürzt. Ich habe ihn bei meinem Ticker, meinem Dealer, in der Wohnung kennengelernt. Er war fünf Jahre älter und arbeitslos. Nach drei Wochen bin ich zu ihm gezogen. Weil mein Papa es mir nicht erlaubte, damals war ich 17, bin ich wieder abgehauen. Im Januar 2006 schmiss ich meine Lehre als Kauffrau im Groß- und Außenhandel hin, hing von dem Tag an nur noch bei ihm auf der Bude ab und konsumierte täglich. Koks, Speed, Ecstasy, auch Medikamente wie Valium. Als ich kein Geld mehr hatte, lebte ich von Hartz IV. Weil das für die Drogen nicht ausreichte, hab ich überall Schulden gemacht.

Für mich gab's nur noch die Drogen und den Kerl. Ich war manchmal tagelang wach und hab tagelang nichts gegessen. Irgendwann wog ich nur noch 46 Kilo, das sind 15 weniger, als ich jetzt hab. Ich bekam die totale Panik, weil mir bewusst wurde, wie kaputt mein Körper war. Meine Hände waren ja schon ganz blau. »Guck mich doch mal an, meine Finger fallen mir ab, wenn ich so weitermache. Ich sterbe …«, sagte ich zu Steve. Ich sah aus wie ein Zombie, da bin ich aufgewacht. Weil ich bei meinem Vater nicht mehr ankommen wollte, ich hatte ihn ja schon oft enttäuscht, rief ich meine Mutter an: »Mama, hol mich hier ab. Wenn ich noch einen Tag länger hier bin, weiß ich nicht, ob ich noch lebe…«

Ich hab mich in einer Drogenberatungsstelle informiert und dachte, dass ich's alleine schaffen könnte. Weil mein Dealer zeitgleich mit mir auch aufgehört hat zu konsumieren, bin ich erst mal bei ihm untergekommen und war auch ein paar Wochen clean. Als er aber eines Tages dreißig Schmetterlinge bekam – das waren Ecstasy-Pillen, die damals sehr begehrt waren –, meinte er, er müsse die auf jeden Fall mal probieren. Hat er auch – und ich auch. Ich hab an einem Abend zehn hintereinander genommen. Davon war ich dann so schlimm drauf wie noch nie, hab sogar Stimmen gehört. Ein paar Monate ging das noch so weiter, dann hat's bei mir endgültig klick gemacht und ich hab aufgehört. Ich bin wieder in die Drogenberatungsstelle, habe mir eine Wohnung gesucht und eine sechsmonatige Therapie gemacht. Die letzte Ecstasy-Pille habe ich am 1. Januar 2008 genommen, das letzte Mal gekifft am 2. Januar. Vom Alkohol bin ich seit dem 20. Januar runter.

Nach der Therapie habe ich mir in einem Mädchenzentrum ein Praktikum für drei Monate gesucht. Das war der absolute Hammer für mich. Das Beste, was mir passieren konnte. Erst mal gab's da keine Männer, was richtig gut für mich war, denn Männer sind für mich wie Drogen. Ich kann Männer konsumieren. Ich kann mich mit denen total dichtmachen, total ablenken. Außerdem hatte ich dort zum ersten Mal gesunde Menschen um mich herum.

Gerade hat ein neuer Abschnitt begonnen. Ich lebe in einer Wohnung mit anderen ehemaligen Abhängigen, das nennt sich »Betreutes Gruppenwohnen«, und mache eine Fortbildung. Das Projekt heißt »19 Freiheiten«. Es geht darum, Schülern auf kreative Art und Weise die Grundrechte zu vermitteln. Ich und ein Student geben später Workshops an Schulen. Das wird mein Selbstbewusstsein stärken.

Ich bin noch nicht sicher, was ich beruflich machen möchte. Vielleicht Fitness-Kauffrau, vielleicht was mit Computern wie mein Vater, er ist Systemadministrator. Ich möchte auf jeden Fall eigene Kinder haben, und ich möchte mir ein eigenes Haus bauen. Ich möchte keinen Mann haben, der das von seinem Geld baut, ich will das Geld dafür selbst verdienen.

DANKE!

Für Mithilfe bei Recherche, Transkription, Korrekturlesen und Pressearbeit sowie immer und immer wieder geduldiges Zuhören: Kai Riedemann, Sabine Günther, Beate Maisch, Sibylle Scharrenberg, Andrea Thomas, Anna Butterbrod, Claudia Krause, Jacqueline Zielke, Alexandra Schüler, Sabine Weidner, Anne Kirchberg, Kathleen Korßler, Melanie Schirmann, Antje Wilken, Christine Gilberg, Andreas Besch, Jens Presche, Thorsten Geil, Ute Albrecht-Mayr, Jana Henschel, Rebecca Herrlich, Tanja Baumgarten und Sarah sowie Iris Schöning, Birgit Umland, Jörg Volmich, Marco Henner, Achim Kleiß, Klaus Meier, Anett Jahnke, Heike Eichler, Rebecca Schwab, Esther Geißlinger, Sabine Simon, Angela Reinhard, Ute Babbe, Angela Koch.

111 GRÜNDE, ERWACHSEN ZU WERDEN

EINE ANLEITUNG FÜR EWIGE KINDER, PETER PANS UND HOTEL-MAMA-BEWOHNER

111 GRÜNDE, ERWACHSEN ZU WERDEN
EINE ANLEITUNG FÜR EWIGE KINDER,
PETER PANS UND HOTEL-MAMA-BEWOHNER
Von Karsten Weyershausen
256 Seiten, Taschenbuch
ISBN 978-3-89602-890-7 | Preis 9,90 €

Viele Erwachsene wehren sich mit Händen und Füßen dagegen, erwachsen zu werden und Verantwortung zu übernehmen, nicht zuletzt deshalb, weil die Medien den Jugendwahn und die Forever-Young-Kultur extrem fördern. Karsten Weyershausen liefert allen, die vom Peter-Pan-Syndrom befallen sind, 111 Gründe, erwachsen zu werden. Alle Erkenntnisse dieses Buchs hat er in jahrelangen ebenso leidvollen wie komischen Selbstversuchen gewonnen. Das Vorurteil, dass Erwachsene langweilig sind, widerlegt der Autor nachhaltig. Er kuriert alle, die trotzig an der ewigen Kindheit festhalten, und zeigt: Das Leben ist nur spannend, wenn alles in Bewegung bleibt.

»›111 Gründe, erwachsen zu werden‹ hat der Autor mit Anekdoten aus seinem Erfahrungsschatz versehen.«   *Stuttgarter Zeitung*

Die Autorin

Jutta Vey, geboren 1970, ist freie Journalistin und lebt in Hamburg. Schwerpunkte ihrer Arbeit sind Sozialreportagen und Frauenporträts. 2008 erschien ihr erfolgreiches erstes Buch *Mein erstes Mal – Frauen aus vier Generationen erzählen*. Weitere Bücher von Jutta Vey sind in Planung.

Jutta Vey
SEX, LIEBE ODER WAS?
Jungen und Mädchen erzählen von ihrem ersten Mal

ISBN 978-3-89602-893-8
© Schwarzkopf & Schwarzkopf Verlag GmbH, Berlin 2009

Katalog
Wir senden Ihnen gern kostenlos unseren Katalog.
Schwarzkopf & Schwarzkopf Verlag | Abteilung Service
Kastanienallee 32, 10435 Berlin
Telefon: 030 – 44 33 63 00 | Fax: 030 – 44 33 63 044

Internet | E-Mail
www.schwarzkopf-schwarzkopf.de
info@schwarzkopf-schwarzkopf.de